Entscheidungen

des

Ober-Seeamts und der Seeämter

des

Deutschen Reichs.

Herausgegeben

im

Reichsamt des Innern.

Dreizehnter Band.

Heft 2.

Hamburg.

Verlag von L. Friederichsen & Co.

1899.

Inhalt.

(Fortsetzung folgt auf der dritten Seite des Umschlags).

28. Spruch des Seeamts zu Bremerhaven vom 31. October 1898, betreffend des Seeunfall des Schraubendampfers „Estland“ von Bremen.

Der Spruch des Seeamts lautet:

Am 28. October 1898 ist der Schraubendampfer „Estland“ auf der Reise von Blyth nach Kotka in der Nordsee von der Mannschaft verlassen und bald darauf in Folge eines Lecks gesunken.

Die Ursache des Lecks, welches auf das schwere Wetter zurückzuführen sein wird, hat mit Sicherheit nicht festgestellt werden können.

Mängel in der Bauart, Beschaffenheit, Ausrüstung, Beladung oder Bemannung des Schiffes, durch welche der Unfall herbeigeführt sein könnte, sind nicht nachweisbar.

Die Schiffsleitung trifft ein Verschulden an dem Unfalle nicht.

Die Rettung der Schiffbrüchigen durch den englischen Fischdampfer „Kittiwake“ verdient Anerkennung.

Gründe. Der Schraubendampfer „Estland“ führte das Unterscheidungs-Signal QDPJ, hatte Bremen zum Heimathshafen und war Eigenthum der Dampfschiffahrts-Gesellschaft „Argo“ in Bremen. Das Schiff ist im Jahre 1882 aus Eisen erbaut worden und war zu einem Netto-Raumgehalt von 1921,6 cbm = 678,31 britischen Register-Tons vermessen. Der Dampfer war mit einer Compoundmaschine von 500 indicirten Pferdestärken ausgerüstet. Die Besatzung bestand — einschließlich des Schiffers J. Wurthmann — aus 16 Mann. Das Schiff war beim Germanischen Lloyd mit ✻ A. L. classificirt. Die letzte specielle Besichtigung hat im Juni 1896 zu Bremen stattgefunden und ist auf Grund derselben die Classe bestätigt worden. Im August 1898 wurde das Schiff im Trockendock besichtigt und in guter Ordnung befunden.

Am 13. October 1898 verließ der Dampfer „Estland“ mit einer Ladung von 1311 Tonnen Kohlen den Hafen von Blyth um nach

Kotka zu gehen. Der Tiefgang des Schiffes war 17 Fuß 2 Zoll vorn und 18 Fuß 4 Zoll hinten. Nachdem der Lootse das Schiff verlassen hatte, wurde der Curs auf Hanstholm gesetzt und O½N gesteuert bei SOWind und ziemlicher Dünung aus OSO. Im Laufe des 14. October nahmen dann Wind und Seegang zu, sodaß der Dampfer nur wenig Fortgang mehr machte und anfing schwer zu arbeiten und Wasser überzunehmen. Am nächsten Tage waren Wind und See immer noch zunehmend und der Schiffer Wurthmann ließ daher mit halber Kraft fahren, um das Ueberbrechen schwerer Seen nach Möglichkeit zu verhindern. Während der Nacht zum 16. wurden jedoch die Fenster des Kartenhauses eingeschlagen, der noch an Deck lagernde Theil der Bunkerkohlen über Bord gewaschen, die Steuerbordseite der Commandobrücke zertrümmert und die Front derselben eingedrückt. Der Sturm hielt an und die See wurde immer höher. Das Schiff gehorchte infolgedessen dem Ruder bald nicht mehr und der Schiffer sah sich gezwungen, die Maschine wieder mit voller Kraft arbeiten zu lassen. Am 17. October hatte der Sturm eine orkanartige Stärke erreicht und die See war so hoch geworden, daß auch bei voller Kraft der Dampfer nicht mehr steuerte. Es wurde nunmehr mit voller Kraft weitergefahren und das Schiff, welches nur noch wenig Fortgang machte, soviel wie möglich mit dem Bug auf die See gehalten. Das Deck war beständig unter Wasser. Die überbrechenden Sturzseen schlugen, nachdem am Tage vorher schon der Steuerbordwellenbrecher zertrümmert und die Schutzbleche der an Deck befindlichen Dampfrohre fortgeschlagen waren, die Hinterkappe ein, welche aber bald wieder gedichtet werden konnte. Das Unwetter hielt am 18. October unverändert an und nahm auch am 19. nur wenig ab. An diesem Tage um 4 Uhr Morgens kam der erste Maschinist Wesefeldt zum Schiffer und erbat sich den Zimmermann zur Arbeit im Kesselraume. Es sollten dortselbst mittelst Planken Vorrichtungen angebracht werden, um ein besseres Bedienen der Kessel zu ermöglichen und um das Fortspülen der Kohlen durch das sich im Heizraum ansammelnde Wasser zu verhüten. Dieses Eindringen des Wassers hatte sich, nachdem vorher sämmtliche Bilgen der Maschinen-, Heiz- und Laderäume lenz gewesen waren, bereits am vorhergehenden Tage eingestellt; dasselbe konnte aber zunächst noch mit den beiden Lenz- und einer kleinen Dampfpumpe bewältigt werden. Der Schiffer schickte den Zimmermann in den Kesselraum und begab sich auch selbst nach unten, um nach der Stelle des Lecks zu forschen. Es gelang aber nicht das Leck, welches man unter den gefüllten Kohlenbunkern vermuthete, zu finden. Um 8 Uhr Morgens am 19. October kam dann der erste Maschinist abermals zum Schiffer und meldete, daß das Wasser im Heizraume so zunähme, daß es sich nicht mehr mit den Pumpen bewältigen ließe. Trotzdem sofort alle Mann zum Ausschöpfen des Wassers mittelst Eimern herangezogen wurden, blieb dasselbe doch in stetiger Zunahme begriffen und hatte um 10 Uhr Vormittags bereits das Feuer unter dem Backbordkessel erreicht, sodaß dieser außer Betrieb gesetzt werden mußte. Um 11 Uhr Morgens sah man sich, da der Dampf nicht mehr ausreichte, genöthigt die Maschine zu stoppen, um die Pumpen im Gange halten zu können. Der Schiffer schritt nun auch zur Verwendung von Oel, um die See zu glätten und das Ueberbrechen derselben möglichst zu verhüten. Gegen 4 Uhr Nachmittags kam der englische Fischdampfer „Kittiwake" aus Hull in Sicht, näherte sich auf das gezeigte Nothsignal hin dem Dampfer und blieb auf Ersuchen des Schiffers Wurthmann während der Nacht bei demselben. Die ganze Nacht hindurch wurde mit dem Pumpen und dem Ausschöpfen des Wassers fortgefahren. Gegen 5 Uhr am nächsten Morgen stand das Wasser 3—4 Fuß über der Plattform im Maschinenraum und mußte daher auch der Steuerbordkessel außer Betrieb gesetzt werden, zumal die Mannschaft vollkommen erschöpft war. Bei Tagwerden kamen 2 Mann vom Fischdampfer mit dem Boote längsseite des Dampfers, um sich zu erkundigen, welcher Hülfe dieser bedürfe. Gleich nach dem Anlegen zerschlug jedoch das Boot an der Bordwand und die beiden Leute mußten sich an Bord des Dampfers retten.

Es wurde jetzt Schiffsrath gehalten und, da ein Ueberwasserhalten des Dampfers nicht mehr möglich war, beschlossen denselben zu verlassen. Hierauf wurde das Backbord-Rettungsboot des Dampfers ausgesetzt und mit Hülfe der beiden Fischer die ganze Besatzung glücklich an Bord des Fischdampfers „Kittiwake" gebracht. Um etwa 9 Uhr 30 Minuten Vormittags wurde der Schiffer Wurthmann als Letzter an Bord des Fischdampfers geholt und gegen 12 Uhr Mittags sank der Dampfer „Estland" auf etwa 57 ° Nordbreite und 2 ° 45 ′ Ostlänge in die Tiefe. Der Fischdampfer „Kittiwake" setzte sodann seinen Curs auf Hull, woselbst er die Schiffbrüchigen am 22. October Vormittags landete.

Bei der Beurtheilung des vorstehenden Thatbestandes, welcher sich auf die durchaus glaubwürdigen Aussagen der vernommenen Zeugen stützt, hat das Seeamt zu einem sicheren Schlusse über die

Ursache des Lecks nicht zu gelangen vermocht. Als wahrscheinlich anzunehmen ist jedoch, daß dasselbe auf das anhaltend sehr stürmische Wetter und das dadurch bedingte ungewöhnlich schwere Arbeiten des Schiffes zurückzuführen ist, denn dafür, daß der Unfall etwa durch Mängel in der Bauart des Schiffes, dessen Beschaffenheit, Ausrüstung, Beladung oder Bemannung herbeigeführt sein könnte, haben sich in der Verhandlung keinerlei Anhaltspunkte ergeben.

Die Schiffsleitung war von jedem Verschulden an dem Unfalle freizusprechen, da sich aus der Navigirung des Schiffes, welche den obwaltenden Verhältnissen angepaßt war, ebensowenig Vorwürfe herleiten lassen, wie aus den Maßregeln, welche getroffen wurden, um das eindringende Wasser zu bewältigen.

Das Rettungswerk des englischen Fischdampfers „Kittiwake" war lobend anzuerkennen.

29. Spruch des Seeamts zu Bremerhaven vom 2. November 1898, betreffend den Seeunfall des Schraubendampfers „Spree" von Bremen.

Der Spruch des Seeamts lautet:

Am 2. Juli 1897 um 3 Uhr 30 Minuten Morgens auf der Reise von New-York nach der Weser auf 48° 45' Nordbreite und 28° 30' Westlänge ist der Zapfen der hinteren Kurbelwelle auf dem Schraubendampfer „Spree" gebrochen, wodurch die Maschine völlig betriebsunfähig wurde. Am 5. Juli wurde das Schiff vom englischen Dampfer „Maine" ins Schlepptau genommen und am 9. Juli in Queenstown einbugsirt, wo Passagiere und Post gelandet wurden.

Die Ursache des Wellenbruchs hat nicht mit Bestimmtheit festgestellt werden können. Jedoch muß nach dem Ergebniß der Untersuchung darauf hingewiesen werden, daß auf die chemische Zusammensetzung des Materials der Wellen für größere Oceandampfer besonderer Werth zu legen ist und etwaigen Deformationen des Schiffskörpers, welche auf die richtige Lage der Welle Einfluß haben können, sorgfältig Rechnung getragen wird.

Die Schiffsleitung trifft ein Verschulden an dem Unfalle nicht und entsprachen die nach dem Unfalle getroffenen Maßnahmen der Sachlage.

Gründe. Der Schraubendampfer „Spree“ führt das Unterscheidungs-Signal QFKM, ist in Bremen beheimathet und gehört zur Rhederei des Norddeutschen Lloyd. Der Netto-Raumgehalt des Schiffes beträgt 8983,6 cbm = 3171,22 britische Register-Tons. Das Schiff wurde im Jahre 1890 zu Stettin bei der Actiengesellschaft „Vulcan“ aus Stahl erbaut. Der Dampfer ist mit einer 12500 Pferdestärken indicirenden dreifachen Expansionsmaschine ausgerüstet, welche von 6 Doppelend- und 4 Feuerbüchsenkesseln mit rückkehrenden Heizröhren gespeist wird. Die Besatzung besteht einschließlich des Schiffers A. Meier aus Bremerhaven aus 245 Mann.

Das Schiff, welches beim Germanischen Lloyd mit + 100 — A L. classificirt ist, wurde im November 1896 gedockt und zuletzt im Jahre 1897 auf der Weser besichtigt, wobei an der Maschine die erforderlichen Reparaturen vorgenommen wurden. Nach Ankunft auf der letzten Ausreise in New-York wurde am Heck ein Kofferdamm angebracht und stellte sich bei der Besichtigung des Ruders heraus, daß die Büchse des zweiten Fingerlings lose war und die des vierten Fingerlings und das Metallfutter desselben fehlten. Es wurden die erforderlichen Reparaturen vorgenommen und 64 Niete ausgewechselt. Auch wurde die Welle nachgesehen, soweit dieses wegen des angebrachten Kofferdammes möglich war, und an derselben nichts schadhaftes gefunden, sodaß das Schiff am 25. Juni 1897 in wohlausgerüstetem und durchaus seetüchtigem Zustande mit 170 Kajüts- und 90 Zwischendecks-Passagieren die Rückreise nach der Weser antreten konnte. Das Wetter auf der Rückreise war gut und die See ruhig, sodaß die Verhältnisse für die Fahrt günstig waren und Schiff und Maschine nicht besonders angestrengt zu werden brauchten. Am 1. Juli 10 Uhr Abends bemerkte der Obermaschinist Böschen, daß sich die vordere Kante des 6. Wellenlagers etwas erwärmte; diese Erwärmung hielt bis zum 2. Juli 3 Uhr Morgens an. Bald nach dem 6. Wellenlager erwärmten sich auch nach einander die Hinterkanten des 5., 3. und 1. Wellenlagers, was auf eine Veränderung in der Lage der Welle nach vorn schließen ließ. Es wurde die Distanz der Druckwelle nachgesehen und ohne Veränderung gefunden. Um 3 Uhr 30 Minuten Morgens wurde die Maschine angehalten, um die Welle genau nachsehen zu können. Bevor jedoch die Maschine zum Stehen gebracht war, machte sich ein knisterndes

Geräusch hörbar, auch war die Druckwelle nach hinten zurückgeschnellt. Es wurden zunächst die 3 vorderen Kuppelungen untersucht und in gutem Zustande befunden. Als darnach das 6. Wellenlager aufgenommen wurde, fand man, daß in der vorderen Hohlkehle dicht am Kurbelschenkel der Zapfen gebrochen war und etwa 8 bis 10 mm auseinanderstand. Da ein Wiederinbetriebsetzen der Maschine nicht möglich war, machte der Obermaschinist Böschen sofort dem Schiffer Meier entsprechende Meldung. Der Schiffsort war derzeit 48° 45' Nordbreite und 28° 30' Westlänge. Das Wetter war auch zur Zeit des Wellenbruchs gut, die See leicht bewegt, der Wind westlich und flau. Die Passagiere, welche anfangs nach dem Wellenbruch bestürzt waren, beruhigten sich, nachdem ihnen die Verhältnisse klargelegt waren und sie eingesehen hatten, daß außer dem Wellenbruch eine Beschädigung nicht eingetreten und eine unmittelbare Gefahr für das Schiff nicht vorhanden war. Es wurden sofort sämmtliche Boote klar gemacht und mit Proviant versehen. Als Nothsignale wurden Flaggen geheißt, des Nachts brannten Pechfeuer und zeitweilig wurden Raketen steigen gelassen und Kanonenschüsse abgefeuert. Der Strom setzte rechtweisend OSO 3/4 Seemeile in der Stunde, sodaß Dampfer „Spree" mehr und mehr von der Dampferroute abtrieb. Am 4. Juli 11 Uhr 30 Minuten Vormittags, als der Schiffsort 48° 25' Nordbreite und 21° 17' Westlänge war, wurde eine viermastige Bark gesichtet, welche die Nothsignale bemerkte und sich langsam näherte. Als dieselbe etwa querab von der „Spree" war, wurde Boot Nr. 12 mit dem zweiten Steuermann und 5 Mann nach der Bark geschickt, um den Führer derselben zu bitten, möglichst nördlich zu steuern, um die Dampferroute zu erreichen und dieselbe zu halten, weil dort die beste Gelegenheit vorhanden sei, Dampfern zu begegnen und denselben die Nothlage der „Spree", welche geschleppt zu werden wünsche, mitzutheilen. Es war die Bark „Caroline" mit einer Ladung Salpeter von Caleta Buena nach ihrem Heimathshafen Dünkirchen bestimmt; der Schiffer Lebras erklärte sich bereit, die gewünschte Meldung dem nächsten Dampfer zu machen. Am 5. Juli Mittags war der Schiffsort 48° 28' Nordbreite und 20° 9' Westlänge, um 5 Uhr Nachmittags wurde ein östlich steuernder Dampfer gesichtet, welcher sich bei seinem Näherkommen als der Dampfer „Maine" der Atlantic Transport Line, Heimathshafen London, erwies und dessen Führer sich sofort bereit erklärte, den Dampfer „Spree" nach dem etwa 500 Seemeilen entfernten Queenstown zu schleppen. Wind, Wetter und Seegang waren anhaltend günstig. Am 5. Juli 8 Uhr 10 Minuten

Abends begann Dampfer „Maine" zu schleppen, am 9. Juli 10 Uhr Vormittags war Queenstown ohne besonderen Zwischenfall erreicht. Passagiere und Post wurden gelandet, während der Dampfer „Spree" nach Southampton zur Reparatur und Auswechselung der Welle weitergeschleppt wurde. Die in Southampton durch den Obermaschinisten Böschen sofort vorgenommene Untersuchung des Wellenbruchs ergab, daß es sich um einen Querbruch in der vorderen Hohlkehle des 6. Wellenlagerzapfens neben dem hinteren Kurbelschenkel handelte, welcher mit letzterem ungefähr parallel lief. Am gebrochenen Zapfen war ein Zacken von 240 mm Länge und 760 mm Umfang stehen geblieben. Die Bruchflächen zeigten je 1/6 glatten feinen Stahl, die übrigen 5/6 ein grobkörniges, schiefriges, muschelförmiges Gefüge. Auch befand sich eine undichte, nicht zusammenhängende Stelle in dem Gefüge des zerbrochenen Zapfens, welche in schräger Richtung vom Umfange bis zur Mitte lief und etwa 200 mm lang und 3 bis 6 mm breit war. Diese undichte Stelle begann etwa 70 mm unter der Peripherie und endete etwa 135 mm über der Mitte des Zapfens.

Da die Welle des Dampfers „Spree" bereits zweimal gebrochen ist und zwar im Jahre 1892 die Schwanzwelle und im Jahre 1894 die Kurbelwelle, so erschien eine thunlichst sorgfältige Untersuchung der Ursache des Bruchs der im Jahre 1894 von Vickers Sons & Co. in Sheffield gelieferten und von der Schiffsbau-Actien-Gesellschaft Vulcan in Stettin eingesetzten Welle durchaus geboten. Das Seeamt beschloß daher, dem Antrage des Reichscommissars gemäß, die Ursache des Wellenbruchs durch eine besondere Sachverständigen-Commission untersuchen zu lassen, und ernannte zu Mitgliedern derselben 1) den Geheimen Regierungsrath Professor Dr. Wedding-Berlin, 2) den Geheimen Regierungsrath Professor Reichel-Charlottenburg, 3) den Marine-Baurath Nott-Wilhelmshaven. Diese Commission begab sich, nachdem sie in Bremen auf dem Büreau des Norddeutschen Lloyd Einsicht in alle Zeichnungen und Akten, betreffend den Dampfer „Spree" und in Bremerhaven genaue Kenntniß von der Art des Einbaues der Welle u. s. w. genommen hatte, nach Southampton, um die daselbst gelandete Welle in Augenschein zu nehmen. Obgleich die Besichtigung an Ort und Stelle, trotzdem die Bruchstelle verrostet und verschmutzt war, ergeben hatte, daß das Material kein so schlechtes war, wie nach dem Berichte des Obermaschinisten Böschen angenommen werden mußte, hielt die Commission doch eine genauere Untersuchung des Bruchstücks durch Zerreiß-, Härte- und Analysen-Proben in der Königlich mechanisch-technischen Versuchsanstalt zu Charlottenburg für nothwendig. Es wurde daher das Bruchstück zunächst nach Bremerhaven geschafft, um in den dortigen Lloydwerkstätten die für die Versuchsanstalt erforderlichen Probestücke nach Angabe der Commission zu entnehmen. Diese Probestücke wurden alsdann der Versuchsanstalt in Charlottenburg eingeschickt, welche die Versuche nach einem von der Commission gutgeheißenen Arbeitsplan ausführte. Auf Grund der von der Versuchsanstalt gefundenen Resultate und des Inhalts der Acten haben dann die drei Mitglieder der Commission ausführliche Einzel-Gutachten erstattet, deren vollständige Mittheilung über den Rahmen des Spruches hinausgeht. Soweit dieselben für die Begründung des Spruches in Frage kommen, lauten dieselben wie folgt:

1) Gutachten des Geheimen Regierungsraths Professor Dr. Wedding über das Material der Welle:

> Das Material entspricht zwar den üblichen Anforderungen an einen guten Stoff für Kurbelwellen, steht aber wegen seiner verhältnißmäßig großen Härtungsfähigkeit nahe an der zulässigen Grenze. Ursache ist bei dem vorhandenen Kohlenstoffgehalte der hohe Mangangehalt.
>
> Es würde sich empfehlen, derartiges Material in Zukunft nicht für Schiffswellen zu nehmen, da ein Warmlaufen und plötzliches Abkühlen nicht ausgeschlossen und damit die Grundlage für die Entstehung von Rissen gegeben ist. Sind aber einmal Risse an der Oberfläche entstanden, so hat man es mit verletztem Material zu thun und nach einer selbst geringfügigen Deformation des Schiffskörpers erfolgt dann leicht der Bruch.
>
> Ist in Folge der Härtbarkeit des Materials durch Zusammentreten von Deformationen des Schiffskörpers oder des Maschinengestells, Warmlaufen der Welle in den Hohlkehlen und plötzliches Abkühlen, Härtung entstanden, so folgen naturgemäß nunmehr kleine Einrisse, welche, wenn sie nicht bemerkt werden, und namentlich wenn die Deformation andauert, schließlich zum Bruche führen müssen.
>
> Ist also auch das Material der Welle an sich allein nicht die Ursache des Bruches gewesen, so ist es doch dessen Ursache in Verbindung mit eintretender Deformation, Warmlaufen, Abkühlen und Nichtbeachtung kleiner Oberflächenrisse.

2) Gutachten des Professors Reichel über die Beanspruchung der Welle:

> Aus Vorstehendem ergiebt sich, daß die Welle, tadelloses Material und sachgemäße Herstellung vorausgesetzt, den Regeln der Festigkeit entsprochen hat.

3) Gutachten des Marine-Bauraths Nott über die Behandlung der Welle:

> Nach den vorstehenden Erläuterungen kann ich den Bruch der hinteren Kurbelwelle des Schnelldampfers „Spree" auf keine bestimmte Ursache zurückführen; ein größerer Radius als 12½ mm für die Hohlkehlen würde jedoch zweckmäßig gewesen sein.
>
> Ich kann nur die Vermuthung aussprechen, daß in Folge von Verbiegungen des Schiffskörpers die Wellenleitung nicht mehr genau in einer geraden Linie gelegen hat und daß in Folge dessen auch Verbiegungen der Kurbelwelle eingetreten sind, durch welche das Material derselben bei jeder Maschinenumdrehung stärker belastet worden ist, als für normale Betriebsverhältnisse angenommen wird. Auch weise ich darauf hin, daß die plötzlichen Aus- und Eintauchungen der Schraube bei schwerem Seegange die Kurbelwellen in einer ungünstigen Weise beanspruchen, die sich der Berechnung bisher entzieht.
>
> Der durch diese außergewöhnlichen Beanspruchungen der Wellen verminderten Betriebssicherheit kann jedoch vorläufig nur dadurch entgegengetreten werden, daß die Wellen häufig vollständig und sorgfältig besichtigt und schon bei Anzeichen für einen Einriß außer Betrieb gesetzt werden.

Auf Grund dieser 3 Gutachten kommt nun der Vorsitzende der Sachverständigen-Commission Professor Dr. Wedding zu folgendem Schluß:

Der Bruch der Kurbelwelle des Schnelldampfers „Spree" kann nur aus einem der nachfolgenden Gründe erfolgt sein:

1) Zu geringe Abmessung für die unter normalen Verhältnissen auftretenden Kräfte;
2) Mangelhaftigkeit oder ungenügende Beschaffenheit des verwendeten Materials;
3) Ueberanstrengung;
4) Unsachgemäße Behandlung.

Zu 1. Die Untersuchung hat nicht ergeben, daß die für die Welle gewählten Abmessungen für normale Verhältnisse zu gering waren, wenngleich ein größerer Radius als 12½ mm für die Hohlkehlen zweckmäßiger gewesen wäre.

Zu 2. Das zur Herstellung der Welle verwendete Material hat sich zwar insbesondere an der äußeren Oberfläche der Welle als leicht härtbar erwiesen, aber es entspricht noch immer den Anforderungen, welche nach dem heutigen Stande der Technik an das Material für Schiffswellen gestellt werden müssen. Eine mangelhafte mechanische Bearbeitung des Materials konnte nicht nachgewiesen werden.

Zu 3. Ueberanstrengungen können durch schweren Seegang oder durch Auflaufen des Schiffes vorkommen und sich dann fortsetzen, wenn eine Deformation des Schiffskörpers vorgekommen ist.

Aus den Acten über den Wellenbruch ist keiner dieser Fälle ersichtlich, doch würde es genügen, wenn eine Deformation längere Zeit vor dem Wellenbruch eingetreten ist, um den nachfolgenden Bruch zu erklären.

Zu 4. Unsachgemäße Behandlung ist nicht ausgeschlossen, insoweit als

a) nach starkem Heißlaufen eines Lagers durch Kühlen mit Wasser an der Oberfläche der Welle feine Risse entstehen können, die den Uebergang zu Brüchen bilden, besonders da das Material sich ursprünglich schon als leicht härtbar erwiesen hatte;
b) die Welle vor der Abfahrt von New-York, trotzdem sie früher schon heiße Lager gezeigt hatte, nicht auf dem ganzen Umfange untersucht worden war;
c) die Welle vor der Abfahrt nicht auf ihre richtige Lage geprüft worden war, welche durch eine durch verschiedene Zufälle entstandene Deformation des Schiffskörpers schon früher gestört sein konnte.

Wären diese Vorsichtsmaßregeln beobachtet worden, so hätten kleine Risse, die möglicherweise bei der Abfahrt von New-York bereits vorhanden waren, entdeckt werden müssen.

Ein veränderte Lage im deformirten Schiffe zu constatiren, würde allerdings eine zeitraubende Untersuchung gekostet haben, und eine vollkommene Umdrehung der Welle zur Untersuchung derselben, namentlich in den Hohlkehlen an allen Seiten, wäre erst nach Beseitigung des Kofferdammes möglich geworden.

Was die in den Gutachten vermuthete Deformation des Schiffskörpers betrifft, so wird darauf hingewiesen, daß der Dampfer „Spree" im December 1895 auf Warden Ledge (Needles) aufgelaufen ist und erst nach mehrtägigem angestrengten Arbeiten durch starke Schlepphülfe hat abgebracht werden können. Obgleich das Schiff, wie eine alsbaldige Untersuchung ergab, wegen des weichen Grundes an der Strandungsstelle dicht geblieben war und äußerlich erkennbare Veränderungen des Schiffskörpers nicht festgestellt werden konnten, ist selbstverständlich die Möglichkeit naheliegend, daß die Strandung im Jahre 1895 eine Deformation zur Folge gehabt hat, auf welche der vorliegende Wellenbruch mit zurückzuführen ist. Trotzdem hat das Seeamt Bedenken getragen, auf Grund der Gutachten und des Resultats der ganzen Beweisaufnahme den Wellenbruch allein auf die nicht unwahrscheinliche Deformation des Schiffskörpers oder auf eine oder das bestimmte Zusammenwirken mehrerer der in dem Schlußgutachten als möglich hingestellten Ursachen zurückzuführen.

30. Spruch des Seeamts zu Flensburg vom 5. November 1898, betreffend den Seeunfall des Schraubendampfers „Martha" von Kiel.

Der Spruch des Seeamts lautet:

Der Bruch der Schraubenwelle des Dampfers „Martha" auf der Reise von Passoerosan auf Java nach Hongkong in der Minderostraße am 14. December 1897 ist auf die zu große Härte des Wellenmaterials und die zu geringe Dimensionirung der Welle zurückzuführen.

Gründe. Der Schraubendampfer „Martha", Heimathshafen Kiel, Unterscheidungs-Signal JDVT, vermessen zu einem Netto-Raumgehalt von 4645,8 cbm = 1639,97 britischen Register-Tons, im Jahre 1884 aus Eisen erbaut und mit einer Maschine von 1000 indicirten Pferdestärken versehen, befand sich am 14. December 1897 auf der Reise von Passoerosan auf Java mit Zucker nach Hongkong. Führer war der Schiffer Max Wilhelm Krützfeldt aus Laboe, leitender Maschinist der Maschinist erster Classe Johann Friedrich Wilhelm Kunth aus Hamburg.

Das Wetter war gut, die See ruhig. Man stand 11 Uhr 40 Minuten Abends in der Minderostraße auf 12° 43,5' nördlicher Breite und 120° 43,5' östlicher Länge von Greenwich, da verspürte man plötzlich eine heftige Erschütterung und gleichzeitig begann die

Maschine sehr schnell zu laufen. Die Maschine wurde sofort gestoppt. Nähere Untersuchungen ergaben, daß der Wellenschaft im Sternrohr gebrochen war. Am anderen Morgen gegen 6 Uhr wurde die „Martha" von dem des Weges kommenden japanischen Post- und Passagierdampfer „Yamaschiro Mara", Schiffscapitain Jones, ins Schlepptau genommen. Dieser brachte sie am 16. December nach Cavite bei Manila. Hier wurde der gebrochene Schaft durch einen neuen ersetzt. Am 19. Januar 1898 wurde die Reise wieder aufgenommen. Der Bestimmungsort ist demnächst ohne weiteren Unfall erreicht worden.

Die gebrochene Welle war aus Stahl gefertigt, Fabrikat des Vereins für Stahlindustrie in Bochum, und zwar an der hinteren Lagerhülse mit einem Durchmesser von 280 mm. Sie war seit der Erbauung des Schiffes — 1884 — in Gebrauch gewesen, hatte bis dahin gut gelaufen und war jedenfalls in letzter Zeit nicht außergewöhnlich beansprucht worden. Sie war noch ein Jahr vor dem Bruch in Hongkong herausgenommen und dann vom Besichtiger für gut befunden.

Die Bruchstücke der Welle sind von der Rhederei dem Seeamte für die vorliegende Untersuchung zur Verfügung gestellt. Die unter Zuziehung des Marinebauraths Uthemann vorgenommene seeamtliche Besichtigung ergab Folgendes:

Der Sternschaft war mit 2 bronzenen Lagerstellen versehen. Unmittelbar hinter der hinteren Lagerhülse, wo der Conus für die Schraube anfängt, lag die Bruchstelle. Die Bruchfläche verlief senkrecht zur Wellenaxe und zeigte eine größere Anzahl von Rissen. Starke Rostanfressungen am Umkreise der Bruchfläche waren nicht vorhanden. Die hintere Lagerhülse war weder riefig, noch abgenutzt. Die Welle hatte auch zwischen den Hülsen keine bedeutenden Rostanfressungen, sie war in unmittelbarer Nähe der Hülsen durch Umwickelung mit Hüsing geschützt. Sie hatte einen Umfang von 89 cm. Denselben Umfang hatte an seiner Bruchstelle das conische Stück.

Das vordere Ende des conischen Stücks ist dem Marine-Baurath Uthemann in Kiel zur Prüfung und Begutachtung übergeben worden. Dieser hat nach Prüfung des Materials das nebenstehende Gutachten erstattet.

In Uebereinstimmung mit dem als zutreffend anzuerkennenden Gutachten war auszusprechen, daß der Bruch der Welle auf die zu große Härte des Wellenmaterials und die zu geringe Dimensionirung der Welle zurückzuführen sei.

Kiel, den 5. October 1898.

Gutachten

über den

Bruch der Schraubenwelle des Kieler Dampfers „Martha"
am 14. December 1897.

Wie die Untersuchung ergeben, liegt die Bruchstelle unmittelbar hinter der letzten Lagerhülse, wo der Conus zur Aufnahme der Propellernabe beginnt. Die Welle ist außerdem noch im Badersteven gelagert gewesen. An der Bruchstelle war der Durchmesser 280 mm nach Aufmaß, also entsprechend der ursprünglichen Stärke. Eine Schwächung ist an der Bruchstelle durch Corrosion nicht eingetreten, die Rostanfressungen waren sehr gering.

Für die Materialprüfung wurde das hintere conische Wellenstück benutzt. Die von demselben abgetrennte Bruchfläche ist den Proben beigefügt, dieselbe verläuft senkrecht zur Wellenaxe, zeigt am ganzen Umfang feine Querrisse von 25 bis 40 mm Tiefe und im Kern mehrere Hohlstellen sowie ein muschliges Gefüge.

Aus dem gesunden Theil des Stückes wurden, etwa in der Mitte zwischen Axe und Oberfläche, drei Probestäbe der üblichen Dimensionen entnommen.

Die beiden Zähigkeitsproben von 25 mm Durchmesser und 200 mm Länge ergaben eine Bruchbelastung von 58 und 57,8 kg pro qmm bei 20 bezw. 24 % Dehnung, die Bruchflächen waren gesund und zeigten die hellgraue gleichmäßige Farbe des Tiegelstahls. Der dritte Stab von 25 mm Seitenlänge des quadratischen Querschnitts wurde dunkelroth-glühend gemacht, in Wasser von 28 ° Cels. abgeschreckt, und ließ sich dann bis 135 Grad biegen, ohne Risse zu zeigen.

Die Materialprüfung läßt darauf schließen, daß die Welle aus Tiegelstahl hergestellt worden ist, wie er zur Zeit der Erbauung des Schiffes (Ende der 70 und Anfang der 80er Jahre) für Wellen benutzt worden ist, während man später den weicheren Tiegelstahl oder den im offenen Heerd erzeugten Siemens-Martin-Stahl (Flußeisen) von 40—47 kg Festigkeit nach den Vorschriften des Germanischen Lloyd vorzog.

Die Bedingungen der Kaiserlichen Marine schreiben für Tiegelstahl eine absolute Festigkeit von 45—50 kg pro qmm bei nicht unter 20 % Dehnung vor; eine größere Festigkeit bis 55 kg ist zulässig, wenn für jedes volle oder angefangene kg eine Mehrdehnung von 1 % über 20 nachgewiesen wird.

Die Erfahrung hat gezeigt, daß besonders bei den härteren aus Tiegeln gegossenen Stahlblöcken während des Erkaltens und des Ueberganges in den festen Zustand innere Schrumpfrisse und Hohlstellen, hervorgerufen durch die Entwickelung von Gasen, entstehen können, welche während der weiteren Bearbeitung des Blockes nicht verschwinden. Besonders durch die Ausscheidung gewisser Beimengungen, wie Kohlenstoff, Phosphor und Schwefel, entstehen solche inneren Hohlstellen in der Mitte des oberen Theils des Gußblocks, und im Allgemeinen je härter der Stahl (je höher also seine Bruchfestigkeit) je mehr Kohlenstoff und andere den Härtegrad beeinflussenden Bestandtheile er enthält, desto größer ist die Wahrscheinlichkeit solcher Schrumpfrisse und Hohlstellen.

Charakteristisch für die Bruchstellen derartigen Materials ist das muschlige Gefüge und der meist senkrechte Verlauf der Bruchflächen.

Bei dem Siemens-Martin-Stahl weicher Qualität ist diese Gefahr wesentlich geringer.

Der Dampfer „Martha" hat eine dreifache Expansionsmaschine mit 3 verschiedenen Cylindern, deren 3 Kurbeln um 120 Grad versetzt sind. Die Dimensionen sind folgende:

Hochdruckcylinder-Durchmesser	530 mm
Niederdruckcylinder- "	1550 "
Kolbenhub	1100 "
Dampfdruck	12 Atm. Ueberdruck.

$$\text{Es ist } \frac{D^2}{D_1^2} = \frac{155^2}{53^2} = 8{,}55 > 6{,}604,$$

mithin der Niederdruckcylinder und der Koefficient C = 634 der Rechnung zu Grunde zu legen, daher

$$d = \sqrt[3]{\frac{P.\ L.\ n.\ D^2}{C}} = \sqrt[3]{\frac{18.\ 55.\ 155^2}{634}} = 30 \text{ cm}.$$

Der Wellendurchmesser hätte nach den Regeln des Germ. Lloyd also 300 mm betragen müssen, während er in Wirklichkeit nur 280 mm war.

Die Materialbeanspruchung einer Welle steht aber im Verhältniß zur 3. Potenz ihres Durchmessers, sie war mithin 1,23 Mal so groß, als nach den Regeln des Germ. Lloyd zulässig.

Die Ursache des Wellenbruchs ist daher auf die Wahl des zu harten Materials und den zu geringen Wellendurchmesser zurückzuführen.

gez. Uthemann,
Marine-Baurath.

31. Spruch des Seeamts zu Brake vom 7. November 1898, betreffend den Seeunfall des Schraubendampfers „Tanger" von Oldenburg.

Der Spruch des Seeamts lautet:

Auf dem Dampfer „Tanger" entstand im October 1897 auf der Reise von Huelva nach Antwerpen im Raume Nr. 2 ein Brand, der durch Selbstentzündung des in diesem Raume verladenen durch Waschung entkupferten Schwefelkieses aus der Tharsis Mine hervorgerufen wurde. Dem Schiffer ist ein Verschulden nicht zur Last zu legen.

Bei Ladung von Schwefelkies aus der genannten Mine dürfte Vorsicht in Bezug auf das Zusammenbringen mit anderer Ladung und auf die Luftzuführung zu empfehlen sein.

Gründe. Am 5. October 1897 verließ der Dampfer „Tanger" Huelva, wo er vom 25. September an verschiedene Parthien Erz sowie Wein in Fässern eingenommen hatte. In den nächsten Tagen wurde in Faro, Albofeiro und Portimao die Ladung vervollständigt.

Die Ladung war in folgender Weise vertheilt:

1) Im Raume Nr. 3 (Hinterschiff) waren 550 Tonnen Schwefelkies in groben Steinen von Aquas Tenidas, Feigen im Zwischendeck und Korkholz im untersten Schiffsraume.
2) Im Raume Nr. 2, getrennt von Nr. 3 durch die Maschinenräume, 558 Tonnen Schwefelkies in groben Steinen aus den Gruben von Tharsis, einen Haufen bildend, der vom untersten Schiffsraum an bis zur Höhe des Zwischendecks reichte. Ueber diesem Haufen, der mit Planken, Zwischendecksluken und Matten bedeckt war, befanden sich auf einem Haufen geschüttet, der bis gegen die Wände des Zwischendecks sich erstreckte, 270 Tonnen feiner Schwefelkies von Aquas Tenidas. Hinten

in diesem Raume in seiner ganzen Höhe, einschließlich des Zwischendecks, aber mit einem größeren Abstand von der Wand des Heizraums war der größte Theil der verladenen Feigen, die in Körben von 15 und 60 kg verpackt waren, aufgeschichtet. Sämmtliche Feigen waren für Antwerpen bestimmt. Der Schwefelkies im Raume Nr. 2 war mit einem durch dicke Planken beiderseits gebildeten Kasten, der vom Schiffsboden bis unter die Hauptdecksluke reichte, umgeben, sodaß die Ladung nicht nach den Schiffsseiten gelangen konnte, um das Gewicht im Schiffe möglichst hoch zu legen.

3) In dem Raume Nr. 1 (Vorderschiff) waren im untersten Schiffsraume 100 Tonnen Erz in groben Steinen von Aquas Tenidas sowie Korkholz und im Zwischendeck Feigen.

Von letzterem Ort trat das Schiff am 8. October 1897 die Reise nach Antwerpen und Hamburg an. Bei steifen Briesen aus NO und West nahm es viel Wasser über Deck und Luken. Am 13. October wurde bemerkt, daß aus den Großraumventilatoren stark riechender Rauch hervordrang; nachdem die Luken geöffnet waren, fand man, daß es Schwefeldunst war. Da die See ruhiger geworden, wurden die Luken offen gelassen. Am 15. October Morgens 3 Uhr 50 Minuten wurde die Rhede von Antwerpen erreicht und am selben Tage das Schiff im alten Dock Nr. 5 festgemacht. Nach Besichtigung durch Tribunal-Experten wurde nach deren Anweisung mit der Entlöschung begonnen und im Laufe des 16. October die für Antwerpen bestimmte Ladung aus Luke Nr. 1 und 3 gelöscht, während im Raume Nr. 2 mit 3 Gängen gelöscht wurde. Der Schwefeldunst mehrte sich am 17. so sehr, daß die Schauerleute nicht mehr arbeiten konnten und die Feuerwehr zu Hülfe gezogen wurde. Diese löschte dann weiter, indem ein Mann im Taucheranzuge die zu löschenden Feigen in Kübel warf. Am nächsten Morgen stellten sie jedoch ihre Thätigkeit ein, weil Schiffer Schumacher sich nicht verpflichten wollte, für allen Schaden an Menschenleben und Geschirr aufzukommen. Die Tribunal-Experten hielten eine neue Besichtigung ab und ordneten an, daß die Luke im Raume Nr. 2 offen bleiben und ein Dampfer mit Pumpvorrichtung längseits gelegt werden solle. Abends gegen 8 Uhr schlugen plötzlich Flammen aus Luke Nr. 2, die ebenso wie das um 10 Uhr neu aufflammende Feuer von der wieder herbeigerufenen Feuerwehr gelöscht wurden, während mit der Schiffspumpe die Bilgen lenz gehalten wurden. Dabei wurde festgestellt, daß in dem Raume Nr. 2 eine sehr starke Erhitzung sein mußte, da das wiederausgepumpte Wasser eine Hitze von 55 Grad hatte. Während des Nachts verstärkte Wache gehalten wurde und die Feuerwehr alle Stunde 10 Minuten lang die Erzladung in Luke Nr. 2 bespritzte, zuletzt mit einer Sodaauflösung, wurde die Entlöschung der Feigen langsam fortgesetzt, zuerst indem 2 Mann sie mit einem Haken aus dem Raume holten, sodann durch ein in das Schott des Heizraums geschlagenes Loch von Leuten im Taucheranzug. Gleichzeitig wurde auf Anordnung der Experten die für Hamburg bestimmte Stückgüter- und Erzladung im Raume Nr. 1 und 3 gelöscht. Obgleich die Bespritzung des Erzes auch in der Nacht fortgesetzt wurde, blieb der Schwefeldunst unverändert stark, sodaß die Mannschaft, die es im Logis nicht mehr aushalten konnte, im Deutschen Seemannsheim einquartirt wurde. Schließlich am 23. October beschlossen die Experten, den Raum Nr. 2 unter Wasser setzen zu lassen. Dies geschah, nachdem das Loch im Heizraume dicht gemacht war, am 24., der Raum Nr. 2 wurde von einem Pumpdampfer bis 4 Fuß unterm Zwischendeck unter Wasser gepumpt und darauf verflog der Schwefeldunst innerhalb einer halben Stunde; der aus dem Wasser hervorragende Theil des Erzes wurde aber von dem Pumpdampfer noch während der ganzen folgenden Nacht alle 4 Stunden mit Wasser übergossen. Sodann wurde der ganze Raum Nr. 2 entlöscht, während die Schiffspumpen das Wasser aus dem Schiffe schafften. Es stellte sich heraus, daß der Trunk (die hölzerne Einfassung des Erzes) im Raume Nr. 2 theilweise verbrannt war, ebenso verschiedene Zwischendeckslukeu und andere Holztheile, sowie daß die zwei verschiedenen Sorten Erz durcheinander gelaufen waren, daß die Feigen durch das Wasser verdorben und theilweise überhaupt nicht mehr da waren.

Nachdem die Tribunalexperten das Schiff für seetüchtig erklärt hatten, wurde die für Hamburg bestimmte Ladung wieder eingenommen, was bis zum 1. November Nachmittags dauerte und Abends die Reise nach Hamburg fortgesetzt, wo das Schiff am 4. November ankam.

Der durch den Brand im Raume Nr. 2 — die anderen Räume sind nicht in Mitleidenschaft gezogen — entstandene Schaden ist sehr erheblich, sowohl der directe wie indirecte. Es sind Holztheile verbrannt, bezw. angebrannt, das Erz ist durch das Feuer und die Nässe theilweise unbrauchbar geworden, hat einen Theil seines Gewichts an Schwefel und Metall verloren und ist durcheinandergelaufen, die Feigen sind durch die Schwefelausdünstung und das eingespritzte

Wasser verdorben, allerhand Materialschäden sind entstanden, die Mannschaft mußte in der Stadt untergebracht und die Feuerwehr beköstigt werden, die ganze für Hamburg bestimmte Ladung aus- und wiedereingeladen werden, endlich dehnte sich der Aufenthalt des Schiffes in Antwerpen etwa 14 Tage länger aus, als es erforderlich gewesen wäre, um die für Antwerpen bestimmte Ladung unter gewöhnlichen Verhältnissen herauszubringen.

Wie kommt es nun, daß die Entzündung in Luke Nr. 2 entstehen konnte? Sie kann nur herrühren von dem im Unterraume lagernden Schwefelkies aus der Tharsis Mine. Von den Feigen kann der Brand nicht ausgegangen sein, denn sie lagen nicht unmittelbar an der Wand des Maschinenraums und die Brandspuren an der hölzernen Bodenplattform fanden sich nur unter der Luke Nr. 2, nicht nach hinten hin nach der Wand des Maschinenraums. Die Holztheile konnten auch nicht die Erzeuger des Brandes sein, weil gesundes Holz ohne äußere Einwirkung nicht in Brand geräth. Endlich der feine Schwefelkies von Aquas Tenidas kann die Veranlassung nicht gewesen sein, weil die Entzündung im untersten Schiffsraume begonnen hat.

Daß aber überhaupt Schwefelkies sich entzündet, ist vor dem Jahre 1897 anscheinend nie beobachtet worden. Die Oldenburg-Portugiesische Dampfschiffsrhederei und speciell Schiffer Schumacher hat seit einer langen Reihe von Jahren Schwefelkiese von Huelva gefahren, ohne daß jemals eine Entzündung stattgefunden hat. Vor dem Seeamt in Hamburg, einem Hauptlöschplatze für Schwefelkies, ist ein solcher Fall bisher nicht verhandelt; die See-Berufsgenossenschaft hat keine Erfahrungen in dieser Hinsicht gemacht; eine spanische Compagnie (Rio Tinto), die seit 1874 ihre Erze verschifft und zwar 500000—600000 Tons im Jahre, hat keinen einzigen Fall von Erhitzung constatirt. Im Jahre 1897 sind aber 5 Fälle der Entzündung von Schwefelkies aus der Tharsis Mine vorgekommen, nämlich bei den Schiffen „Tanger", „Juno", „Yearly", „Tyr" und „Bencliff". Als Grund muß angenommen werden die besondere Natur des Schwefelkieses, welche ihn befähigt, den Sauerstoff leichter zu absorbiren und eine spontane Verbrennung herbeizuführen.

Vor dem sich mit dem Falle „Tanger" beschäftigenden Civilgericht in Antwerpen ist hierüber ein Gutachten beeidigter Sachverständiger abgegeben, dem das Folgende zu entnehmen ist:

Man unterscheidet zwei Hauptformen von Schwefeleisenkies, nämlich:

1) den gelben oder kubischen, der an der Luft nicht auswittert und keine Veranlassung zu spontaner Verbrennung giebt,

2) den weißen oder prismatischen, der sich an der Luft mit einem weißlichen Beschlag bedeckt, der durch kleine Kristalle von Schwefeleisen, die mit Schwefelsäure imprägnirt sind, gebildet wird. Diese Erscheinung ist stets von einem Freiwerden von Wärme, einer Verbrennung begleitet.

Zu dieser zweiten Hauptform gehört der Schwefelkies von Tharsis. Sie enthält gewöhnlich Kupfer und Arsenik und nach der Menge des Kupfers, welche sie enthält, theilen die Producenten den Schwefelkies ein:

1) in solchen, der mehr als 2 % Kupfer enthält und der, wie er aus dem Bergwerk kommt, exportirt wird,

2) in solchen, der weniger als 2 % Kupfer enthält. Dieser wird, anscheinend seit dem Beginne des vorigen Jahres, um das Kupfer herauszuziehen, am Gewinnungsorte der spontanen Verbrennung unterzogen, mit Wasser gewaschen und hierdurch das Kupfer in Form von schwefelsaurem Eisen herausgezogen, aus dem dann das metallische Kupfer durch Cementation (Glühen in geschlossenen Gefäßen mit Cementirpulver) gewonnen wird. Dieser an Kupfer sehr arme gewaschene Schwefelkies ist auf dem Dampfer „Tanger" verladen.

Durch das Waschen wird der Schwefelkies porös, es wirkt aber auch nicht auf das ganze zum Waschen in Haufen bis zu 1000 Tonnen aufgeschichtete Erz und so bleibt ein Theil des entzündbaren prismatischen Schwefelkieses zurück. Wenn die Waare dann in nur im geringsten für die Oxydation günstige Verhältnisse gebracht wird, fängt die spontane Verbrennung wieder an, nimmt zu und verbreitet sich allmählich und wird schließlich zur lebhaften Verbrennung. Solche Umstände sind das Verbleiben von Feuchtigkeit im Innern des Erzes und der Zutritt von Feuchtigkeit oder Sauerstoff. Feuchtigkeit mag im Innern des Gesteins geblieben sein, wenn es auch nach der Aussage des Schiffers Schumacher bei der Verladung so trocken war, daß es reichlichen Staub hervorbrachte. Daß von außen Feuchtigkeit zugetreten sei, in Huelva oder auf der Seereise, ist nicht anzunehmen, denn die Beladung erfolgte bei trockenem Wetter und die Luken waren dicht, sodaß kein Wasser durch sie kommen konnte. Dagegen hat der Sauerstoff der Luft es leicht gehabt, seine Wirkung auszuüben, da die Luken mehrere Male geöffnet worden sind, um andere Waaren einzuladen. Zuckersaft ist aus den Feigenkörben nicht durchgesickert, da die chemische Analyse keinen Zucker in dem dem Boden des Schiffsraums entnommenen Wasser, das von der Bewässerung des

Schwefelkieses in Antwerpen herrührte, hat entdecken können, obgleich die kleinsten Spuren von Fruchtzucker sich leicht nachweisen lassen. Aber der feuchte Broden, der im Raume Nr. 2 durch die große Menge frisch geernteter und in der Nähe der Wand des Maschinenraums lagernder Feigen entstanden sein kann (daß er entstanden ist, ist nicht festgestellt), kann die Verbrennung wesentlich gefördert, wenn auch nicht erzeugt haben.

Wenn der Schwefelkies von Tharsis gut trocken ist und wenn er in Schiffsräume verladen wird, welche so wenig Luft als möglich enthalten, und bei Ausschluß von anderen Waaren, welche Wärme oder Feuchtigkeit von sich geben können, so wird er sehr selten mehr Gefahr bieten als eine andere Sorte. Wenn er sich vielleicht auch erhitzt, ist doch, wenn man die Luken geschlossen hält, ein Brand unmöglich, da die Nahrung für die Verbrennung fehlt.

Unter diesen Umständen hatte das Oeffnen der Luken am 13. October und das Offenlassen derselben bis Antwerpen in Bezug auf die Steigerung der Verbrennung einen erheblich fördernden Einfluß. Man kann aber dem Schiffer hieraus keinen Vorwurf machen, denn das Auftreten von Schwefeldunst passirte ihm zum ersten Mal und man kann von ihm nicht soviel Kenntniß der Chemie verlangen, um diese Wirkung voraussehen zu können. Für ihn, der die Feigen vor der schädlichen Einwirkung des Schwefeldunstes schützen wollte mußte maßgebend sein der erheblich höhere Werth der Feigen gegenüber dem Erz. Wenn dann in Antwerpen die Luken ferner offen blieben und nicht von vornherein Wasser in solchen Mengen eingespritzt wurde, daß der Brand gelöscht wurde, so beruht das auf Anordnung der gerichtlichen Sachverständigen und findet seine Begründung in dem Wunsche, die werthvollen Feigen nach Möglichkeit zu retten.

Mit dem Gutachten der Antwerpener stimmt das der Hamburger nautischen Sachverständigen im Resultat darin überein, daß keine äußeren Einwirkungen oder Erhitzungen von dem Kesselraumschott zu der Erhitzung der Ladung Erz in dem Raume Nr. 2 die Ursache gewesen sind, sondern die Erhitzung lediglich auf die Beschaffenheit der Waare selbst zurückzuführen ist. Diese machen noch darauf aufmerksam, daß bei der Entlöschung des Schwefelkieses aus den eisernen tubs in die Leichter stets die hellen Funken herausfliegen.

Wenn nun auch gesagt werden muß, daß der gelbe Schwefelkies ein ungefährliches Ladungsobject ist, so kann das nach dem Vorhergehenden keineswegs von dem durch Waschen entkupferten weißen Schwefelkies aus der Tharsis Mine behauptet werden, und es erscheint daher angemessen und räthlich, solchen Schwefelkies getrennt von anderer Ladung zu halten und die Luftzuführung durch Luken und Ventilatoren möglichst zu verhindern.

32. Spruch des Seeamts zu Flensburg vom 23. April 1898 und Entscheidung des Kaiserlichen Ober-Seeamts vom 9. November 1898, betreffend den Seeunfall des Schraubendampfers „Mimi" von Kiel.

Der Spruch des Seeamts lautet:

Der Steuermann Zeriatke hat die Strandung dadurch verschuldet, daß er bei der Annäherung an Rösnaes Feuer es unterließ, seinen Schiffsort durch Lothungen und Peilungen zu controliren.

Die Befugniß zur Ausübung des Schiffergewerbes wird ihm nicht entzogen.

Gründe. Der Schraubendampfer „Mimi", Heimathshafen Kiel, Unterscheidungs-Signal LCRJ, vermessen zu einem Netto-Raumgehalt von 1529,0 cbm = 539,75 britischen Register-Tons, befand sich am 3. April 1898 auf der Reise von Kiel in Ballast nach Christiania. Führer war der Schiffer Ferdinand Wilhelm Rosendahl aus Hamburg, erster Steuermann Karl Louis Zeriatke ebendaher.

Morgens 3 Uhr passirte man das Feuer von Korsör im Großen Belt, hatte eben westlich von der Gasboje stehend diese und das Feuer in Linie. Hier wurde der Curs auf NNW gesetzt. Das Wetter war schön und klar, es wehte eine leichte Briese aus SW. Um 4 Uhr 15 Minuten verließ der Schiffer die Commandobrücke und übergab dem ersten Steuermann die Wache. Vorher hatte er ihm angesichts der Karte gesagt, er möge den bis dahin gesteuerten Curs — NNW — noch 5 Minuten weiter steuern und dann den Curs auf Rösnaes setzen. Auch hatte er den Steuermann angewiesen, ihn zu wecken, wenn es häsig werden sollte. Der Steuermann peilte um 4 Uhr 20 Minuten das Feuer von Romsoe in WNW in einem Abstande von 1½ Seemeilen. Dann setzte er seinen Curs auf N¾O dem Rösnaes Feuer zu. In der Weiterfahrt wurde es stellenweise so häsig, daß Rösnaes Feuer außer Sicht kam. Einige Zeit nach

5 Uhr wurde es indeß wieder so klar, daß Rösnaes Feuer unausgesetzt in Sicht blieb. Die etwa 1 Seemeile westlich von dem Feuerthurm liegende Gas- und Heulboje wurde einstweilen nicht gesehen. Um 5 Uhr 53 Minuten wurde der Feuerthurm von Rösnaes OzS gepeilt. Gleichzeitig wurde die Heulboje etwas voraus an Backbord hörbar. Der Steuermann ließ das Ruder hart Steuerbord legen. Das Schiff fiel auch nach Backbord hin ab, stieß aber gleich nachher auf den Grund und blieb festsitzen. Man war ungefähr 2 Kabellängen östlich von der Gas- und Heulboje festgekommen, an einer Stelle, wo die Seekarten nur 2 m Wasser zeigen.

Der Schiffer, welcher, durch den Stoß erweckt, sofort an Deck gekommen war, sah gleich die Gasboje sowie den Feuerthurm von Rösnaes und das östlich davon liegende Land. Ueber das Riff hinweg sah er auch 2 Dampfer, welche westlichen Curs steuerten.

Um 7 Uhr 50 Minuten gelang es, nach Lenzpumpen des Ballasttanks mit rückwärts gehender Maschine und mit Hülfe eines ausgebrachten Warpankers, wieder flott zu werden. Weil das Schiff während des Festsitzens sehr gewrackt hatte und eine Untersuchung ergab, daß es stark beschädigt sein müsse, fuhr man nach Kiel zurück. Man erreichte am 4. April ohne weiteren Unfall die Kieler Föhrde. Als der Dampfer dann auf den Howaldtswerken in Diederichsdorf ins Dock kam, stellte sich heraus, daß im Boden zu beiden Seiten verschiedene Platten, im Ganzen 30 Stück, verbogen und theilweise durchgestoßen waren.

Der Steuermann Zeriatke besitzt ein Zeugniß über die Befähigung zum Schiffer auf großer Fahrt.

Zu Anfang des Jahres 1896 war er Führer des Hamburger Dampfers „Gutrune". Mit diesem Schiffe strandete er am 2. Januar 1896 auf Sildstrand an der Westküste Jütlands. In der wegen dieser Strandung vom Seeamt Hamburg geführten Untersuchung wurde folgender Spruch abgegeben:

„Die Strandung ist dadurch herbeigeführt, daß der Schiffer Zeriatke nach dem Sichten von Hanstholm Feuer einen um 4 Strich verkehrten Curs abgab, während er in seiner Karte einen vom Lande frei führenden Curs absetzte. Dies Verfahren ist um so ernstlicher zu rügen, als Steuermann Potenberg auf den unrichtigen Curs aufmerksam machte und Schiffer

Zeriatke nicht den Irrthum bei der abermaligen Einsicht der Karte erkannte".

cfr. Bd. 11 der Entscheidungen des Ober-Seeamts und der Seeämter, S. 763.

Dem Steuermann war der Große Belt nicht unbekannt. Er hatte schon zu dreien Malen die Gegend, wo er strandete, als wachthabender Steuermann passirt. Er wußte auch, daß sich auf dem Riffe von Rösnaes außer dem Feuerthurm eine Gas- und Heulboje befindet.

Der Reichscommissar hat beantragt, daß ihm die Befugniß zur Ausübung des Schiffergewerbes entzogen werde.

Das von Rösnaes in westlicher Richtung auslaufende Riff ist allgemein als der Schiffahrt sehr gefährlich bekannt. Früher lag am westlichen Ende des Riffs eine weiß gestreifte Bakentonne. Seit einigen Jahren liegt hier eine Gas- und Heulboje. Nach der Segelanweisung sollen Schiffe sich in östlicher Richtung auf höchstens 17 m Tiefe nähern.

Der von Romsoe aus nach Rösnaes hin gesteuerte Curs N³/₄O führt ungefähr ³/₄ Seemeilen westlich von der Gas- und Heulboje vorbei und damit gut frei vom Riff. Wenn das Schiff dennoch aufs Riff gerieth und zwar 2 Kabellängen östlich von der Boje, so ist dies auf Stromversetzung zurückzuführen. Damit ist die Strandung erklärt, aber nicht entschuldigt.

Der erste Steuermann mußte wissen, daß er im Großen Belt, wie in jeder anderen Meerenge, mit Strömungen zu rechnen habe und er sich nicht auf den abgesetzten Curs verlassen dürfe. Er war deshalb darauf hingewiesen, hier alle Vorsicht anzuwenden.

Zunächst hätte er das Feuer von Romsoe so lange und so weit es sichtbar war, achteraus in Peilung behalten müssen, um darnach zu prüfen, ob der abgesetzte Curs auch wirklich gefahren wurde oder nicht. In Verbindung hiermit wäre Rösnaes Feuer, sobald es in Sicht kam, unausgesetzt in Peilung zu halten gewesen. Sodann hätte er, so lange er die Gas- und Heulboje nicht an Steuerbord sichtete, den Feuerthurm von Rösnaes niemals weiter als in Ost bringen dürfen. Daß er die Gas- und Heulboje bei der Annäherung ans Riff nicht fand, ist begreiflich, weil damals grade der Morgen graute und diese Tageszeit erfahrungsmäßig das Erkennen von Bojen erschwert. Fand er sie aber nicht, so mußte er sich sagen, daß er eben so gut östlich wie westlich von ihr stehen könne. Er hätte, sobald er den Feuerthurm bis auf Ost gebracht, das Loth werfen müssen. Er würde dann gefunden haben, daß sein Schiff auf einer Wassertiefe von nur 9 m stand und damit an einer Stelle war, die ihn bei Weiterfahrt im bisherigen Curse unfehlbar aufs Riff bringen mußte. Er würde nach der Lothung noch immer Zeit und Raum genug zur Verfügung gehabt haben, durch Aussteuern nach Westen vom Riff freizugehen.

Daß der Steuermann diese Vorsichtsmaßregeln unterließ, namentlich, daß er den Feuerthurm von Rösnaes bis in SO$\frac{3}{4}$O brachte, ohne seinen Schiffsort durch Lothungen zu berichtigen, gereicht ihm zum Verschulden. Das Verschulden ist ein grobes, weil die seemännische Praxis unbedingt gebot, sich in der Nähe eines so gefährlichen Riffs, wie das von Rösnaes, nicht auf den gesetzten Curs zu verlassen.

Das Verschulden fällt für den Steuermann um so schwerer ins Gewicht, weil er schon früher mal erfahren hatte, daß seinem nachlässigen Verhalten die Strandung eines Dampfers zugeschrieben werden mußte.

Das Seeamt hat sich nicht verhehlen können, daß dringende Gründe vorliegen, dem Steuermann Zeriatke die Befugniß zur Ausübung des Schiffergewerbes zu entziehen. Es ist gleichwohl davon abgesehen, weil andererseits immerhin zuzugeben ist, daß das Versehen im vorliegenden Falle noch nicht zur Genüge erkennen läßt, daß die Nachlässigkeit in der Navigirung eine dem Steuermann anhaftende Eigenschaft ist. Ferner ist erwogen worden, daß das Versehen im Wesentlichen auf das bloße Vergreifen in der Annahme des Schiffsorts hinausläuft und ein solches Versehen durch die Entziehung der Befugniß zur Ausübung des Gewerbes auf Lebenszeit zu hart gesühnt werden würde. Dieser Erwägung hat man auch angesichts des §. 34 des Gesetzes vom 17. Juli 1877, betreffend die Untersuchung von Seeunfällen, die Berechtigung nicht versagen wollen, weil darin dem Betroffenen **kein** Recht auf Wiedereinräumung der Befugniß gegeben wird.

Die **Entscheidung** des Ober-Seeamts lautet:

Auf die Beschwerde des Reichscommissars gegen den Spruch des Königlich preußischen Seeamts zu Flensburg vom 23. April 1898 über den Seeunfall des Dampfers „Mimi" von Kiel hat das Kaiserliche Ober-Seeamt in seiner zu Berlin am 9. November 1898 abgehaltenen öffentlichen Sitzung nach mündlicher Verhandlung der Sache entschieden,

daß der Spruch des Königlich preußischen Seeamts zu Flensburg vom 23. April 1898 dahin abzuändern, daß dem Steuermann Karl Louis Zeriatke zu Hamburg die Befugniß zur Ausübung des Schiffergewerbes zu entziehen, und die baaren Auslagen des Verfahrens außer Ansatz zu lassen.

Gründe. In seiner Beschwerde hat der Reichscommissar die Ansicht vertreten, daß die vom Seeamte zutreffend festgestellten Verfehlungen des Steuermanns Zeriatke zu einer Entziehung der Befugniß zur Ausübung des Schiffergewerbes nach Lage der gesetzlichen Bestimmungen führen müßten.

Die Prüfung der Sache durch das Ober-Seeamt hat ergeben, daß ohne Zweifel die Strandung nicht stattgefunden hätte, wenn der Dampfer „Mimi" sachgemäß geführt worden wäre. Handelte es sich doch nur darum, bei klarem schönen Wetter und leichter südwestlicher Briese das allerdings nicht ungefährliche Rösnaesriff, welches in westlicher Richtung von Själland ausläuft, zu umschiffen. Hierzu standen der Schiffsleitung ausreichende Hülfsmittel zur Verfügung, mit welchen bei richtiger Anwendung diese gefahrvolle Stelle ohne Schwierigkeit hätte befahren werden können.

Die Schiffsführung liegt, wie vom Ober-Seeamt stets betont worden ist, in erster Reihe dem Schiffer ob. Mit Rücksicht auf die in jener Gegend vorhandenen unberechenbaren und veränderlichen Strömungen wäre es, wenn nicht besondere Gründe für die Abgabe der Leitung des Schiffes an den Steuermann geltend zu machen sind, Pflicht des Schiffers gewesen, sein Schiff auf der Fahrt an Rösnaesriff vorbei persönlich zu führen, da die Nothwendigkeit, den Curs zu verändern, um den etwa auftretenden Strömungen entgegenzuwirken, jeden Augenblick herantreten konnte. Wie im Laufe der Verhandlung festgestellt worden ist, hat bei früheren Reisen in dieser Gegend der Schiffer stets selbst das Commando geführt und ist auf der letzten Reise von diesem Gebrauche nur deshalb abgewichen worden, weil der Schiffer dem Steuermann, welchem nach Beendigung der Reise die Führung eines anderen Dampfers der Rhederei für gleiche Fahrten übertragen werden sollte, vollkommen vertraute. Glaubte aber der Schiffer — es mag dahin gestellt bleiben ob mit Recht oder mit Unrecht — die Leitung des Schiffes dem Steuermann übergeben zu sollen, so wäre es seine Pflicht gewesen, diesen mit genauen Weisungen für die Fahrt zu versehen. Nach seiner eigenen Aussage hat Schiffer

Rosendahl seinem Steuermanne, nachdem sie gemeinschaftlich die Karte eingesehen hatten, die Wache um 4 Uhr 15 Minuten Morgens, als man ungefähr querab von Romsoe stand, mit der Weisung übergeben, noch fünf Minuten den bisherigen NNWCurs beizubehalten, dann aber auf Rösnaes Feuer zuzusteuern und ihm Meldung zu machen, falls das Wetter unsichtig werden sollte. Diese Art der Uebergabe der Leitung des Schiffes kann als ausreichend und sachgemäß selbst dann nicht angesehen werden, wenn die vom Steuermann Zeriatke vor dem Ober-Seeamt gegebene abweichende Darstellung richtig sein sollte, wonach der Schiffer den demnächst zu steuernden Curs nach dem Compaß aufgegeben hat. Es hätte vielmehr der Schiffer, da es sich nur um wenige Minuten handelte, bis zur nothwendigen Cursänderung an Deck verbleiben, den Schiffsort zu dieser Zeit bestimmen und alsdann einen festen Curs aufgeben müssen.

Nicht ausgeschlossen erscheint es, daß der Schiffsort zu jener Zeit weiter von Romsoe entfernt war, als angenommen wurde, und es würde sich daraus allein schon erklären, daß der vom Steuermanne für die Weiterfahrt an sich richtig gewählte Curs N³/₄O, mit welchem er von dem Riff in einem hinreichenden Abstande hätte fern bleiben müssen, zur Strandung geführt hat.

Hiernach kann dem Schiffer der Vorwurf ungenügender Beaufsichtigung der Navigirung nicht erspart werden.

Dem Steuermanne stand nach Uebernahme der Wache für die Weiterfahrt in erster Linie eine gute Seekarte zur Verfügung; zudem war ihm die Gegend, in der er fuhr, nicht unbekannt. Er wußte, daß ein nördlich fahrendes Schiff nicht eher frei von dem Rösnaesriff ist, als bis es die an dessen äußerstem Ende liegende Heul- und Gasboje an Steuerbord hat liegen lassen, und bis der Feuerthurm von Rösnaes in die Peilung SOzO gebracht worden ist. Er wußte ferner aus der Segelanweisung, daß Schiffe sich in östlicher Richtung diesem Riffe bis auf höchstens 17 m Wassertiefe nähern dürfen. Somit verfügte er über alle die Unterlagen, welche ihn befähigten, sowohl bei klarem, feuersichtigem Wetter unter sachgemäßer Peilung der Feuer, als auch bei dickem Wetter unter Gebrauch des Lothes frei von dem gefährlichen Riffe zu bleiben. Ferner fuhr er auf einem Dampfschiffe, war also in Bezug auf die zu fahrenden Curse unabhängig vom Winde.

Der von ihm gewählte Curs nach Rösnaes kann nun zwar, sofern der Abgangspunkt zutreffend angenommen war, als richtig bezeichnet werden; daß das Schiff trotzdem auf den Grund gekommen ist, kann durch eine nicht in Rechnung gezogene Strömung oder durch einen Fehler des Compasses bewirkt sein. Da für letztere Annahme angesichts der sorgfältig gemachten und im Journal verzeichneten Deviationsbestimmungen kein genügender Anhalt vorliegt, so muß, wie auch vom Seeamt geschehen ist, die Strandung auf Stromversetzung zurückgeführt werden. Die Möglichkeit des Vorhandenseins eines solchen Stromes mußte nach Angabe der Segelanweisung vorausgesetzt und in Betracht gezogen werden, und der Steuermann war daher verpflichtet, durch häufiges Peilen der in Sicht befindlichen Feuer den wahren Weg seines Schiffes über den Grund zu bestimmen und zu regeln. Nach seiner eigenen Aussage wurde die Luft bald nach Antritt seiner Wache häsig, und zwar derartig, daß das vorher in N¾O in Sicht befindliche Rösnaesfeuer zwischen 4 und 5 Uhr gänzlich außer Sicht kam und auch später zeitweise verschwand. Der ihm vom Schiffer ertheilten Weisung gemäß, hätte er nun diesen wecken müssen, zumal er nicht wissen konnte, wie lange der Nebel sich halten würde. Als es dann wieder klar geworden war, und er bis zur Peilung OzS an Rösnaesfeuer herangekommen war, ohne die Gasboje gesehen zu haben, war es dringend geboten, nunmehr zu lothen, um sich Gewißheit über seinen Schiffsort zu verschaffen. Dadurch, daß er dies versäumt hat, hat Zeriatke die Strandung verschuldet und bewiesen, daß ihm neben seiner Unzuverlässigkeit, indem er gegebene Befehle nicht pünktlich ausführte, auch die nöthige Erfahrung und die erforderlichen Berufskenntnisse für die Schiffsführung mangeln. Wenn überdies berücksichtigt wird, daß schon in einem früheren Falle das Seeamt in Hamburg durch Spruch vom 7. Februar 1896 grobe Fahrlässigkeit in der Navigirung festgestellt hat, durch welche Zeriatke die Strandung des damals von ihm geführten Hamburger Dampfers „Gutrune" verschuldet hat, so ergiebt sich unabweisbar die Schlußfolgerung, daß es sich bei Zeriatke nicht um ein einmaliges Versehen, sondern um den dauernden Mangel an unentbehrlichen Berufseigenschaften handelt, sodaß ihm im Interesse der Sicherheit von Menschenleben und Gütern die Berechtigung zur Ausübung des Schiffergewerbes entzogen werden muß. Da er indessen unter einem gewissenhaften erfahrenen Schiffer sich als brauchbarer Steuermann erweisen kann, so ist ihm die Befugniß zur Ausübung des Steuermannsgewerbes belassen worden.

Das Seeamt ist zu gleicher Beurtheilung des Thatbestandes gelangt und hat nach seinem Spruche sich nicht verhehlt, daß dringende Gründe vorliegen, dem Steuermann Zeriatke die Befugniß zur Ausübung des Schiffergewerbes zu entziehen; es hat aber trotzdem davon

Abstand genommen, die Entziehung auszusprechen, weil die dauernde Entziehung der Gewerbebefugniß den Zeriatke zu hart treffen würde.

Die Stellungnahme des Seeamts erscheint nach Lage der gesetzlichen Bestimmungen bedenklich.

Der Umstand, daß diese eine Entziehung der Gewerbebefugniß auf Zeit nicht zulassen, sondern die Wiederverleihung einer durch seeamtlichen Spruch entzogenen Gewerbebefugniß in das Ermessen des Reichskanzlers gestellt haben, darf nicht dazu führen, in Fällen, in denen der Schiffsofficier durch den Mangel solcher Eigenschaften, welche zur Ausübung seines Gewerbes erforderlich sind, einen Unfall verschuldet hat, von der Entziehung der Befugniß zur Ausübung des Gewerbes abzusehen. Dem Urtheile des Seeamts liegt die dem Gesetze vom 27. Juli 1877 fremde Anschauung zu Grunde, daß die Entziehung des Patents als eine Strafe zu verhängen wäre; das Gesetz dagegen bezweckt nur, daß zur Förderung der Sicherheit auf See die für den Beruf als Schiffsofficier nicht geeigneten Personen von dessen Ausübung ausgeschlossen werden. Es war daher der Spruch des Seeamts, dem Antrage des Reichscommissars entsprechend, wie geschehen, abzuändern.

Die baaren Auslagen des Beschwerdeverfahrens bleiben außer Ansatz, da die Beschwerde vom Reichscommissar eingelegt worden ist.

33. Spruch des Seeamts zu Bremerhaven vom 23. November 1898, betreffend den Seeunfall des Schraubendampfers „Maria Rickmers“ von Bremerhaven.

Der Spruch des Seeamts lautet:

Am 4. September 1898 10 Uhr 30 Minuten Abends auf der Reise von Bremerhaven nach Baltimore auf 50° 24′ Nordbreite und 13° 51′ Westlänge ist die Schraubenwelle des Dampfers „Maria Rickmers“ gebrochen, sodaß das Schiff manövrirunfähig wurde und von dem englischen Dampfer „Jona“ nach Falmouth geschleppt werden mußte.

Der Bruch der von der Sunderland Forge Co. gelieferten Welle ist auf schlecht durchgearbeitetes Material zurückzuführen und trifft die Schiffsleitung ein Verschulden an dem Unfalle nicht.

Als wünschenswerth muß es bezeichnet werden, daß die Wellen auf Dampfschiffen zur möglichst sicheren Beobachtung etwaiger Schäden thunlichst blank gehalten werden.

Gründe. Der Schraubendampfer „Maria Rickmers", Unterscheidungs-Signal QGDT, ist in Bremerhaven beheimathet und von der Eigenthümerin, Rickmers Reismühlen, Rhederei und Schiffbau-Actien-Gesellschaft zur Zeit an den Norddeutschen Lloyd in Bremen verchartert. Der Netto-Raumgehalt beträgt 8893,9 cbm = 3139,53 britische Register-Tons. Das Schiff ist im Jahre 1896 aus Stahl erbaut. Der Dampfer ist mit einer dreifachen Expansionsmaschine mit Oberflächencondensation von 2000 indicirten Pferdestärken und vier Cylinderkesseln ausgerüstet. Die Besatzung besteht, einschließlich des Schiffers Paul Grosch, aus 51 Mann. Das Schiff ist beim Lloyd's-Register mit 100 A 1 classificirt.

Am 1. September 1898 trat der Dampfer „Maria Rickmers" mit 133 Zwischendeckspassagieren an Bord von Bremerhaven aus eine Reise nach Baltimore an. Bis zum 4. September verlief die Reise ohne nennenswerthe Zwischenfälle bei gutem Wetter, sodaß Schiff und Maschine nicht besonders hatten angestrengt zu werden brauchen.

Am 4. September 10 Uhr 30 Minuten Abends, als sich das Schiff auf 50° 24' Nordbreite und 13° 51' Westlänge befand, wurde plötzlich eine starke Erschütterung bemerkt und im Anschlusse hieran ein schnelles Arbeiten der Maschine, welche alsbald gestoppt wurde. Der Schiffer Grosch und Obermaschinist Kaulitz eilten sofort in die Maschine und von hier in den Wellentunnel, welchen beide jedoch wegen des einströmenden Wassers sofort wieder verlassen mußten. Nachdem festgestellt war, daß die Schraubenwelle gebrochen war, beorderte Kaulitz den zweiten Maschinisten und einen Assistenten durch den Zugang vom Ventilator aus in den Tunnel, um zu beobachten, wie schnell dieser sich mit Wasser füllte. Es wurde festgestellt, daß das einströmende Wasser in Folge Bruches des Stevenrohrs aus der hinteren Piek gekommen war, welche als Frischwassertank diente. Da das Wasser durch die Pumpen nicht bewältigt werden konnte, wurde der Tunnel geschlossen und mit den in den Laderäumen befindlichen Planken und Stützen der Getreideschotten möglichst abgespreizt, um ein Leckwerden desselben beim Arbeiten des Schiffes zu verhindern; ebenfalls wurde das Schott des Laderaums VI abgesteift, da man auf das Volllaufen desselben gefaßt sein mußte.

Sämmtliche Boote wurden zum Ausschwingen fertig gemacht,

die Segel angeschlagen und Schleppleinen auf Deck geholt. Das Geschütz wurde mit der Leine versehen und die Ankerkette auf die Schleppleine geschäkelt. Die Passagiere, welche sich zuerst etwas aufgeregt zeigten, wurden durch den Proviant- und Zahlmeister rasch beruhigt.

Während der Nacht trieb das Schiff bei leichtem südlichen Winde quer gegen die westliche Dünung und rollte bisweilen stark; am nächsten Morgen, als etwas stärkere südwestliche Briese aufkam, gelang es, das Schiff auf östlichen Curs zu legen, wodurch das Schlingern desselben vermieden wurde. Ein am 5. September 7 Uhr Morgens passirender viermastiger Dampfer mit gelbem Schornsteine beachtete die gegebenen Nothsignale nicht. An demselben Tage 1 Uhr Nachmittags kam der englische Dampfer „Jona" in Sicht, bemerkte die Signale und erklärte sich zum Schleppen der „Maria Rickmers" nach Falmouth bereit. Nachdem durch eine über die „Jona" geschossene Leine Verbindung hergestellt war, begann das Schleppen um 2 Uhr Nachmittags. Während der folgenden Nacht war leichte südwestliche Briese, schönes Wetter und wenig Seegang. Am Wellentunnel zeigten sich einige lecke Stellen, welche möglichst gedichtet wurden; das durch dieselben ausströmende Wasser war unbedeutend und konnte durch die Handpumpen bewältigt werden. Das Wetter blieb am 6. September und während der darauf folgenden Nacht ruhig, der Wind südwestlich und die See leicht bewegt. Nachdem am 7. September 3 Uhr 57 Minuten Morgens Bishop Rock in 6½ Seemeilen und um 10 Uhr 45 Minuten Vormittags Lizard in 2 Seemeilen Abstand passirt war, wurde um 4 Uhr Nachmittags Falmouth erreicht und innerhalb des Feuerthurms geankert.

Wie sich beim Herausnehmen der Welle im Dock herausstellte, war außer der Schraubenwelle auch das Stevenrohr und die Stopfbüchse gebrochen, ferner waren die beiden hinteren Transmissionslager vom Fundamente losgerissen. Das zur Anfertigung der Welle benutzte Material erwies sich als ein sehr mangelhaftes schlecht durchschweißtes Eisen, die Bruchstelle war aderig und konnten kleine Stücke mit der Hand losgebrochen werden. Als die gebrochene Schraubenwelle ins Schiff geholt war, wurden die Lager aufgenommen. Es wurde zunächst bei der Druckwelle ein durch 5 von den 8 Ringen gehender Riß und später bei der zweiten Transmissionswelle ebenfalls ein Riß gefunden. Wenn beide Risse auch keine ganze Brüche waren, so gingen dieselben doch so tief, daß auch diese Wellen ersetzt werden mußten. Die Stärke der Schraubenwelle entsprach zwar den Vorschriften des Lloyd-Register, aber nicht denjenigen des Germanischen Lloyd, welche für Wellen aus Schweißeisen 20 mm Mehrstärke verlangen. Die Stärke der Welle würde den Vorschriften des Germanischen Lloyd gerade genügt haben, wenn das Material Siemens Martin Stahl gewesen wäre.

Der Dampfer „Maria Rickmers", welcher im Sommer 1898 vom Norddeutschen Lloyd übernommen wurde, hat bereits auf seiner ersten Reise für Rechnung des Lloyd auf der Höhe von Halifax einen Bruch der Schraubenwelle erlitten. Diese Welle hatte sich von Anfang an im Schiffe befunden und ist nach ihrem Bruche durch die nunmehr gebrochene in Halifax ersetzt worden. Beide Wellen sind von der Sunderland Forge Co. geliefert. Mit der in Halifax eingesetzten Reservewelle sind dann 3½ Reisen gemacht worden, ohne, daß mit derselben etwas passirte. Nach jeder halben Reise sind die Wellen nachgesehen und Fehlstellen hierbei nicht entdeckt worden. Auch vor der letzten Ausreise sind die Wellen überholt und Risse nicht gefunden, was vielleicht darauf zurückzuführen ist, daß nur die vordere Hälfte der Wellen blank, während die hinteren Wellen mit Farbe gestrichen sind.

Da eine Ueberanstrengung der Welle auf der letzten Ausreise vor dem Bruch nicht stattgefunden hat, und nach dem Resultate der Beweisaufnahme keine Anhaltspunkte für die Annahme vorliegen, daß bei dem Wellenbruch eine Deformation des Schiffskörpers, welche sich durch ein Warmlaufen der Lager auf der letzten oder einer der früheren Reisen hätte verrathen müssen, mit im Spiele ist, hat das Seeamt auf Grund der Aussagen der Zeugen Obermaschinist Kaulitz, Oberinspektor Spetzler und Inspektor Heise, sowie auf Grund des mündlichen Gutachtens des Sachverständigen Maschinenconstrukteurs Rosenberg die Ueberzeugung gewonnen, daß der Bruch der Schraubenwelle auf schlecht durchgearbeitetes Material zurückzuführen ist. Die Dimensionen der gebrochenen Welle, welche den Vorschriften von Lloyds-Register entsprechen, würden nach der Ansicht des Sachverständigen bei vorzüglichem Material, d. h. tadellos durchgearbeitetem Schweißeisen, genügt haben. Das Seeamt hat deshalb Bedenken getragen, die den Anforderungen des Germanischen Lloyd allerdings nicht ganz entsprechenden Dimensionen für den Wellenbruch mit verantwortlich zu machen. Da es im Interesse der Sicherheit der Dampfschiffe liegt, daß Risse und Fehlstellen im Material möglichst bald entdeckt werden, um rechtzeitig eine Auswechselung der schadhaften Wellen herbeiführen zu können, hat das Seeamt im Spruche darauf hingewiesen, daß die Wellen am besten blank gefahren werden.

34. Spruch des Seeamts zu Hamburg vom 25. November 1898, betreffend den Zusammenstoß des britischen Schraubendampfers „Tom John Taylor" mit dem Besahnever „Elise" von Bützfleth auf der Unterelbe.

Der Spruch des Seeamts lautet:

Nach der Beweisaufnahme über den Zusammenstoß des britischen Dampfers „Tom John Taylor" mit dem Besahnever „Elise" auf der Unterelbe bei Brunshausen am 16. August 1898, in Folge dessen die „Elise" sank und der Bestmann Peter Syliacks aus Theisbrüggermoor ertrank, muß angenommen werden, daß das grüne Seitenlicht des Evers ebenso wie das von der Seewarte nachträglich geprüfte rothe Seitenlicht desselben nicht die gesetzlich vorgeschriebene Sichtweite hatte, und es dadurch dem Dampfer nicht möglich war, dem Segler rechtzeitig aus dem Wege zu gehen.

Die Führung des „Tom John Taylor" giebt zu Ausstellungen keinen Anlaß.

Rettungsversuche sind prompt gemacht, doch konnte der Bestmann der „Elise" nicht mehr lebend aufgefunden werden.

Thatbestand. In der Nacht vom 15. auf den 16. August 1898, etwa um 12 Uhr 15 Minuten, fand im Elbfahrwasser bei Brunshausen zwischen dem englischen Dampfer „Tom John Taylor" und dem Besahnever „Elise" aus Bützfleth ein Zusammenstoß statt, in Folge dessen der Ever sank und ein Mann der Besatzung desselben sein Leben verlor.

1. Der „Tom John Taylor", ein in London beheimathetes, 480 britische Register-Tons Netto-Raumgehalt großes Schraubendampfschiff, kam unter Führung des Schiffers Thomas Frazer und unter Assistenz des Hamburger Patentlootsen Julius Lemmel die Elbe abwärts. Das Schiff hatte den Hamburger Hafen am 15. August 10 Uhr Abends in Ballast verlassen und lag 6 Fuß im Gatt. Der Tiefgang betrug vorn 6 Fuß 6 Zoll, hinten 12 Fuß 6 Zoll. Es war flauer östlicher Wind und Fluthzeit. Bis in die Nähe von

Brunshausen war es auf dem Wasser häsig gewesen, oben war die Luft hell und sternenklar. In der Nähe von Brunshausen verzog sich nach Angabe des Schiffers Frazer die häsige Luft. Gegen Mitternacht passirte der Dampfer Juels Feuer. Neben dem Lootsen, der ungefähr mittschiffs auf der Brücke stand, befand sich auf Steuerbordseite am Maschinentelegraphen Schiffer Frazer. Gesteuert wurde auf der Brücke mit Handsteuerung. Als Ausguck auf der Back stand Matrose Arthur. Von der Brücke aus hatte man einen freien Ueberblick. Von Juels Feuer an steuerte Lootse Lemmel in der Richtung nach dem Appelhof zu, um die Leitfeuer von Stader Sand in Deckpeilung zu bekommen. Als man bei Brunshausen passirte und Lootse Lemmel mit dem Nachtglase das Fahrwasser nach Fahrzeugen abgesucht hatte, meldete der Ausgucksmann ein Segel recht voraus. In demselben Augenblick sah auch Lootse Lemmel im Schein der Toplaterne, wie der Segler lag, und erblickte auch Schiffer Frazer jenes Segel, welches bereits sehr dicht zu sein schien. Schiffer Frazer stellte den Maschinentelegraphen sofort auf volle Kraft rückwärts, während Lootse Lemmel an das Ruder eilte und dasselbe hart Steuerbord überlegen half. Beide Manöver hatten keinen Erfolg. Schiffer Frazer ist der Meinung, daß sein Schiff in Folge des Steuerbordruders, da dasselbe leicht steuert, vielleicht noch einen Strich nach Backbord abgefallen ist, ehe aber die Maschine zur Wirkung kam, hatte der Dampfer das quer vor ihm liegende Fahrzeug am Steuerbord-Hinterschiff getroffen, und versank dasselbe fast unmittelbar darauf. Der Ausgucksmann sah im letzten Augenblick vor dem Zusammenstoß ein schwaches grünes Licht.

Sobald der Dampfer außer Fahrt war, wurde ein Boot ausgesetzt, und suchte der erste Steuermann mit zwei Mann nach dem übergerannten Fahrzeuge. Man fand Wrackstücke im Wasser und traf kurz danach den Führer des Schiffes in seinem Boote, der angab, daß sein Bestmann verschwunden sei. Sofort wurde nach diesem längere Zeit gesucht, doch fand man keine Spur von ihm. Der Schiffer fuhr dann mit an Bord des „Tom John Taylor", der unweit der Unfallstelle vor Anker gegangen war. Auf Befragen des Lootsen, weshalb der Schiffer kein Licht auf dem Ever gezeigt habe, erklärte dieser ihm in Gegenwart des englischen Schiffsführers, seine Seitenlichter hätten gebrannt, er habe bei der Annäherung des Dampfers noch seinem Bestmann den Auftrag gegeben, ein Hecklicht zu zeigen, doch sei dieser dem Befehl nicht nachgekommen. Er habe ihn auch vor der Collision aufgefordert, in's Boot zu steigen, doch habe er dies ebenfalls nicht gethan und sei nun bei dem Zusammenstoß über Bord gestürzt.

Später fuhr der Schiffer im eigenen Boote nach Brunshausen, während der Dampfer, der keinen Schaden erlitten, seine Reise fortsetzte.

2. Der Besahnever „Elise", vermessen zu 55,7 cbm = 19,66 britischen Register-Tons Netto-Raumgehalt, ist in Bützfleth, Amt Freiburg, beheimathet und seit Januar 1898 Eigenthum des Schiffers Claus Heinrich Adolph Oberdieck aus Bützfleth, welcher nicht im Besitz eines Schiffer- oder Steuermannspatents ist. Der Schiffer Oberdieck befährt mit seinem Fahrzeug nur die Elbe, und war das Schiff zu 3000 M. bei dem Schiffercompact zu Schulau versichert.

Die „Elise" hatte 25000 Mauersteine in Abbenfleth geladen und hatte einen Tiefgang von 6 Fuß. Freibord hatte der Ever mit dieser Ladung nicht, das Wasser stand mittschiffs mit dem Deck gleich. Mit dem Eintritt der Fluth hatte Schiffer Oberdieck Abbenfleth verlassen und war bei der leichten SOBriese mit mehreren anderen Evern elbaufwärts gekreuzt. Eben unterhalb Brunshausen lag der Ever über Backbordbug nach der Nordseite des Fahrwassers hinüber, etwa auf Ostcurs. In dieser Lage sah man einen abwärts kommenden Dampfer herankommen, und hatte Schiffer Oberdieck mit seinem Bestmann darüber gesprochen, daß jener Dampfer sich in gefahrdrohender Weise nähere. Der Bestmann war der Ansicht, daß der Dampfer den Ever sehen müsse, und erwiderte dem Schiffer, daß er nicht glaube, daß der Dampfer den Ever überrennen würde. Auf wiederholten Befehl holte der Bestmann eine angesteckt bereit stehende Kugellaterne an Deck, um sie zu zeigen, doch in diesem Augenblick war bereits der Dampfer so nahe herangekommen, daß Schiffer Oberdieck dem Bestmann zurief, die Lampe wegzusetzen und das Boot loszumachen. Im nächsten Augenblick traf auch schon der Dampfer den Ever; durch den Stoß stürzte der Bestmann über Bord. Der Ever sank sofort unter. Das Boot ging ebenfalls mit unter, da die Fangleine fest war, glücklicherweise brach diese, das Boot kam wieder hoch, und gelang es dem Schiffer, in's Boot zu klettern. Schiffer Oberdieck glaubte, von dem Bestmann noch gurgelnde Laute im Wasser zu hören, rief ihm zu, er möge sich noch etwas über Wasser halten, er würde versuchen, mit dem Boote heranzukommen. Es gelang dem Schiffer indeß nicht, den Bestmann zu finden. Die Leiche des Bestmanns ist später bei Grauerort angetrieben. Es war dies der am 14. Mai 1879 zu Theisbrüggermoor, Gemeinde Drochtersen, Kreis Kehdingen, geborene Peter Syliacks.

3. Die mitauffsegelnden Ever „Metta Maria" und „Adele" waren nicht weit von der „Elise" entfernt; die „Adele" war in Lee voraus nach der Nordseite hinüber liegend, während die „Metta Maria" von der Nord- nach der Südseite hinüber lag, sich aber mehr nördlich im Fahrwasser befand als die „Elise".

Die Führer dieser Schiffe gaben an, daß die Seitenlichter der „Elise" gebrannt hätten, daß die Briese sehr flau gewesen wäre, und daher die Fahrzeuge fast gar keinen Fortgang gehabt hätten, sondern eigentlich nur mit der Fluth aufgetrieben wären. Schiffer Oberdieck habe den Dampfer angerufen, als er nahe herangekommen sei, daß er ein helles Licht gezeigt, sei von ihnen nicht gesehen worden. Dem ertrunkenen Bestmann hätten sie keine Hülfe leisten können.

4. Nach den Angaben des Tauchers Harmstorf, der die „Elise" gehoben, lag der Ever mehr nördlich als südlich im Fahrwasser in einer Tiefe von 9½ Metern. Durch eine seeamtliche Besichtigung des gehobenen Fahrzeugs wurde festgestellt, daß an Steuerbordseite die Regeling am Hinterschiff vollständig fortgerissen, daß dagegen die Regeling an der Backbordseite des Hinterschiffs vorhanden war. In der Regeling befanden sich zwei große Bohrlöcher, die zur Aufnahme der Stangen des Laternenbretts gedient hatten. Die Löcher standen in einem Abstande von 0,48 m von einander, und zwar das hintere 1,05 m vom Heck entfernt, das vordere 1,53 m vom Heck.

5. Die bei Hebung des Fahrzeugs an Deck aufgefundene rothe Seitenlaterne wurde auf Veranlassung des Seeamts durch die Seewarte auf ihre Sichtweite geprüft, und ergab diese Prüfung, daß das Glas der Laterne glatt und roth gefärbt war, daß ein sechsliniger Flachbrenner verwandt worden, und die Sichtweite 0,8 Seemeilen betrug. Die in der Kajüte aufgefundene Kugellaterne hatte glattes Glas, einen sechslinigen Rundbrenner und eine Sichtweite von 0,9 Seemeilen.

Gründe. Nach Artikel 20 der Kaiserlichen Verordnung vom 9. Mai 1897 hat ein Dampffahrzeug, sobald es sich einem Segelfahrzeug in solcher Richtung nähert, daß die Beibehaltung der Fahrtrichtung eine Gefahr des Zusammenstoßes mit sich bringt, dem Segelfahrzeug aus dem Wege zu gehen, während das Segelschiff nach Artikel 21 derselben Verordnung seinen Curs und seine Geschwindigkeit beizubehalten hat.

Daß letzteres im vorliegenden Falle geschehen, ist unbestritten und kommt daher hier nicht weiter in Frage.

Die Pflicht des Ausweichens eines Dampfers einem Segelschiff gegenüber hat aber für letzteres, wenn Dunkelheit eingetreten ist, zur Voraussetzung, daß das Segelschiff seine Lage durch die gesetzlich vorgeschriebenen Lichter kenntlich macht.

Nach Artikel 5 der Kaiserlichen Verordnung soll nun ein Segelfahrzeug Lichter führen, welche mindestens zwei Seemeilen weit sichtbar sind, und steht es nach Artikel 12 jedem Fahrzeug frei, wenn es nöthig erscheint, außer den Lichtern ein Flackerfeuer zu zeigen, um die Aufmerksamkeit auf sich zu ziehen.

Die Befolgung dieser Vorschriften ist in lebhaften Flußrevieren zweifellos von besonderer Wichtigkeit.

Prüft man nun diesen Vorschriften gegenüber das Verhalten der beiden Schiffe in der gegebenen Lage, so ist durch die Beweisaufnahme zunächst als erwiesen zu erachten, daß die „Elise" gegen den Artikel 5 der Kaiserlichen Verordnung gefehlt hat, denn sie besaß nach der gutachtlichen Prüfung der Seewarte nur Seitenlaternen, die 0,8 Seemeilen weit sichtbar waren, mithin den gesetzlichen Anforderungen durchaus nicht entsprachen.

Freilich ist die Seewarte nur in die Lage versetzt worden, die rothe Seitenlaterne zu prüfen, da nur diese geborgen worden. Indeß, da rothe Seitenlaternen bei gleicher Construction und Größe, die nach Angabe des Schiffers Oberdieck bei seinen Laternen bestanden hat, erfahrungsgemäß eine erheblich größere Sichtweite haben, als grüne Laternen, wird die Annahme im vorliegenden Falle gerechtfertigt erscheinen, daß auch die grüne Laterne den gesetzlichen Anforderungen nicht entsprochen haben kann, wo bereits die rothe Laterne so erheblich hinter den gesetzlichen Anforderungen zurückgeblieben ist.

Daß die Anbringung der Laternen eine verkehrte gewesen sei und darin der Grund des Nichterblickens der Lichter gelegen haben kann, ist nach den Angaben des Schiffers Oberdieck, nach dem Bericht des Tauchers Harmstorf und der Besichtigung seitens des Seeamts über die Aufstellung der Lichter an Bord der „Elise" nicht wahrscheinlich.

Ebensowenig hat nach der Beweisaufnahme das Nichterblicken des grünen Lichtes seinen Grund in mangelnder Aufmerksamkeit seitens der Wachthabenden an Bord des „Tom John Taylor", denn der Lootse, der Schiffer, sowie der Ausgucksmann waren erwiesenermaßen auf ihrem Posten und bemüht, das Revier nach voraus befindlichen Schiffen abzusuchen.

Es liegt auch durchaus kein Grund zu der Annahme vor, daß der Ausgucksmann mit seiner Aussage etwa den Versuch machen wollte, die Wahrheit zu verschleiern. Die Aussagen jener drei Wachthabenden stehen durchaus in einem guten inneren Zusammenhange.

Wo nun aber der Umstand, daß man auf dem „Tom John Taylor" erst unmittelbar vor der Collision das grüne Licht entdeckte, sich mit der durch die Seewarte ermittelten mangelhaften Sichtweite der Seitenlaternen der „Elise" vollkommen deckt, da wird man auch durchaus berechtigt sein, anzunehmen, daß es dem „Tom John Taylor" unmöglich war, jenes Segelfahrzeug rechtzeitig wahrzunehmen und das erforderliche Ausweichemanöver zu machen.

Nach der Wahrnehmung des Fahrzeugs hat man alles gethan, um den Zusammenstoß zu vermeiden, doch konnten die vorgenommenen Manöver von keiner Wirkung mehr sein.

Dieser Fall zeigt wiederum, wie wichtig es ist, daß auch die kleine Schiffahrt mit ausreichenden Laternen versehen sein muß. Es ist hier besonders auf die Veröffentlichung der deutschen Seewarte in den Annalen der Hydrographie und maritimen Meteorologie Heft 6, Juni 1895, Seite 207—226 zu verweisen, die im Anschluß an die Ergebnisse aus den angeordneten Untersuchungen in der Instruction für die Prüfung von Schiffspositionslaternen die einschlagenden Fragen über die Beschaffenheit dieser Laternen erläutert. Dabei ist zu bemerken, daß die in der Instruction angegebenen Größenverhältnisse nicht obligatorisch sind und auch nach Mittheilung der Seewarte kleinere Laternen als den gesetzlichen Anforderungen entsprechend angesehen werden müssen, wenn sie nur die gesetzlich vorgeschriebene Sichtweite von 2 Seemeilen, bezw. bei kleinen Fahrzeugen von 1 Seemeile, haben. Diese Sichtweite läßt sich nach den Erfahrungen der Seewarte bei erheblich kleineren Laternen, als in der angezogenen Instruction angegeben, leicht erreichen, und genügen hier auch sechslinige Rundbrenner bezw. zwölflinige Flachbrenner, wenn nur Fresnel'sche Linsen verwendet werden, die jedoch auch zur Erzielung einer solchen Sichtweite unbedingt erforderlich sind. Laternen mit glatten gewölbten Gläsern werden niemals jene gesetzliche Sichtweite erzielen. Schiffer Oberdieck ist nun, wie das Seeamt durchaus nicht bezweifelt, im guten Glauben gewesen, ausreichende Laternen zu besitzen. Dieser Umstand läßt es auch erklärlich erscheinen, weshalb man auf der „Elise" mit dem Zeigen der Laterne, um die Aufmerksamkeit des

Dampfers zu erregen, gezögert hat, denn man nahm als sicher an, daß bei der gut feuersichtigen Luft die grüne Seitenlaterne der „Elise“ nach der Lage der Schiffe zu einander zeitig in Sicht kommen mußte.

Besonders scheint der Knecht Syliacks sich über die Nothwendigkeit dieser Maßregel nicht klar gewesen zu sein, denn sonst würde er wohl etwas eiliger dem Befehl des Schiffers Oberdieck nachgekommen sein. Schiffer Oberdieck ist nun der Meinung, daß jenes Licht immerhin noch vor dem Zusammenstoß gezeigt worden ist, während nach übereinstimmenden Angaben der in Betracht kommenden Besatzung des Dampfers das Licht von Niemandem gesehen worden ist. Auch die Schiffer der in der Nähe kreuzenden Ever haben nicht gesehen, daß auf der „Elise“ ein weißes Licht gezeigt worden ist. Es mag ja sein, daß der Knecht das Licht im letzten Augenblick aus der Kajüte heraufgenommen hat, denn Schiffer Oberdieck behauptet mit großer Bestimmtheit, daß dies geschehen sei und er dem Knecht unmittelbar vor der Collision noch zugerufen habe, die Lampe wieder wegzusetzen.

Danach müßte das Licht jedenfalls an Deck gekommen sein. Mag dies nun auch der Fall gewesen sein, so würde dadurch der Anordnung, nöthigenfalls die Aufmerksamkeit durch Zeigen eines Lichtes zu erregen, nicht genügt worden sein. Ein solches Warnungssignal muß so zeitig gezeigt werden, daß das andere Schiff, dessen Aufmerksamkeit erregt werden soll, auch Maßregeln zum Ausweichen treffen kann, anderenfalls entspricht das Licht nicht seinem Zweck.

Das ist hier aber nicht geschehen, und ist auf diesen Umstand wohl wesentlich mit der Unfall zurückzuführen.

Wenn aus dieser letzteren Maßregel, da dieselbe nicht obligatorisch ist, dem Schiffer kein directer Vorwurf gemacht werden kann, so würde die Befolgung immerhin von großer Wichtigkeit gewesen sein.

Zur Rettung des Knechtes Peter Syliacks ließen sich nach dem Zusammenstoß leider weitere Maßregeln nicht treffen.

35. Spruch des Seeamts zu Brake vom 30. November 1898, betreffend den Seeunfall der Bark „Lina" von Elsfleth.

Der Spruch des Seeamts lautet:

Die Bark „Lina", Schiffer Höpker, ist am 4. April 1898 auf der Barre vor Fernandina (Florida) festgerathen, am 6. mit Schlepperhülfe abgekommen und an diesem Tage Nachmittags 3 Uhr, nachdem das beim Abkommen von der Barre anscheinend noch dichte Schiff bis auf 8 Fuß 4 Zoll voll Wasser gelaufen war, von der Mannschaft in Angesicht der Küste verlassen worden.

An dem Festkommen trifft den Schiffer kein Verschulden, wohl aber hat er bei den Begebenheiten am Nachmittag des 6. April Gleichgültigkeit und Mangel an Entschlossenheit in solchem Maße gezeigt, daß ihm die Befugniß zur Ausübung des Schiffergewerbes entzogen wird.

Gründe. Die Bark „Lina", Unterscheidungs-Signal NGLD, Heimathshafen Elsfleth, 1871 aus Eisen erbaut, vermessen zu 3392,5 cbm = 1198,76 britischen Register-Tons Netto-Raumgehalt, Correspondentrheder C. Paulsen in Bremen, Schiffer seit dem 11. März 1898, wo er das Schiff in Fernandina übernahm, G. Höpker, 18 Mann Besatzung, nahm im März 1898 in Fernandina eine Ladung Phosphor-Rocks (Florida-Guano), zusammen 1710 Tonnen ein. Nach der Beladung mußte die Bark längere Zeit liegen bleiben, weil nicht genügend Wasser auf der Barre war; der Tiefgang war vorn und hinten gleichmäßig 20 Fuß 6 Zoll, die Auswässerung 5 Fuß. Am 4. April war der Wasserstand auf der Barre nach der Aussage des Schiffers vom 17. Juni 1898 20 Fuß 10 Zoll, nach derjenigen vom 30. November 1898 20 Fuß 8 Zoll; bei südlichem Winde verließ das Schiff unter Führung eines Zwangslootsen, der vom Schiffer mit dem Tiefgange des Schiffes bekannt gemacht war, und von einem Dampfer mit 125 Faden Trosse geschleppt, Fernandina. Innerhalb der Barre stieß das Schiff mehrere Male auf, bei den Pumpen waren 2½ Zoll (nicht Fuß, wie in dem Journal steht) Wasser. Auf der Barre, deren Fahrwasser etwa eine Schiffslänge breit ist, gerieth die Bark an Grund und konnte von dem Schleppdampfer nicht losgebracht werden. Bei ablaufendem Wasser lag das Schiff fest im Sande und stieß in Folge des hohen Seeganges mehrmals auf. Beim Peilen der Pumpen wurde es aber dicht befunden. Nachdem am folgenden Tage der Schlepper, welcher am 4. das Schiff aus dem Hafen gebracht hatte, mit einem anderen zusammen vergebens versucht hatte, das Schiff abzuschleppen, gelang dies am 6. Vormittags zwischen 6 und 7 Uhr dem dritten zur Hülfe geholten Schlepper „Three Friends", welcher dann von dem Schiffer Höpker durch Zuruf von Schiff zu Schiff engagirt wurde, für 1 000 Dollars die „Lina" nach Thybee Roads zu schleppen, wo er den Boden derselben untersuchen lassen wollte, weil es ihm zu bedenklich schien, ohne Besichtigung die Reise nach Melbourne, wohin das Schiff bestimmt war, anzutreten. Die Häfen von Fernandina und Jacksonville kamen des niedrigen Wasserstandes wegen nicht in Betracht. Der Dampfer „Three Friends" mußte aber zunächst wegen Mangels an Heizmaterial nach Fernandina zurück und versprach, bis Mittag die „Lina" in See ins Schlepptau zu nehmen. Ehe er sie verließ (7 Uhr 30 Minuten Vormittags), war noch die Dichtigkeit der Letzteren festgestellt worden, kaum aber war er soweit entfernt, daß er nicht mehr benachrichtigt werden konnte, so fing die „Lina" an, Wasser zu machen. Ankern konnte man nicht, weil beim Festsitzen auf der Barre beide Anker durch Bruch der Kette verloren gegangen waren, und mußte man daher vom Lande etwas absegeln, um auf tiefem Wasser die Rückkehr des Dampfers zu erwarten. Es wurden bei hohem Seegang und Windstärke 6 aus NO fast alle Segel geführt und nahm das Wasser im Schiffe, obwohl die Pumpen beständig gebraucht wurden, rasch zu; um 12 Uhr waren 5 Fuß 6 Zoll Wasser im Schiffe, um 3 Uhr 8 Fuß 4 Zoll. Darüber, wie das Leck entstanden ist, äußern sich der Schiffer und die Steuerleute dahin, daß es beim Abhieven auf den Steuerbord-Anker gestoßen oder ein Niet gesprungen sein könne, das plötzliche Zunehmen des Wassers erklären der Schiffer und der zweite Steuermann durch die stärkeren Bewegungen, die bei dem hohen Seegang und der frischen Briese das Schiff unter dem schweren Segeldrucke machte. Da der Dampfer „Three Friends" nicht zu der festgesetzten Zeit zurückkehrte und der auf der „Lina" gebliebene Lootse auf dem in der Nähe sich haltenden Lootsenschooner nach Fernandina zurück wollte, um einen ankommenden Dampfer einzulootsen, die beiden Lootsen auf dem Schooner aber von einem Bleiben bei der „Lina" nichts wissen wollten, wurde in einem vom Schiffer Höpker zusammenberufenen Schiffsrath, jedenfalls ohne erheblichen Widerspruch, beschlossen, die „Lina" zu verlassen. Nachdem die Segel bis auf das Mars- und einige Stagsegel hinten und vorn festgemacht und das Ruder festgebunden war, ging man in 3 Booten, die nur Riemen enthielten, weder Segel noch Proviant, welche Gegenstände aber auf dem Schiffe bereit lagen, an Bord des Lootsen-schooners und kehrte nach Fernandina zurück. Die „Lina" lag beim Verlassen OSO an und hatte noch etwa 1—1 ½ Fuß Auswässerung. Außerhalb der Barre traf man um etwa 5 Uhr den ausgehenden Dampfer „Three Friends", welcher erklärte, nach Jacksonville gehen zu wollen; der Lootse, der auf der „Lina" gewesen war, ging in einem Ruderboot an Bord des „Three Friends" und kam wieder zurück, worauf Fernandina um etwa 8 Uhr Abends erreicht wurde. Vor der Abhaltung des Schiffsraths hatte der erste Steuermann Dobbrick dem Schiffer gerathen, das Schiff auf Strand zu setzen, dieser aber hatte den Vorschlag als zu gefährlich wegen der starken Brandung zurückgewiesen. Im Schiffsrath erwähnte der Schiffer nach Aussage des zweiten Steuermanns Warnecke nicht, daß der Schlepper zurückkommen würde. Er sprach dagegen davon, daß er die Druckpumpen vorn und hinten im Schiffe (nicht die Schiffspumpen) abschneiden lassen wolle, um das Schiff wegen seiner Gefährlichkeit für die Schiffahrt schneller zum Sinken zu bringen, gab aber schließlich nicht den bestimmten Befehl dazu.

Etwa 6 Uhr wurde die verlassene „Lina" von dem „Three Friends" aufgefunden und nach Jacksonville geschleppt, in dessen Nähe sie auf Strand gesetzt wurde. Nachdem Schiffer Höpker hiervon erfahren, begab er sich am 11. dorthin in Begleitung des Schiffers Overton aus New-York, des Vertreters der Assecuradeure. Sie fanden die „Lina" 1 Seemeile nördlich von der nach Jacksonville führenden Einfahrt und 1 Seemeile vom Lande auf Strand. Die Berger waren beschäftigt, mit Dampfpumpen und Dampfwinschen das Wasser auszupumpen und Ladung zu werfen. In der Absicht, die Mannschaft wieder an Bord zu bringen, kehrten Höpker und Overton Abends nach Fernandina zurück, bekamen aber am nächsten Morgen Nachricht, das Schiff sei während der Nacht abgebracht und nach Brunswick geschleppt; deshalb begab Höpker sich mit der Mannschaft dahin; an Bord zu gehen wurde ihnen nicht gestattet. Da das Schiff nach Fernandina geschleppt wurde, begaben sie sich am 15. April dahin, wurden aber erst am 25. an Bord gelassen, nachdem das Schiff für 58 500 Dollars mit Beschlag belegt worden war. Am 7. Mai begannen die Verhandlungen vor dem Gericht in Jacksonville wegen des Bergelohns, die am 10. damit endeten, daß den Bergern ein Bergelohn von 12 500 Dollars zugesprochen wurde. Am 24. Mai wurde die „Lina" durch Schiffer Genters, der von der Rhederei hingeschickt war, an die Bergungsgesellschaft verkauft.

Die „Lina" war zuletzt im Mai 1897 in Antwerpen im Dock gewesen; sie hatte die erste Classe des Englischen Lloyd (nicht Veritas, wie Schiffer Höpker am 30. November 1898 ausgesagt hat). Versichert war das Casco mit 120000 M., die Fracht mit 20000 M., der Frachtvorschuß mit 8000 M., die Ladung in Hamburg.

Eine Karte von der Umgegend von Fernandina war nicht an Bord, weil der Schiffer sie daselbst nicht hatte auftreiben können, eine Segelanweisung besaß er.

Nach Auskunft des Schiffers haben ihm die Berger berichtet, daß beim Auffinden des Schiffes 10 Fuß Wasser im Raum gewesen seien, er will jedoch nach den Merkmalen im Schiff einen höchsten Wasserstand von 12—13 Fuß beobachtet haben. Dagegen will Schiffer Overton von den Bergern nicht mehr als 8 Fuß Wasser gemeldet erhalten und dies ebenfalls durch die Merkmale im Schiff bestätigt gefunden haben. Nachdem das Wasser aus dem Schiffe gepumpt und etwa 600 Tonnen Ladung gelöscht waren, soll das Schiff kein Wasser mehr gemacht haben; es soll nichts geschehen sein, um ein etwaiges Leck zu dichten, aber auch kein Leck gefunden sein.

Was den Schiffer Höpker angeht, so ist zunächst zu bemerken, daß er bereits 2 Schiffe verloren hat, die Elsflether Brigg „Gazelle" im Jahre 1881 in Folge schwerer Stürme im südatlantischen Ozean, die dazu führten, daß Montevideo als Nothhafen aufgesucht wurde, wo die „Gazelle" condemnirt wurde, und die Rostocker Bark „Ernestine" im Jahre 1896 in Folge Grundstoßens auf einer blinden Klippe vor der Delagoa-Bay (die Bark ist in Lorenzo-Marques condemnirt). Ein Verschulden ist ihm durch die seeamtlichen Sprüche (Brake 23. März 1882, Rostock 11. Juli 1898) in keinem der beiden Fälle zur Last gelegt, nur ist ihm im letzteren Falle der Vorwurf gemacht, daß er die Eintragungen des ersten Steuermanns in das Schiffsjournal nicht täglich mitunterschrieben hat. Im vorliegenden Falle ist die Journalführung wiederum sehr mangelhaft; in der in Betracht kommenden Zeit (von dem Aufenthalt in Fernandina an) ist das Journal überhaupt nur zweimal unterschrieben, nach der Rückkehr nach Fernandina vom Schiffer, den Steuerleuten, dem Zimmermann und drei Matrosen am 7. April und am 24. Mai von dem Schiffer allein. Nach der Aussage des ersten Steuermanns hat er die Eintragungen bezüglich der Strandung und des Verlassens des Schiffes auf Dictat des Schiffers geschrieben, welcher ihm mehrfach auf seine Bemerkungen, daß dieser oder jener Punkt aufzunehmen sein möchte, geantwortet habe, das sei nicht nöthig. Höpker erinnert sich dessen nicht. Zu bemerken ist noch, daß nicht einmal über den Wechsel im Schiffscommando eine Eintragung ins Journal aufgenommen ist. Verklarung vor einem deutschen Consulat hat der Schiffer nicht abgelegt, weil kein solches in Fernandina ist. Höpker fährt seit 1879 als Schiffer und hat ein Patent als Schiffer auf großer Fahrt. Ueber die möglichen Maßregeln zur Rettung des Schiffes hat Höpker sich dahin geäußert, daß ein Aufstrandsetzen des Schiffes wegen der schweren Brandung unmöglich gewesen sei, daß er dem Lootsen und den Leuten auf dem Lootsenschooner keine Versprechungen gemacht habe, um sie zu veranlassen, bei ihm auszuhalten, bis der Schlepper käme (er ist besonders darauf hingewiesen, daß er dem Lootsen 100 Dollars versprochen haben solle nach der Erklärung des Schiffers Overton, wenn er ihn nach Thybee Roads brächte, hat dies aber verneint), daß er ohne Lebensgefahr für die Mannschaft in den eigenen Booten das Land habe erreichen können, auch wenn er noch länger auf der „Lina" geblieben wäre, daß er beim Zusammentreffen mit dem ausfahrenden Dampfer „Three Friends" keinen Versuch gemacht habe, an Bord zu gehen und ihn zu veranlassen, mit ihm hinauszugehen, um das noch sichtbare Schiff wieder in Besitz zu nehmen. Er will damals krank gewesen und es seitdem geblieben sein, er leide in Folge eines Sturzes in seiner Schiffsjungenzeit an Gedächtnißschwäche. Zur Rechtfertigung seines Verhaltens hat Schiffer Höpker drei unbeglaubigte Atteste der Lootsengesellschaft in Fernandina, des ausgeleitenden Lootsen und der Lootsen auf dem Lootsenschooner beigebracht, welche sich dahin aussprechen, daß ihn ein Vorwurf wegen des Angrund*gerathens* und der späteren Umstände nicht treffe.

Wegen des Festgerathens der „Lina" auf der Barre von Fernandina ist dem Schiffer Höpker kein Vorwurf zu machen, weil das Schiff sich damals unter der Führung eines Zwangslootsen befand. Er mußte diesem das Vertrauen schenken, daß er den Versuch, das Schiff, dessen Tiefgang ihm mitgetheilt war, über die Barre zu bringen, nur unternehmen würde, wenn er sicher wäre, genügenden Wasserstand auf der Barre zu finden.

Was das Verlassen des Schiffes angeht, so war der ermittelte Wasserstand von 8 Fuß 4 Zoll ein solcher, der an sich zur Verlassung des Schiffes berechtigte. Es kann nicht angenommen werden, daß das Pumpen lässig betrieben worden ist, hat doch sogar der erste Steuermann dabei geholfen; daß durch weiteres Pumpen der Wasserstand im Schiffe zu verringern sein würde, war daher als ausgeschlossen zu betrachten, vielmehr wahrscheinlich, daß das Wasser in gleichem Verhältnisse wie bisher steigen würde. Allein es waren zunächst so günstige Verhältnisse für die Rettung der Mannschaft vorhanden durch das in nächster Nähe Liegen des Lootsenschooners, daß, so lange dieser blieb, von einer unmittelbaren Gefahr für die Mannschaft nicht die Rede sein konnte, ferner wäre es vielleicht möglich und jedenfalls zu versuchen gewesen, den Lootsenschooner durch Versprechung außerordentlicher Vortheile zu bewegen, noch länger bei der „Lina" auszuhalten, bis der Dampfer „Three Friends" zurückkäme, endlich lag die Möglichkeit nach dem Geständniß des Schiffers Höpker vor, in den eigenen Booten das Land zu erreichen. Wenn das Seeamt es danach für richtiger gehandelt gehalten hätte, wenn der Schiffer noch einige Zeit gewartet hätte, ob sich der engagirte Schleppdampfer nicht einfände, bis er das Schiff verließ, so war es doch getheilter Meinung darüber, ob aus dem frühzeitigen Verlassen des Schiffes dem Schiffer ein so schwerer Vorwurf zu machen ist, daß ihm deswegen die Befugniß zur Ausübung des Schiffergewerbes zu entziehen sei, denn es steht doch nicht fest, daß der Lootsenschooner sich hätte bestimmen lassen, länger bei der „Lina" auszuhalten, und eine erhebliche Verzögerung des Verlassens des Schiffes wäre, wenn man sich auf die eigenen Boote verlassen hätte, nicht möglich gewesen, weil diese vor Nacht im Revier sein mußten, wenn Lebensgefahr für die Leute vermieden werden sollte. Daß der Schiffer im Schiffsrath nicht erwähnte, daß der Dampfer „Three Friends" sich zum Zurückkommen verpflichtet habe, kann darin seinen Grund haben, daß er glaubte, alle Leute hätten seine von Bord zu Bord geführten Verhandlungen mit dem Führer des Schleppdampfers gehört.

Dagegen war das Seeamt einstimmig der Ansicht, daß der Schiffer Höpker dadurch, daß er, als er, auf dem Lootsenschooner nach Fernandina zurückkehrend, vor der Barre mit dem „Three Friends" zusammentraf, nichts that, um das noch sichtbare Schiff wieder in seinen Besitz zu bringen und für die Rhederei zu retten, sich so schwer gegen die dem Schiffer obliegenden Pflichten verfehlt hat, daß ihm deswegen die Befugniß zur Ausübung des Schiffergewerbes entzogen werden muß. Er hatte Contract mit dem „Three Friends", daß dieser ihn nach Thybee Roads schleppe, statt ihn daran mit Energie festzuhalten, läßt er sich an der Antwort genügen, er sei nach Jacksonville bestimmt, und während sein Lootse, ohne ersichtlichen

Grund und jedenfalls ohne Auftrag von ihm, sich nach dem „Three Friends“ hinüberrudern läßt, um dort unermittelte Dinge zu betreiben, sieht er von dem Lootsenschooner ruhig zu, ohne auf Gedanken zu kommen, daß der Schlepper hinausgehen könne, um die „Lina“ aufzusuchen. Daß er bei gutem Willen des Führers des Schleppdampfers, mit ihm hinausgehend, dasselbe wie dieser und dann für seine Rhederei erreichen konnte, beweist die Auffindung und Anstrandsetzung der „Lina“. Daneben spielen die erwähnten Unregelmäßigkeiten in der Journalführung nur eine geringe Rolle.

Allerdings muß der gute Wille des Führers des Dampfers „Three Friends“ zur Hülfeleistung in Frage gestellt werden, denn sein ganzes Vorgehen in Verbindung mit dem Verhalten der Lootsen läßt den Verdacht zu, daß sie gemeinsame Sache gemacht haben, um das Schiff für sich zu bergen. Leider ist der Versuch, durch das deutsche General-Consulat in New-York in dieser wie in anderer Hinsicht Bestimmteres zu ermitteln, fehl geschlagen, weil ihm in Fernandina Niemand bekannt war, von dem es zuverlässige Auskunft erwarten konnte. Was die Vertreter der Assecuradeure daselbst nach dieser Hinsicht als Vermuthung ausgesprochen haben, hat, so auffällig es auch ist, daß das Schiff, nachdem es ausgepumpt war, kein Wasser mehr machte und ein Leck nicht gefunden werden konnte, zu wenig thatsächliche Grundlage, um berücksichtigt werden zu können, das aber muß doch ausgesprochen werden, daß das Seeamt es für ausgeschlossen erachtet, daß Schiffer Höpker absichtlich das Schiff den Bergern in die Hände gespielt hat. Er macht nicht den Eindruck eines unehrlichen, wohl den eines beschränkten und gleichgültigen, den Verhältnissen nicht gewachsenen Menschen. Sein gleichgültiges Verhalten in der letzten Seeamtssitzung gab Veranlassung zu der Frage, ob er krank sei, seine Erklärung, daß er schon bei dem in Frage stehenden Seeunfall krank gewesen sei, in Verbindung mit der angegebenen Ursache der Krankheit konnte aber die Beurtheilung seines Verhaltens am 6. April 1898 nicht zu seinen Gunsten beeinflussen.

36. Spruch des Seeamts zu Bremerhaven vom 27. Juli 1897 und Entscheidung des Kaiserlichen Ober-Seeamts vom 13. December 1898, betreffend den Seeunfall des Schraubendampfers „Alwine Seyd" von Bremen.

Der Spruch des Seeamts lautet:

> Der Schraubendampfer „Alwine Seyd" ist am 21. Mai 1894 bei den Barren Islands im gelben Meere auf einen Felsen gelaufen und gesunken. Die Strandung ist durch die leichtfertige Navigirung des Steuermanns Fuhlers verursacht worden. Demselben wird die Befugniß zur Ausübung des Schiffergewerbes entzogen. Die nach der Strandung von dem Führer des Schiffes angeordneten Maßregeln entsprachen der Sachlage.

Gründe. Der Schraubendampfer „Alwine Seyd" führte das Unterscheidungs-Signal QDVS und hatte Bremen zum Heimathshafen. Der Netto-Raumgehalt des Schiffes betrug 1581,1 cbm oder 558,12 britische Register-Tons. Das Schiff war 1884 in Vegesack auf der Werft von Joh. Lange aus Eisen erbaut worden. Es befand sich ein Chronometer an Bord. Die Maschine indicirte 300 Pferdestärken. Der Dampfer hatte eine zweicylindrige Compoundmaschine, zwei Feuerbüchsenkessel mit rückkehrenden Heizröhren.

Das Schiff gehörte zur Rhederei von J. D. Bischoff in Vegesack. Führer des Schiffes war Carl Gosewisch aus Nienburg. Die Besatzung bestand aus 31 Mann auf der fraglichen Reise. Ferner war als Passagier der Steuermann Päpcke an Bord.

Beim Büreau Veritas hatte der Dampfer bis 1896 die Classe 3/3 L. 1. 1. in der ersten Division. Die letzte Besichtigung hatte im Juni 1893 in Shanghai stattgefunden.

Am Freitag den 18. Mai 1894 Mittags verließ der Dampfer den Hafen von Newchwang. Das Schiff war beladen mit 14000 Pikul Bohnen, Bohnenkuchen und sonstigen Stückgütern. Der Tiefgang betrug vorn 14 Fuß 3 Zoll, hinten 15 Fuß 9 Zoll. Das Schiff befand sich damals in gutem seetüchtigen Zustande, es war gehörig bemannt und in jeder Hinsicht für die bevorstehende Reise gut ausgerüstet.

Um 4 Uhr Nachmittags wurde die Barre passirt, der Lootse

verließ das Schiff und die Reise nach Amoy wurde fortgesetzt. Der Wind war südlich, leicht und das Wetter schön und klar.

Am 19. Mai Morgens 8 Uhr wurde das Vorgebirge von Lian ti shan passirt und am Abend desselben Tages gegen 10 Uhr NOliche Vorgebirge von Schantung.

Am 20. Mai herrschte schönes klares Wetter und es konnte durch astronomische Beobachtungen der Schiffsort festgestellt werden. Jedoch haben Schiffer und Steuermann das Resultat bei ihren Vernehmungen nicht mehr angeben können. Der Curs war r. w. S2°W.

Am 21. Mai war ebenfalls gutes Wetter, jedoch bewölkte Luft, sodaß keine astronomischen Beobachtungen gemacht werden konnten. Nach todter Rechnung war der Schiffsort Mittags 32° 25′ Nordbreite und 122° 52′ Ostlänge. Der Steuermann Fuhlers hat sich den Schiffsort auf einen Zettel aufgeschrieben, den er nach der Strandung in seiner Tasche wieder vorgefunden hat. Es wurde dann derselbe Curs weiter verfolgt und man erwartete zwischen 9 und 10 Uhr Abends das Feuer von North Saddle zu sichten.

Um 8 Uhr Abends übernahm der erste Steuermann Fuhlers, seit dem 7. Mai 1892 im Besitze eines Befähigungszeugnisses zum Schiffer auf großer Fahrt, die Wache. Nach Ausweis des Patentloggs hatte das Schiff von Mittags bis Abends 63 Seemeilen zurückgelegt. Der Schiffer setzte die Distanz in der Karte ab und fand, daß man hiernach noch 12 Seemeilen vom Feuerkreise von North Saddle entfernt war. Beim Verlassen des Decks sagte noch der Schiffer zum Steuermann: wenn das Besteck richtig sei, müsse er um 9 Uhr oder 9 Uhr 30 Minuten das Feuer sichten, wenn das nicht der Fall sei, solle er von 10 Uhr ab ½ Strich westlicher steuern und wenn er näher zum Feuer komme, dem Schiffer Bescheid sagen. Der Steuermann giebt dagegen an, der Schiffer habe ihm den Befehl ertheilt, wenn er das Feuer um die fragliche Zeit nicht sähe, solle er S½W steuern. Näherer Feststellungen über diesen Punkt bedarf es mit Rücksicht auf die gleich folgenden Ereignisse nicht.

Nachdem der Schiffer seine Befehle ertheilt hatte, legte er sich angekleidet in der Kajüte auf das Sopha um zu schlafen. Das Wetter war damals schön und sichtig, mäßig bewölkt, der Mond war noch nicht aufgegangen, mußte aber, da es kurz nach Vollmond war, bald aufgehen.

Da das Feuer von North Saddle bis 9 Uhr 15 Minuten nicht sichtbar wurde, änderte der erste Steuermann um diese Zeit den Curs auf S½W. Ungefähr um 9 Uhr 30 Minuten bemerkte er Barren

Islands etwa einen Strich an Steuerbord voraus und meldete das dem Schiffer, der sofort mit ihm auf die Brücke kam. Es ergab sich, daß die Inseln etwa acht Seemeilen entfernt einen guten Strich an Steuerbord waren und daß das Schiff durch Strömung etwa 20 Seemeilen nach Ost und auch etwa ebensoviel nach Süd versetzt worden war. Der Schiffer bemerkte dabei, daß, da doch einmal eine Versetzung nach Osten stattgefunden habe, sie nun auch auf der Ostseite bleiben und östlich von den Barren-Inseln passiren wollten, da sie dort freies Wasser hätten. Beide, Schiffer und Steuermann, fanden, daß der gesteuerte Curs frei führen mußte. Dann gingen beide ins Kartenhaus, um den folgenden Curs, wenn die Barren-Inseln passirt seien, abzusetzen. Sie fanden, daß der gesteuerte Curs rechtweisend SzW$^3/_4$W war. Bei SzW war die Deviation 8° Ost — Mißweisung nach der Karte 2° West und würde demnach der zu steuernde Curs SzW$^1/_4$W sein müssen. Der Schiffer befahl darauf dem Steuermann, wenn er die Barren-Inseln passirt habe, solle er SzW nicht südlicher steuern, ferner gut aufpassen und den Schiffer um 12 Uhr wecken, da er dann selbst die Wache übernehmen wolle.

Die folgenden Vorgänge hat der Steuermann Fuhlers bei seiner Vernehmung vor dem Kaiserlichen Consulargericht in Shanghai, wie folgt, dargestellt:

> Als wir den Barren-Inseln näher kamen, änderte ich den gesteuerten Curs eigenmächtig auf S$^1/_2$O, da ich befürchtete, daß wir zu nahe an die Inseln herankommen könnten. Um etwa 10 Uhr 30 Minuten passirten wir die östliche Insel, nach meiner Schätzung in einer Entfernung von einer Seemeile. Fünf Minuten, nachdem wir die Inseln passirt hatten, änderte ich den Curs auf SzW. Kurze Zeit darauf bemerkte ich an Steuerbord-Bug einen schwarzen Gegenstand, dicht bei. Ich legte das Ruder sofort hart Steuerbord und commandirte durch den Maschinentelegraph sofort volle Kraft rückwärts. Unmittelbar darauf stieß das Schiff an Steuerbord auf, ungefähr 30 Fuß vom Vordersteven entfernt, und legte sich sofort schwer nach Steuerbord über.

Der Schiffer, durch die starke Erschütterung geweckt, sprang sofort an Deck mit der Frage: Steuermann, was ist da los? und erhielt zur Antwort: Capitain, ich weiß nicht, wie es zugeht, wir sind auf ein rock gelaufen und sind doch über eine Meile von der Insel ab.

Der Schiffer, der sogleich die größte Gefahr erkannte, gab das Commando: alle Mann an Deck und Boote klar. Diese Befehle wurden mit der größten Schnelligkeit ausgeführt. Gleichzeitig eilte der Schiffer nach dem Maschinen-Skylight und rief hinunter: Stopp die Maschine, was sofort geschah. Er fragte sodann den Maschinisten, ob das Schiff im Maschinenraum und Hinterraum Wasser mache und erhielt zur Antwort, daß es nicht der Fall sei. Auf eine Anfrage des Maschinisten, ob er die Feuer herausreißen solle, gab der Schiffer zunächst den Befehl, einen Augenblick zu warten, bis er die Lage des Schiffes vollständig übersehe.

Auf Befehl des Schiffers peilte der Steuermann Päpcke die Pumpen im Vorderraum und Großraum. Dabei wurden im Vorderraum 12 Fuß, im Großraum 3 Fuß Wasser gefunden. Nach dieser Meldung ertheilte der Schiffer sofort Befehl die Feuer herauszureißen, das Schiff begann auch bereits vorn zu sinken. Der Maschinist Rasmussen eilte nach der Maschine und ließ die Feuer herausreißen, Dampf abblasen und die Seeventile dicht machen. Der Schiffer begab sich inzwischen nach unten, um die Schiffspapiere aus seinem Zimmer zu retten, trat aber bis an die Knie ins Wasser und da er wegen der Dunkelheit den Schlüssel zu seinem Schreibtische nicht finden konnte und das Wasser immer höher stieg, mußte er unverrichteter Sache an Deck zurückkehren. Er vertheilte sodann die Steuerleute in die Boote folgendermaßen: in das Steuerbord-Rettungsboot den ersten Steuermann und den zweiten Maschinisten, in die Gig den zweiten Steuermann, in das Backbord-Rettungsboot den ersten Maschinisten und den Steuermann Päpcke. In dieses Boot begab sich der Schiffer auch selbst. Er gab hierauf den Befehl: alle Mann ins Boot. Inzwischen sank das Schiff mit unheimlicher Geschwindigkeit. Der Schiffer versuchte noch nach vorn zu gehen, um sich zu überzeugen, ob dort Niemand mehr sei, er konnte jedoch nicht weiter kommen, als bis zum Maschinen-Skylight, da ihm das Wasser mit voller Gewalt entgegenkam. Er ging hierauf zurück und löste die Fangleine seines Bootes. Als er eben im Begriffe war, in das Boot zu springen, sah er noch 3 Chinesen an Bord. Einen von ihnen warf er mit Gewalt ins Boot, den andern rief er zu: jump, jump oder etwas ähnliches. In diesem Augenblick fühlte er, wie das Schiff hinten in die Höhe ging und unter nochmaligem Zuruf an die beiden Chinesen sprang er über die Regeling und ließ sich in das Boot fallen. Er hatte sich noch nicht aufgerichtet, als das Schiff vornüber zur Tiefe schoß. Aus dem Strudel wurde noch ein Chinese gerettet und in das Boot aufgenommen.

Nach einiger Zeit fanden sich dieses Boot und dasjenige, welches der erste Steuermann führte, zusammen, von der Gig war nichts zu sehen. Diese wurde übrigens nicht von dem zweiten Steuermann geführt, da dieser, als er im letzten Augenblick über Bord gesprungen war, sie nicht mehr hatte erreichen können, sondern vom ersten Maschinisten in das Capitänsboot hineingezogen werden mußte.

In Anbetracht des guten Wetters entschlossen sich beide Boote zusammen nach den Saddle Islands zu steuern. Bei Tagesanbruch stellte sich jedoch heraus, daß sie durch die starke Strömung nach See zu getrieben waren und die Barren Islands westlich hatten. Gleich darauf kam eine chinesische Dschunke in Sicht, die angerufen wurde und die die Schiffbrüchigen dann auch aufnahm und sie freundlich behandelte. Schiffer Gosewisch vermochte jedoch nicht den Führer der Dschunke zu bewegen, die schiffbrüchige Besatzung nach Shanghai zu bringen oder an einer der Inseln zu landen. Die Dschunke segelte nordwärts nach Chefoo. Am 24. Mai Nachmittags wurde ein südwärts steuernder Dampfer gesichtet, der auf Nothsignale herankam und die Schiffbrüchigen an Bord nahm. Es war der norwegische Dampfer „Tamarind", nach Hongkong bestimmt. An Bord dieses Dampfers wurden die Schiffbrüchigen auf das Beste behandelt. Auf Wunsch des Schiffers Gosewisch änderte der Führer des Dampfers seinen Curs nach der Küste zu und setzte die Schiffbrüchigen am nächsten Abend auf ein Fischerboot ab, das sie am 26. Morgens in Wusung landete. Schiffer Gosewisch engagirte dann einen Dampfer, der sie mit ihren Booten nach Shanghai brachte, wo sie Vormittags von allem entblößt ankamen.

Inzwischen war auch die Besatzung der Gig gelandet worden und zwar in Ningpo. Ein Ningpo-Fischerboot hatte sie am 23. Mai Nachmittags etwa um 4 Uhr aufgenommen und am 26. Nachmittags in Ningpo gelandet.

Es wurde dann festgestellt, daß fünf Leute sich nicht in die Boote gerettet hatten und somit ertrunken sein müssen, nämlich:

1. der Kajütensteward Tong ah young aus Canton,
2. der Gehülfe des Kochs Toaichi Koyama, 21 Jahre alt, ein Japaner,
3. Wong chi sai aus Ningpo, 32 Jahre alt, ein Kuli,
4. Wai hai ha aus Ningpo, 34 Jahre alt, Kuli,
5. Tong chingse aus Ningpo, 42 Jahre alt, Kuli.

Die drei zuletzt genannten waren Arbeitsleute des Compradore.

Diese Darstellung beruht auf der am 31. Mai 1894 vor dem Kaiserlichen Consulat in Shanghai abgelegten und beschworenen Verklarung, den weiterhin von dem Kaiserlichen Consulat zur Ermittelung des Thatbestandes vernommenen Zeugen und der Aussage des Schiffers in der Verhandlung vor dem Seeamt am 1. September 1894. Bis auf einen gleich näher zu erörternden Punkt stimmen diese Aussagen vollkommen überein und sind daher für durchaus glaubwürdig erachtet worden.

Bei der Beurtheilung dieses Thatbestandes ist in Uebereinstimmung mit dem Reichscommissar davon auszugehen, daß die Vorgänge, die vor dem Augenblick liegen, als die Barren-Inseln in Sicht kamen, d. i. um 9 Uhr 30 Minuten, nicht von wesentlicher Bedeutung sind. Ebenso ist das Seeamt der Meinung, daß es darauf, ob Strom und Deviation vorhanden waren, und wie sie waren, nicht wesentlich ankommen kann: denn der Gegenstand, der vermieden werden sollte, befand sich eben in Sicht. Nun erhielt der Steuermann den Befehl, östlich der Inseln zu bleiben und den Curs erst westlicher zu setzen, wenn er die Inseln passirt habe. Selbstverständlich würde es den Steuermann nicht entlasten, wenn er diesen Befehl rein mechanisch ausgeführt hätte, denn der Steuermann trägt eine selbständige Verantwortlichkeit. Der Steuermann hat nun aber auch garnicht den Befehl mechanisch befolgt und hiermit klar zu erkennen gegeben, daß er das Gefühl der eigenen Verantwortlichkeit gehabt hat. Er hat nämlich, und zwar nach der von ihm übergebenen Karte um 10 Uhr 10 Minuten, selbständig den Curs auf S½O geändert, wie er selbst angiebt, da er befürchtete, daß er anderenfalls zu nahe an die Inseln herankommen könnte. Es war ihm also klar, daß der gewählte Curs nicht frei führen werde, mit anderen Worten, daß eine starke westliche Strömung herrschen müsse. Unter diesen Umständen war die Cursänderung aber nicht ausreichend. Der Steuermann hatte vor allem mit der Thatsache zu rechnen, daß sich Ausläufer der Felsen fast stets im nächsten Umkreise solcher Inseln zu finden pflegen und daß es schon deshalb geboten ist, den Abstand auf etwa 3 bis 4 Seemeilen zu erweitern. Der geringe Zeitverlust, den hierdurch das Schiff erleidet, kann hiergegen garnicht in Betracht kommen. Der Steuermann Fuhlers hatte daher die Pflicht, als er um 10 Uhr 10 Minuten die Gefahr der Strandung deutlich erkannte, den Curs so zu setzen, daß er die Inseln nicht in der knappsten Entfernung, sondern in einem durch die Vorsicht eines gewissenhaften Schiffsführers gebotenen Abstande passirte. Diese Pflicht hat er verletzt.

Das Seeamt erachtet nämlich durch die Aussagen des Schiffers, des zweiten Steuermanns Oelmann und des Maschinisten Rasmussen für bewiesen, daß die Inseln von der Strandungsstelle höchstens eine halbe Seemeile entfernt waren. Hieraus ergiebt sich klar, daß der vom Steuermann Fuhlers gewählte Curs falsch war. Dieser Curs hat aber das Schiff auf den Felsen gebracht.

Es ist aber ferner auch durch die Aussagen dieser Zeugen bewiesen worden, daß die Inseln sich nach dem Auslaufen des Schiffes in folgender Richtung befanden: ein längliches ziemlich hohes Eiland war ungefähr 3 Strich an Steuerbordbug voraus, eine Doppelinsel etwa 1 oder 1 1/2 Strich achterlicher denn dwars. Danach strandete der Dampfer bei der mittleren Insel, jedenfalls zwischen der höchsten östlichen und der doppelten westlichen Insel. Demnach war das östliche Barren Island überhaupt noch nicht passirt. Der Steuermann Fuhlers bestreitet das allerdings, das Seeamt hält aber gegenüber den Aussagen der genannten Zeugen dieses Bestreiten für werthlos.

Das Seeamt hat das dem Steuermann Fuhlers zur Last fallende Verschulden für ein schweres ansehen müssen. Mit Recht hat der Reichscommissar die Aufgabe, das Schiff von den Inseln frei zu führen, die in Sicht waren, bei gutem Wetter, als einfach bezeichnet. Daß der Steuermann sich als unfähig erwiesen hat, sie zu erfüllen, hält das Seeamt für ein genügendes Anzeichen dafür, daß ihm die Eigenschaften, die für einen Schiffer auf großer Fahrt erfordert werden müssen, abgehen, es mußte ihm demzufolge die Befugniß zur Ausübung des Schiffergewerbes entzogen werden.

Dieser Maßnahme stehen auch keine formellen Bedenken entgegen. Der Steuermann ist zum heutigen Termin ordnungsmäßig geladen worden und er hat Gelegenheit gehabt, sich über den Unfall zu äußern, es sind ihm insbesondere auch die Aussagen des Schiffers, des Maschinisten Rasmussen und des Steuermanns Oelmann vorgehalten worden. Damit sind die nothwendigen Formalien erfüllt worden. — Vergl. Entscheidung des Ober-Seeamts vom 10. Juli 1890 im Falle Hongkong — Carl Johann.

Das Seeamt hat dagegen Bedenken getragen, dem Steuermann auch den Tod der fünf ertrunkenen Personen zur Last zu legen. Nach den Zeugenaussagen ist mit Bestimmtheit anzunehmen, daß alle Personen gerettet wären, wenn sie sich sofort in die Boote begeben hätten, und es werden die Ertrunkenen wohl nur deswegen das nicht rechtzeitig gethan haben, weil sie die Zeit durch Suchen und Einpacken ihrer Habseligkeiten verloren haben.

Der Reichscommissar hat auch gegen den Schiffer im gegenwärtigen Falle einen Vorwurf erhoben. Der Schiffer habe, als die Inseln in Sicht kamen, deren Entfernung nur geschätzt, anstatt gepeilt, er habe dem Steuermann keinen Curs angeben sollen und es sei eine Vernachlässigung, daß er nicht selbst auf der Brücke geblieben, sondern wieder in die Koje gegangen sei. Dem kann sich das Seeamt nicht anschließen. Der Schiffer war ohne Frage berechtigt, vorauszusetzen, daß der Steuermann seine Anweisungen so befolgen würde, wie er es auch thatsächlich gethan hat, d. h. unter Anwendung der bei einer etwaigen Veränderung der Sachlage und sich herausstellenden Gefahr gebotenen seemännischen Vorsicht. Die Möglichkeit, daß der Steuermann blindlings seine Anweisungen befolgen würde, brauchte der Schiffer nicht in Erwägung zu ziehen, nur beim Vorhandensein einer solchen Möglichkeit hätte aber in der Angabe des Curses eine Gefahr gelegen. Ebensowenig ist dem Schiffer ein Vorwurf daraus zu machen, daß er sich wieder in seine Kajüte begeben hat. Mit vollem Rechte hat der Reichscommissar seinen Antrag gegen den Steuermann grade mit dem Hinweis auf die Einfachheit der ihm gestellten Aufgabe begründet. Dann ist aber nicht einzusehen, inwiefern dem Schiffer zum Vorwurfe gereichen soll, daß er dem Steuermann die selbständige Lösung dieser Aufgabe überließ. Dieser Vorwurf wäre doch nur gerechtfertigt, wenn dem Schiffer schon damals, als er sich wieder zur Ruhe begab, begründete Zweifel aufgestiegen wären, daß der Steuermann das Schiff von den Inseln frei führen würde.

Die nach der Strandung von dem Schiffer getroffenen Maßregeln bieten zu besonderen Bemerkungen keinen Anlaß.

Die Entscheidung des Ober-Seeamts lautet:

Auf die Beschwerde des Steuermanns Bernhard Heinrich Fuhlers aus Barßel gegen den Spruch des Seeamts zu Bremerhaven vom 27. Juli 1897 über den Seeunfall des Dampfers „Alwine Seyd" von Bremen hat das Kaiserliche Ober-Seeamt in seiner zu Berlin am 13. December 1898 abgehaltenen öffentlichen Sitzung nach mündlicher Verhandlung der Sache entschieden,

daß der Spruch des Seeamts in Bremerhaven vom 7. Juli 1897 zu bestätigen und die baaren Auslagen des Verfahrens dem Beschwerdeführer zur Last zu legen.

Gründe. Steuermann Fuhlers hat trotz vorschriftsmäßiger und frühzeitiger Ladung zu der Hauptverhandlung vor dem Kaiserlichen Ober-Seeamt wegen der weiten Entfernung seines gegenwärtigen Aufenthaltsorts in Ostasien nicht erscheinen können, um seine Beschwerde persönlich zu vertreten, das Ober-Seeamt hat daher auf Grund des Acten-Materials seinen Spruch fällen müssen.

Die von Fuhlers eingereichte Beschwerde und ihre Begründung hat eine Abänderung der Beurtheilung seines Verhaltens gelegentlich des Seeunfalls nicht herbeizuführen vermocht, das Ober-Seeamt muß sich vielmehr bezüglich des Steuermanns Fuhlers dem Spruche des Seeamts in allen Stücken anschließen. Steuermann Fuhlers hat die Strandung verschuldet und muß daher für die Folgen verantwortlich gemacht werden.

Fuhlers hatte zu der in Frage kommenden Zeit die Wache und war vor die einfache navigatorische Aufgabe gestellt, eine klar in Sicht befindliche Insel zu umschiffen. Hierzu war ihm vom Schiffer ein fester Curs angegeben. Erkannte er, daß dieser Curs nicht frei von der Insel führte, so war es seine Pflicht, der Gefahr zunächst auszuweichen und so weit von dem ihm aufgegebenen Curse abzudrehen, als die Sicherheit des Schiffes dies erforderte, alsdann aber, sofern ihm vom Schiffer nicht das Recht eingeräumt war, den Curs nach eigenem Ermessen zu ändern, diesem Meldung von der veränderten Sachlage zu machen. Hätte er dies gethan, so wäre die Strandung voraussichtlich vermieden worden, jedenfalls aber wäre er von der Verantwortung für den Unfall frei geblieben.

Nachträglich hat Steuermann Fuhlers zu seiner Entschuldigung wegen des ihm zum Vorwurf gemachten Unterlassens von Peilungen geltend gemacht, es habe ihm kein brauchbarer Compaß zur Verfügung gestanden, da an dem unter der Brücke aufgestellten Peilcompasse die Laternen und an dem Steuercompasse die Diopter gefehlt hätten; er habe daher keine genaue Peilungen zur Bestimmung des Schiffsorts nehmen können, sondern sei auf Schätzungen angewiesen geblieben. Sofern diese Behauptungen der Wahrheit entsprechen, ergeben sie kein erfreuliches Bild von der Ordnung an Bord der „Alwine Seyd" und der Sicherheit und Zuverlässigkeit der Navigirung; aber eine mildere Beurtheilung des Verhaltens des Steuermanns Fuhlers kann gleichwohl nicht für gerechtfertigt erachtet werden. Es handelte sich ja nicht darum, die Insel in einer bestimmten Entfernung, sondern nur darum, sie überhaupt zu umschiffen, und dazu war überall freies Wasser verfügbar, sodaß der Steuermann lediglich von der vor ihm ersichtlichen Gefahr abzudrehen hatte, um ihr zu entgehen. Des Weiteren muß auch der von dem Steuermann Fuhlers gemachte Versuch, den Hergang so darzustellen, als hätte die Strandung auf einem unbekannten, weit von der Küste entfernten Felsen stattgefunden, als mißlungen bezeichnet werden, denn diese Darstellung stimmt mit den sonstigen glaubwürdigen Ermittelungen nicht überein, welche ergeben, daß das Schiff sich nur in geringer Entfernung von der Insel befunden hat. Steuermann Fuhlers mußte, wie auch vom Seeamt vollkommen zutreffend angeführt wird, mit der Thatsache rechnen, daß sich im nächsten Umkreise solcher Inseln, wie er sie vor sich hatte, fast stets Ausläufer der Felsen befinden, es hätte also, selbst wenn er genöthigt gewesen wäre, in möglichster Nähe dieser Insel zu bleiben, erhöhter Vorsicht bedurft. Hierzu lag aber keine Veranlassung vor, denn für die Reise der „Alwine Seyd" war es ganz gleichgültig, in welcher Entfernung man die Barren Islands umschiffte, und Seeraum war genügend vorhanden, um jede Gefahr vermeiden zu können.

Auch der Versuch, die Strandung auf außergewöhnliche Strömung zurückzuführen, muß als unzutreffend bezeichnet werden. Das Ober-Seeamt kann auch in dieser Beziehung lediglich der Ausführung des Seeamts beipflichten, daß es auf die vorhandene Strömung nicht wesentlich ankommt, da der Gegenstand, der vermieden werden sollte, klar und deutlich in Sicht war.

Steuermann Fuhlers war somit bei dieser Gelegenheit lediglich vor die Lösung einer Aufgabe gestellt worden, die zu den einfachsten Berufspflichten eines Steuermanns gehört und auf jeder Wache vorkommen kann, denn das Ausweichen vor sichtbaren Hindernissen, gleichgültig ob es Felsen, Schiffe oder Wracks sind, ist Sache des Wachthabenden.

Da er sich dieser Aufgabe nicht gewachsen gezeigt hat, muß die vom Seeamt ausgesprochene Patent-Entziehung als gerechtfertigt anerkannt werden. Es kann daran auch die Thatsache nichts ändern, daß Steuermann Fuhlers seit diesem Unfalle nach den vorgelegten Bescheinigungen längere Fahrten in den chinesischen Küstengewässern auf fremdländischen Schiffen in der Stellung als Schiffer und Steuermann zur Zufriedenheit seiner Rhedereien zurückgelegt hat. Indessen wird die später bewiesene Brauchbarkeit und Tüchtigkeit dem p. Fuhlers zu Statten kommen, wenn er nach Verlauf der gesetzlich festgestellten Zeit von einem Jahre sich mit einem Gesuche um Wiederertheilung der Befugniß zur Ausübung des Schiffergewerbes an den Herrn Reichskanzler wendet.

Abweichend von dem seeamtlichen Spruche muß in Uebereinstimmung mit dem Reichscommissar das Verhalten des Schiffers beurtheilt werden. Diesem lag die Navigirung in erster Linie ob, er hätte daher das Deck nicht eher verlassen und die Navigirung nicht früher dem Steuermann anvertrauen dürfen, als bis die unerwartet in Sicht gekommenen Inseln dem Schiffe keine Gefahr mehr bringen konnten. Das Seeamt hat die Navigirung bis zum Sichten der Barren Islands als nicht maßgebend für die Beurtheilung dieses Seeunfalls hingestellt. Dem kann zwar zugestimmt werden, obschon es ohne Weiteres nicht als seemännisch richtig anerkannt werden kann, daß der Schiffer beim Erscheinen der Barren Islands an seiner Steuerbordseite nunmehr beschloß, sich östlich von diesen Inseln zu halten, ohne das North Saddle Feuer gesichtet zu haben. Es wäre richtiger gewesen, wenn er zu dieser Zeit direct westlich gesteuert wäre, um das Feuer in Sicht zu bekommen. Man hatte beim Sichten der Barren Islands einen Strom von etwa 20 Seemeilen Ost und Süd festgestellt, es war daher besonders wichtig, den aufzugebenden Curs mit Berücksichtigung des in Erfahrung gebrachten Stromes zu wählen und ihn zu berichtigen. Dies durfte der Schiffer nicht dem eigenen Ermessen seines Steuermanns überlassen, denn er ist und bleibt für die Navigirung verantwortlich.

Da gegen den Schiffer vom Reichscommissar ein Antrag auf Entziehung der Gewerbebefugniß nicht gestellt worden ist, so bedarf es einer näheren Erörterung in Bezug auf das Verhalten des Schiffers nicht. Indessen wäre der Seeunfall voraussichtlich vermieden worden, wenn der Schiffer die Navigirung in Händen behalten und seinem Steuermann nicht zu viel Selbständigkeit bei derselben überlassen hätte.

Aus diesen Gründen hat, so wie geschehen, erkannt werden müssen.

Die baaren Auslagen des Verfahrens fallen dem Steuermann Fuhlers zur Last, weil die Beschwerde von ihm ohne Erfolg eingelegt ist.

37. Spruch des Seeamts zu Lübeck vom 25. Juni 1897 und Entscheidung des Kaiserlichen Ober-Seeamts vom 14. December 1898, betreffend den Zusammenstoß des Schraubendampfers „Trave" von Lübeck mit dem Leichter „Hofe" im Schlepptau des Dampfers „H. C. Kiehn" befindlich auf dem Travefluß.

Der Spruch des Seeamts lautet:

Die Schuld an der stattgehabten Collision trifft den Dampfer „Trave".

Dem Schiffer Meislahn wird die Befugniß zur Ausübung seines Gewerbes nicht entzogen.

Gründe. Am Morgen des 26. Mai 1898 um 6 Uhr hatte der Schraubendampfer „Trave", Schiffer Meislahn, von See kommend, Travemünde passirt. In der Stülpe angekommen, sichtete er einen Schleppzug, der vor ihm die Trave hinauffuhr. Es war, wie sich später herausstellte, der Hamburger Schleppdampfer „H. C. Kiehn", Schiffer Ropers, mit den Leichtern „Hofe" und „Pente" im Schlepptau. Beim dritten Strompfahl unterhalb des Schlutuper Durchstichs stellte Schiffer Meislahn, der bisher mit voller Kraft gefahren hatte, die Maschine auf niedrigen Druck, und als er zwischen dem 2. und 3. Strompfahl auf etwa 2 Schiffslängen an den letzten Leichter des Schleppzugs herangekommen war, gab er mit der Dampfpfeife ein Signal, bestehend in einem Tone, der vom Dampfer „Kiehn" in gleicher Weise erwidert wurde. Schiffer Meislahn, der behauptet, daß der Schleppzug sich auf der Backbordseite des Fahrwassers hielt, wollte denselben an der Steuerbordseite passiren, während der Dampfer „Kiehn", nachdem er das Signal gegeben hatte, seinerseits nach Steuerbord auswich. Schiffer Meislahn, die Gefahr des Zusammenstoßes bemerkend, fuhr so hart wie möglich an dem 2. Strompfahl entlang, denselben mit seiner Steuerbordseite passirend, und in der Absicht, sobald er frei wäre vom Pfahl, noch weiter nach Steuerbord abzufallen. Der Dampfer wurde jedoch an dem Grunde, auf dem der Pfahl steht, abgesetzt, und als die Maschine rückwärts anschlug, fiel der Dampfer noch mehr nach Backbord ab, sodaß er nunmehr mit dem ersten Leichter des Schleppzugs „Hofe" collidirte und diesem einen Schaden beibrachte, dessen Reparatur nach oberflächlicher Schätzung auf etwa 400 M. veranschlagt worden ist.

Ueber die Einzelheiten des Vorganges bestehen Widersprüche zwischen den verschiedenen Aussagen. Schiffer Meislahn sowohl als auch die beeidigten Zeugen Steuermann Lindenberg und Zimmermann Retzlaff von der „Trave" bekunden, daß der Schleppzug die linke Seite des Fahrwassers gehalten habe, als die „Trave" das Signal gab. Das Signal habe in einem langen Tone bestanden und sei ebenso erwidert. Nicht sofort, nachdem Kiehn sein Signal gab, sondern erst, nachdem die „Trave" mit ihrer Backbord-Fockwand in Höhe des hinteren Theiles des letzten Leichters gekommen war, sei Kiehn plötzlich nach Steuerbord ausgebogen und habe dadurch den Zusammenstoß unabwendbar gemacht. Nach links habe die „Trave" damals nicht mehr ausbiegen können, nach rechts weiter auszubiegen, sei sie durch den Strompfahl verhindert gewesen.

Schiffer Meislahn erklärt, er habe durch den langen Ton nur ein Achtungssignal geben wollen und den langen Ton des Dampfers „Kiehn" habe er nur als eine Erwiderung verstehen können und als das Zeichen, daß Kiehn seinen Curs an der Backbordseite des Fahrwassers halten wolle.

Demgegenüber bekunden die Zeugen Ropers und Holthusen, Schiffer des Leichters „Hofe", daß der Schleppzug die vorgeschriebene Steuerbordseite gehalten habe, während Henning, Schiffer des Leichters „Pente", annimmt, daß der Schleppzug sich etwa in der Mitte des Fahrwassers, keinesfalls aber an der Backbordseite befunden habe. Das Signal bezeichnen diese Zeugen durchweg als einen kurzen Ton und Ropers will sofort nach seinem Signal nicht etwa scharf nach Steuerbord abgefallen sein, sondern nur ein wenig Backbordruder gegeben haben, um dem aufkommenden Dampfer das Fahrwasser an der Backbordseite vollends frei zu machen.

Selbst wenn man davon ausginge, daß die Darstellung Meislahns, Lindenbergs und Retzlaffs den Thatsachen entspräche, könnte die „Trave" nicht von der Schuld an dem Zusammenstoße freigesprochen werden.

Es ist zwar in der Hafen- und Revierordnung nicht direct vorgeschrieben, folgt aber aus der Natur der Sache, daß, wenn auf dem Revier ein Dampfer den anderen überholt, dieser in der Regel den vorauffahrenden Dampfer an dessen Backbordseite wird passiren müssen. Denn da jedem Fahrzeuge vorgeschrieben ist, daß es die rechte Seite des Fahrwassers zu halten hat, so befindet sich die frei passirbare und naturgemäß sich bietende Fahrstraße auf der linken Seite. Will der aufkommende Dampfer das Gegentheil thun, so wird das so lange nicht ohne Gefahr des Zusammenstoßes geschehen können, als nicht beide Schiffe sich gegenseitig vollständig darüber verständigt haben. Statt also ohne jede Berechtigung das Signal des Kiehn als eine Erwiderung des eigenen Signals und als eine Bestätigung, daß auch Kiehn seinen Curs halten wolle, hinzunehmen, hätte die „Trave" ihre Fahrt mäßigen oder stoppen müssen, bis durch ein deutliches Signal Kiehn's festgestellt war, ob dieser die Absicht der „Trave" richtig verstanden habe und seinerseits dementsprechend handeln werde. Im vorliegenden Falle mußte die „Trave" umsomehr so verfahren, als vor ihr ein Schleppzug war und dieser nach §. 11 der Hafen- und Revierordnung zu bestimmen hatte, an welcher Seite die „Trave" passiren sollte.

Vollständig verkehrt war aber auch die Art und Weise, wie Schiffer Meislahn in der gegebenen Situation signalisirt haben will und wie er das Signal des Kiehn verstanden haben will. Es mag sein, daß vielfach als ein bloßes Achtungssignal ein langer Ton gegeben wird. Mit der Hafen- und Revierordnung und mit der Kaiserlichen Verordnung würde schon das nicht in Einklang zu bringen sein. Diese kennen lange Töne nur als Noth- oder Nebelsignale. Wo es sich dagegen um das Ausweichen zweier Schiffe handelt, sind kurze Töne vorgeschrieben und dürfen nur solche Töne gegeben werden. Schiffer Meislahn mußte daher das Signal des Kiehn entweder als einen kurzen Ton erkennen und dementsprechend von der Annahme ausgehen, daß dieser die Steuerbordseite halten wolle, oder er mußte verstehen, daß es nach dem langen Signal Kiehn's für ihn noch völlig unklar war, welche Seite der Schlepper halten wollte und wo er selbst daher zu passiren hatte.

Es ist aber auch unbedenklich, festzustellen, daß die Darstellung der Zeugen von der „Trave" nicht richtig ist. Zwar wird man annehmen müssen, daß Schiffer Meislahn von der Ansicht ausging, daß Kiehn die Backbordseite des Fahrwassers hielt. Denn andererseits wäre sein Entschluß, an Steuerbordseite vorbeizufahren, völlig unverständlich. Es war aber leicht möglich und muß angenommen werden, daß, weil kurz vor der in Rede stehenden Stelle das Fahrwasser eine wenn auch geringe Biegung macht, die Leute von der „Trave" den Schleppzug nicht gerade voraus in der Fahrrinne, sondern etwas von rechts her sichteten und sich dadurch über die Stellung desselben in der Fahrrinne täuschten. Ihre Schätzung dieser Stellung war ungewiß, während die Leute vom Schleppzuge sich über ihre eigene Lage nicht wohl täuschen konnten. Dazu kommt, daß die

„Trave“ hart am Strompfahl, also an der Steuerbordseite des Fahrwassers mit dem Leichter „Hofe“ collidirte, während in der kurzen Zeit, die nach Darstellung Meislahns zwischen der Wendung des Dampfers „Kiehn“ und der Collision nur verlaufen sein kann, vielleicht zwar der Schlepper selbst, auf keinen Fall aber schon der auf etwa 50 m geschleppte Kahn nach der anderen Seite des Fahrwassers hinübergekommen sein konnte. Auch sind die abgegebenen Signale zweifellos nicht lange, sondern kurze Töne gewesen. Als Meislahn aufgefordert wurde, mit der Mundpfeife die Länge des Tones wiederzugeben, gab er zwar einen ziemlich langen Ton an, der aber jedenfalls die von der Kaiserlichen Verordnung vorgesehene Länge von 4—6 Secunden nicht hatte. Auch war bezeichnend, daß Meislahn garnicht mit besonderer Entschiedenheit darauf bestand, daß der Ton diese Länge gehabt habe, sondern sich begnügte hervorzuheben, daß *er für seine Person* den Ton, wie er abgegeben sei, für einen langen Ton halte.

Es ist mithin festzustellen, daß der Dampfer „Kiehn“ durchaus richtig verfahren ist. Er hatte zu bestimmen, wie man einander passiren sollte, er that das, indem er das Zeichen gab, daß er seinen Curs rechts nehme und hat der Sachlage entsprechend den Curs ein wenig nach rechts genommen, um das Fahrwasser gänzlich frei zu machen. Meislahn dagegen hat es unternommen, den Schlepper auf eine unzuverlässige Schätzung der Lage desselben hin an einer ungewöhnlichen Seite zu passiren, obendrein unter einer Signalgebung, die im Widerspruche mit den in dieser Beziehung bestehenden Vorschriften stand, ganz willkürlich war und Unklarheit schaffen mußte.

Das Seeamt erachtet nicht dafür, daß der Schiffer Meislahn durch sein Verhalten den Mangel solcher Eigenschaften an den Tag gelegt hat, welche zur Ausübung seines Gewerbes erforderlich sind. Es kommt dabei namentlich in Betracht, daß es sich nicht um eine Situation handelte, welche an und für sich dem Schiffer Veranlassung gab, mit ganz besonderer Anspannung seiner Aufmerksamkeit und mit ganz besonderer Vorsicht zu handeln. Es galt, bei hellem Tage und gutem Wetter einen keineswegs allzu langen Schleppzug zu passiren und hatte Meislahn es einmal darin versehen, daß er die Lage des Schleppzugs in der Fahrrinne falsch beurtheilte, so konnte er im Uebrigen allerdings zu der Annahme gelangen, daß er den Schleppzug an der Steuerbordseite klar würde passiren können.

Die Entscheidung des Ober-Seeamts lautet:

Auf die Beschwerde des Reichscommissars gegen den Spruch des Seeamts zu Lübeck vom 25. Juni 1898 über den Zusammenstoß des Dampfers „Trave" von Lübeck mit dem Leichter „Hofe" hat das Kaiserliche Ober-Seeamt in seiner zu Berlin am 14. December 1898 abgehaltenen öffentlichen Sitzung nach mündlicher Verhandlung der Sache entschieden,

daß der Spruch des Seeamts in Lübeck vom 25. Juni 1898 zu bestätigen und die baaren Auslagen des Verfahrens außer Ansatz zu lassen.

Gründe. Zur Rechtfertigung seiner Beschwerde gegen den Spruch des Seeamts hat der Reichscommissar geltend gemacht, daß die Sachlage bei der Ueberholung eines Schleppzugs im engen Fahrwasser die Pflicht zu besonders angespannter Aufmerksamkeit dem Schiffer Meislahn umsomehr auferlegt habe, als er davon ausging, der vorauffahrende Schleppzug halte sich in Abweichung von der Vorschrift der Kaiserlichen Verordnung zur Verhütung des Zusammenstoßens der Schiffe auf See und der Lübeckischen Hafen- und Revierordnung auf der linken Seite des Fahrwassers, und es deshalb unternahm, den Schleppzug regelwidrig an dessen Steuerbordseite zu überholen. Wenn Schiffer Meislahn unter diesen Umständen, ohne sich durch vorschriftsmäßige Signale über die einzuschlagende Fahrtrichtung mit dem Führer des Schleppzugs zu verständigen, diesen zu überholen angefangen habe, so liege darin eine große Unvorsichtigkeit, die den Schiffer als ungeeignet zur Ausübung seines Gewerbes erscheinen lasse.

Schiffer Meislahn hat wiederholt ausgeführt, daß nach seiner Auffassung eine Verständigung über das von ihm demnächst ausgeführte Manöver zu Stande gekommen und er daher im Rechte gewesen sei.

Es war, wie geschehen, zu erkennen.

Das durch Strompfähle begrenzte Fahrwasser der Trave ist nur eng, und für einzelne besonders eingeengte Stellen desselben sind durch die Lübeckische Hafen- und Revierordnung vom 29. Mai 1893 noch besondere Vorsichtsmaßregeln angeordnet. Als der Dampfer „Trave" sich anschickte, den Schleppzug zu überholen, befand er sich im engen Fahrwasser und kurz vor der Schlutuper Landspitze. Durch §. 18 der Hafen- und Revierordnung wird bestimmt, daß Schiffe sich von der Schlutuper Landspitze an in der ganzen stromaufwärts liegenden Fahrwasserstrecke mit langsamer Fahrt zu bewegen haben, während durch die §§. 19, 20 neben anderen Vorschriften zur Sicherung der

Fahrt insbesondere angeordnet wird, daß Dampfschiffe einander auf dieser Strecke nicht überholen dürfen.

Wie vom Reichscommissar zutreffend ausgeführt wird, war es mit Rücksicht auf diese Vorschriften an sich schon bedenklich, daß Schiffer Meislahn bei der Annäherung an die Schlutuper Landspitze, bei welcher die starke Verengung des Fahrwassers beginnt, voraufFahrende Schiffe und besonders einen Schleppzug zu überholen versuchte. Noch bedenklicher war es, wenn Schiffer Meislahn seinerseits die Anregung dazu geben wollte, den Schleppzug abweichend von der Regel, wonach dieser die rechte Seite des Fahrwassers zu halten hatte, an dessen Steuerbordseite zu überholen. Entschloß er sich dennoch dazu, so mußte er zum mindesten die gesetzlichen und polizeilichen Vorschriften genau befolgen. Dieser Verpflichtung hat Schiffer Meislahn nicht genügt.

In Uebereinstimmung mit dem Seeamt nimmt das Ober-Seeamt zwar an, daß man auf dem Dampfer „Trave" die Ueberzeugung gewonnen hatte, der Schleppzug bewege sich entgegen Artikel 25 der Kaiserlichen Verordnung und Artikel 12 der Lübeckischen Hafen- und Revierordnung nicht an der Steuerbordseite des Fahrwassers, sondern in der Mitte und vielleicht etwas mehr an der Backbordseite, und Schiffer Meislahn mag daher in dem Glauben gewesen sein, daß dort Raum genug vorhanden sei, und er mit Rücksicht auf die Länge des Schleppzugs und seine schwerfällige Bewegung und Manövrirfähigkeit im Interesse einer schnellen Fahrt besser und bequemer an der Steuerbord- als an der Backbordseite werde vorbeifahren können; bevor er so vorging, hätte er aber stoppen oder langsam fahren und durch anhaltende Signale den Schleppzug veranlassen müssen, entwedər seinerseits die richtige Fahrwasserseite zu erreichen oder ihm das durch §. 11 der Lübeckischen Hafen- und Revierordnung vorgeschriebene Signal zu geben, auf welcher Seite der Dampfer „Trave" den Schleppzug zu überholen habe.

Schiffer Meislahn behauptet nun zwar, eine Verständigung seinerseits versucht und erzielt zu haben, bevor er den Schleppzug an seiner Steuerbordseite zu überholen begann. Allein die widersprechenden Aussagen beider Theile über die gegebenen Signale und deren Bedeutung zeigen, daß keine Verständigung stattgefunden hat. Erwiesenermaßen ist von dem Dampfer „Trave" nur ein einmaliger Pfiff von gewisser Dauer mit der Dampfpfeife abgegeben und vom Schleppzuge erwidert worden. Da ein solches als Warnungsruf vielfach gebräuchliches Signal weder durch die Kaiserliche Verordnung, noch durch die örtlichen

Vorschriften für die Trave vorgesehen ist, so hat dasselbe für die Beurtheilung der Manöver keinerlei Bedeutung, und der Signalgeber muß für die daraus etwa entstehenden Verwechselungen und sonstigen Folgen verantwortlich gemacht werden. Eine Verständigung zwischen dem Dampfer „Trave" und dem Schleppzuge dahin, daß der erstere den letzteren an der Steuerbordseite zu überholen beabsichtige, hätte etwa in folgender Weise erzielt werden können. Zunächst stand nach §. 11 der Lübeckischen Hafen- und Revierordnung dem Schleppzuge das Recht zu, die Seite zu bestimmen, an welcher das Ueberholen stattfinden sollte. Wollte Schiffer Meislahn gleichwohl seinen Wunsch zu erkennen geben, den Schleppzug an der Steuerbordseite zu überholen, so hätte er diese Absicht dadurch kundgeben müssen, daß er einen kurzen Ton mit der Dampfpfeife abgab; erst nachdem hierauf vom Schleppzuge durch Abgabe von zwei kurzen Tönen erwidert worden wäre, daß dieser die Backbordseite halten wolle, hätte der Dampfer „Trave" an die Ausführung des Manövers gehen dürfen. Durch die im vorliegenden Falle thatsächlich abgegebenen Signale ist eine Verständigung nicht zu Stande gekommen.

Aus dem Vorstehenden ergiebt sich, daß Schiffer Meislahn den Zusammenstoß verschuldet hat.

Wenn trotzdem das Kaiserliche Ober-Seeamt von einer Patent-Entziehung Abstand genommen und den Spruch des Seeamts bestätigt hat, so ist dies geschehen, weil dem Schiffer einige Milderungsgründe zur Seite stehen.

Zunächst ist es nach §. 11 der Lübeckischen Hafenordnung, nach welchem der Schleppzug die Seite anzugeben hat, an welcher er überholt werden kann, abweichend von den sonstigen Regeln unter Umständen zulässig, einen Schleppzug auch an dessen Steuerbordseite zu überholen. Es kann daher der Entschluß des Schiffers Meislahn, mit Rücksicht auf die Lage, in welcher der Schleppzug ihm erschien, diesen Versuch zu machen, nicht als unbedingter Verstoß gegen die Verordnungen bezeichnet werden. Daß er hierbei darauf rechnen durfte, der Schleppzug werde sein Herankommen ebenfalls bemerkt haben und werde ihn in seinem Manöver unterstützen, mag im Verein mit der durch die vielen Fahrten auf der Trave gewonnenen großen Sicherheit ihm als mildernd für die Beurtheilung seines Verhaltens angerechnet werden.

Es kommt ferner die vorwurfsfreie langjährige Vergangenheit des Schiffers in Betracht sowie das Ansehen, welches er bei seinen Rhedern genießt, welche letzteren im Interesse der vollen Ausnutzung der für die Schiffahrt günstigen Jahreszeit einen Antrag auf Verlegung des Termins für die Verhandlung dieses Unfalls beim Ober-Seeamt gestellt haben, um die Erfahrung und Tüchtigkeit des Schiffers Meislahn noch für die letzte diesjährige Reise des Dampfers „Trave" ausnutzen zu können. Auch läßt sich nach dem Auftreten des Schiffers Meislahn vor dem Ober-Seeamt erwarten, daß er sich diesen Unfall zur Warnung gereichen lassen und in Zukunft die nöthige Vorsicht stets anwenden werde.

Aus diesen Gründen hat das Kaiserliche Ober-Seeamt den Spruch der ersten Instanz bestätigt.

Die baaren Auslagen des Beschwerdeverfahrens bleiben außer Ansatz, da die Beschwerde vom Reichscommissar eingelegt ist.

38. Spruch des Seeamts zu Danzig vom 17. December 1898, betreffend den Seeunfall der Bark „Wilhelm Linck" von Danzig.

Der Spruch des Seeamts lautet:

> Der Seeunfall, welchen die Bark „Wilhelm Linck" am 31. Januar 1898 im Atlantischen Ocean erlitten hat, ist lediglich durch elementare Ereignisse verursacht. Schiffer Witt und seine Mannschaft haben ihre Pflicht in vollem Maße erfüllt. Der Besatzung des amerikanischen Dreimastschooners „M. A. Achorn", welche die Mannschaft des „Wilhelm Linck" mit eigener Lebensgefahr von dem sinkenden Schiffe gerettet und dieselben in menschenfreundlicher Weise aufgenommen hat, gebührt die höchste Anerkennung.

Thatbestand. Das in Danzig heimathsberechtigte, zu 1818,7 cbm = 642,01 britischen Register-Tons vermessene Barkschiff „Wilhelm Linck", Unterscheidungs-Signal HFRL, ist in den Jahren 1874/77 auf der Klawitter'schen Werft zu Danzig aus Eichenholz erbaut worden. Nach Auflösung der Linck'schen Rhederei ging das Schiff in das Eigenthum des Schiffers Utech über, und als dieser sich von der Schiffahrt zurückzog, verkaufte er dasselbe im Jahre 1895 an den Kaufmann und Rheder Berentz in Danzig. Der letztere ließ das Schiff unter der Führung des Schiffers Witt mehrere Reisen zwischen englischen und deutschen Häfen mit Holz- und Kohlenladungen machen, und als dasselbe sich auf diesen Fahrten als dicht und seetüchtig erwies und Schiffer Witt sich bereit erklärte, mit demselben auch transatlantische Reisen anzutreten, wurde das Schiff im Herbst 1896 in London gedockt und mit einem Kostenaufwande von etwa 11 150 M. derartig reparirt, daß dasselbe, nachdem es auch noch mit einem Zinkbeschlage versehen war, von Veritas auf 3 Jahre mit 3./3. A. 1. 1. classificirt wurde.

Das Schiff trat nunmehr im December 1896 von London mit einer Ladung Stückgüter die Reise nach Santos an. Da es in einem schweren Orkan den Großmast verlor, so mußte es Lissabon als Nothhafen anlaufen, wo durch die Erneuerung des Großmastes, Abdichten des Schiffes und andere Reparaturen Kosten in Höhe von etwa 12 800 M. entstanden. Das Schiff hat dann die Reise nach Santos ohne weitere Unglücksfälle fortgesetzt und ist von dort mit Ballast im October 1897 wohlbehalten in Pascagoula angelangt. Auf allen diesen Reisen hatte der „Wilhelm Linck" sich vollständig dicht und seetüchtig erwiesen und selbst bei schwerem Wetter in 4 Stunden nicht mehr als 3 Zoll Wasser durchschnittlich gemacht.

In Pascagoula nahm Schiffer Witt eine Ladung Pitch-Pine-Balken für Delfzyl in Holland ein und trat die Reise am 23. December 1897 an. Das Schiff war in jeder Beziehung gut ausgerüstet, namentlich war die Deckladung vorschriftsmäßig befestigt. Die Bemannung war vollzählig und befanden sich außer dem Schiffer Witt und dem Steuermann Johann Herrmann noch 9 Mann Besatzung an Bord. Bei dem Verlassen des Hafens kam der „Wilhelm Linck" zu verschiedenen Malen auf Grund, wurde aber mit leichter Mühe, da der Boden sandig war, wieder abgeschleppt.

Da äußere Beschädigungen nicht wahrnehmbar waren und das Schiff dicht geblieben war, so trug Schiffer Witt kein Bedenken, in See zu gehen. Die Reise verlief während der ersten Wochen ohne besondere Vorfälle; die Pumpen wurden regelmäßig und sorgfältig gepeilt, und trotzdem das Schiff hin und wieder bei steifer Briese in der hochlaufenden See heftig arbeitete, zeigten sich doch, ebenso wie auf den früheren Reisen, innerhalb 4 Stunden nie mehr als durchschnittlich 3 Zoll Wasser bei den Pumpen, welche im Verlaufe der Wache mit Leichtigkeit beseitigt wurden.

Am 23., 24. und 25. Januar 1898 wehte ein harter Sturm aus NNW und NW mit orkanartigen Böen und Regen, sodaß alle Segel bis auf die beiden Untermarssegel festgemacht werden mußten.

Es lief eine gewaltig hohe See durcheinander, in der das Schiff fürchterlich wrackte und arbeitete. Am 25. Januar Morgens zerriß das Vormarssegel; Nachmittags kam eine See über, welche die Backbord-Regeling und einen großen Theil der Schanzkleidungsbretter wegbrach. Auch wurde beim Peilen der Pumpen wahrgenommen, daß das Schiff mehr Wasser machte wie gewöhnlich, doch gelang es, das Schiff mit den Handpumpen nach etwa zweistündigem Pumpen schlingerlenz zu machen und dasselbe durch die Windmühlenpumpe in diesem Zustande auch fernerhin zu erhalten. Schiffer Witt ließ demnächst die Kabelgatsluke öffnen und nachsehen, ob die Ladepforten dicht seien oder ob sich irgendwo im Schiffe eine Leckage zeigte; es wurden jedoch Undichtigkeiten im Schiffe nicht festgestellt. In der Nacht vom 25. auf den 26. Januar ließ der Wind etwas nach und holte sich mehr westlich. Am Nachmittag des 26. Januar steigerte der Wind sich wieder zum Sturm; das Schiff lenzte vor der gerefften Fock. Gegen 4 Uhr Nachmittags brachen 2 Flügel der Windmühlenpumpe, die demnächst wieder hergestellt wurden, und es wurde das Schiff schlingerlenz gehalten. In der Nacht vom 26. auf den 27. Januar wehte schwerer Sturm mit orkanartigen Böen und Regen. Die Fockschoten waren weit weggefiert, damit so viel Wind wie möglich auslief. Am 27. Januar gegen 3 Uhr Morgens wurde das Wetter furchtbar und das Schiff arbeitete schwer in der hochlaufenden See. Da der Schiffer Witt fürchtete, daß eine See überkommen und alles wegschlagen würde und da es nicht mehr möglich war, das Schiff zu steuern, obgleich 2 Mann am Ruder standen, so sah er sich genöthigt, das Schiff an den Wind zu legen. Gegen 4 Uhr Morgens wurde die gereffte Fock festgemacht und das Schiff beigedreht. Der Besahn, welcher dicht gerefft war, mußte festgemacht werden, weil der Stropp am Besahnsschotenblock zerriß. Um das Schiff besser an den Wind zu legen, wurde ein Segel im Luv-Besahnswant befestigt. Um 5 Uhr 30 Minuten peilte der Steuermann die Pumpen und fand etwa 30—32 Zoll Wasser. Trotzdem Schiffer Witt sofort nach Leckagen im Schiffe suchen ließ, war es doch nicht möglich, Undichtigkeiten von irgend welcher Erheblichkeit festzustellen. Als der Steuermann um 7 Uhr 30 Minuten die Pumpen abermals peilte, fand er plötzlich 7—8 Fuß Wasser im Schiffe. Obgleich Schiffer Witt sofort die ganze Mannschaft an die Pumpen beorderte, wurde doch nach 2½stündigem harten Pumpen festgestellt, daß das Wasser um etwa 3 Fuß zugenommen hatte. Schiffer Witt ließ nun das Pumpen als zwecklos einstellen und da Gefahr vorlag, daß das

Wasser alsbald in die unter Deck befindliche Kajüte eindringen würde, befahl er, Proviant, Schiffspapiere und die Instrumente nach oben zu schaffen und im Roof sowie im Steuer- und Bootsmanns-Logis unterzubringen. Inzwischen war das Wasser im Schiffe bereits so weit gestiegen, daß es in die Kajüte eindrang. Die Situation war nunmehr so ernst geworden, daß die Sorge um das Leben der Mannschaft in den Vordergrund treten mußte. Schiffer Witt, welcher erkannte, daß in dieser Beziehung alles darauf ankomme, das Schiff so lange wie möglich zusammenzuhalten, traf sofort die erforderlichen Anordnungen und ließ namentlich die Balken der Deckladung fest zusammenlaschen, quer über dieselben Planken nageln und alles auf Deck nach Möglichkeit befestigen. Gegen 5 Uhr war das Schiff nahezu voll Wasser und fing an, sich nach der Seite überzulegen. Da die Gefahr des Kenterns vorlag, so wurde Schiffsrath gehalten und beschlossen, den Großmast zu kappen, um das Schiff vor dem Kentern zu bewahren. Nach dem Kappen des Großmastes richtete sich das Schiff wieder auf, wrackte aber nunmehr in der hohen See fürchterlich und nahm fortwährend heftige Sturzseen über. Gleich nach dem Dunkelwerden brach vorn eine See über, die vom Vorderschiff alle losen und festen Gegenstände, die beiden Boote, das Kochhaus, den Schweinekoven, die Wasserfässer, den Wassertank sowie die Regeling und die Stützen fortnahm. Die Mannschaft mußte, um sich vor den überkommenden schweren Seen zu schützen, in das Besahnswant flüchten und sich dort festbinden. Inzwischen hatte die See auch bereits den Roof mit Allem, was an Proviant, Instrumenten und sonstigen Gegenständen dort hineingeschafft war, fortgerissen, sodaß die Besatzung von da ab ohne Trinkwasser und Proviant war. Mangelhaft bekleidet, ohne Speise und Trank brachte Schiffer Witt mit seiner Besatzung 3 Tage und 3 Nächte in dem Besahnswant zu und, obgleich hin und wieder in der Ferne vorüberfahrende Dampfschiffe gesehen wurden, war es der Mannschaft doch nicht möglich, denselben ein Zeichen zu geben. Am 31. Januar bei Tagesanbruch bemerkte man in der Entfernung von einigen Seemeilen zu luvwärts ein Segelschiff und es gelang den Schiffbrüchigen, sich der darauf befindlichen Besatzung durch Schwenken von Hüten und Tüchern bemerkbar zu machen. Das fremde Schiff, welches sich später als der amerikanische Dreimastschooner „M. A. Achorn", Schiffer T. J. Ginn aus Rockland, Maine, U. S. auswies, hielt auf das Wrack ab und setzte ein Boot aus. Trotz des orkanartigen Sturmes und des hohen Seeganges gelang es der aus 4 Mann bestehenden Besatzung des

Bootes, an deren Spitze der Steuermann John Maddocks stand, den „Wilhelm Linck" zu erreichen und 2 Leinen an Bord des letzteren zu werfen. Mit der einen Leine wurde das Boot am Schiffe befestigt, während sich die Schiffbrüchigen die andere Leine einzeln um den Leib banden, dann in das Wasser sprangen und von der im Boote befindlichen Rettungsmannschaft in das Boot gezogen wurden. Dieses Verfahren wurde so lange fortgesetzt, bis die ganze Besatzung des „Wilhelm Linck" sich in dem Boote befand. In gleicher Weise wurden die Geretteten und die Rettungsmannschaft aus dem Boote an Bord des Schiffes „M. A. Achorn" befördert. An Bord des letzteren wurden die Schiffbrüchigen menschenfreundlich aufgenommen, mit trockener Kleidung versehen und gut verpflegt. Beim Verlassen des Barkschiffs „Wilhelm Linck" war dasselbe bereits von der See derartig zertrümmert, daß es jeden Augenblick auseinander zu brechen drohte. Das Vorderschiff war durchgebrochen und lag tief in der See, während die Balken aus dem inneren Schiffe, dessen Deck aufgebrochen war, überall hinausgeschwemmt wurden.

Der amerikanische Dreimastschooner „M. A. Achorn" befand sich zur Zeit der Uebernahme der Schiffbrüchigen auf 35° 15' nördlicher Breite und 47° 33' westlicher Länge. Auf diesem Schiffe, welches sich auf der Reise nach Bahia befand, blieb die gerettete Mannschaft vom 31. Januar bis zum 7. Februar; dann wurde sie an Bord der spanischen Bark „Berinquen" aus Barcelona abgegeben. Am 1. März wurde der österreichische Dampfer „Clio" aus Triest angetroffen, welcher auf der Reise von New-Orleans nach Marseille begriffen war. Dieser nahm die Schiffbrüchigen an Bord und landete dieselben am 6. März glücklich in Marseille, von wo sie nach ihrer Heimath befördert wurden. Ueber den Verbleib des „Wilhelm Linck" ist nichts weiter bekannt geworden.

Das Casco des Schiffes war mit 15000 M. versichert, indessen unter der ausdrücklichen Bedingung, daß das Schiff bis zum 15. Juli 1897 in Pascagoula ladefertig sein würde. Da diese Bedingung wegen der auf der nach Santos erlittenen schweren Havarie und wegen des längeren Aufenthalts in Lissabon nicht erfüllt wurde, so ist die Versicherung hinfällig geworden und der Rheder hat von der Versicherungsgesellschaft nichts erhalten.

Fracht und Ausrüstung waren mit 19600 M. versichert und ist diese Summe nach Abzug der üblichen Spesen zur Auszahlung gelangt.

Dieser Thatbestand ist festgestellt durch die eidliche Vernehmung des Schiffsrheders Paul Eduard Berentz und des Steuermanns

Johann Herrmann, sowie durch die des Beweises halber erfolgte Verlesung des schriftlichen Berichts des Schiffers Heinrich Witt d. d. Marseille, den 8. März 1898 und die vom deutschen Consul in Marseille aufgenommenen Protocolle vom 8. und 9. März 1898, betreffend die Vernehmung der Mitglieder der Besatzung des Barkschiffs „Wilhelm Linck" über den erlittenen Seeunfall.

Schiffer Witt hat vor dem Seeamt nicht vernommen werden können. Derselbe ist gleich nach seiner Rückkehr in die Heimath erkrankt und bald darauf, höchstwahrscheinlich infolge der erlittenen schweren Strapazen, verstorben. Die übrigen Mitglieder der Besatzung des Schiffes „Wilhelm Linck" waren auf Seereisen abwesend und konnten vor dem Seeamt gleichfalls nicht vernommen werden.

Entscheidungsgründe. Die Beweisaufnahme hat ergeben, daß der Rheder Berentz ebenso wie der Schiffer Witt auf die bauliche Unterhaltung des Schiffes „Wilhelm Linck" eine besondere Sorgfalt verwendet haben und daß sich das Letztere namentlich auf der Reise von Pascagoula nach Delfzyl in einem durchaus seetüchtigen Zustande befunden hat. Hierfür spricht einmal die gründliche Reparatur, welcher der „Wilhelm Linck" im Herbst des Jahres 1896 in London unterzogen worden ist und nach deren Beendigung ihm die erste Classe der Veritas zuerkannt wurde; sodann aber ist zu berücksichtigen, daß das Schiff bald darauf in Lissabon mit einem erheblichen Kostenaufwande nochmals gründlich reparirt und infolgedessen im Vollbesitze der ihm zuertheilten ersten Classe verblieben ist. Hierzu kommt, daß der „Wilhelm Linck" auf der Reise von Lissabon nach Santos und von dort nach Pascagoula vollständig dicht gewesen ist und sich als ein seetüchtiges Schiff bewährt hat. Nicht ins Gewicht fällt dabei, daß das Schiff auf diesen Fahrten, ebenso wie auf früheren Reisen, innerhalb 4 Stunden durchschnittlich 3 Zoll Wasser gemacht hat, denn dies ist eine Erscheinung, welche sich bei Holzschiffen häufig findet und aus welcher keineswegs gefolgert werden kann, daß das betreffende Schiff in seiner Seetüchtigkeit beeinträchtigt gewesen ist. Nun hat aber der „Wilhelm Linck" bei der Ausreise von Pascagoula allerdings zu verschiedenen Malen den Grund berührt; indessen es liegt keinerlei Anhalt für die Annahme vor, daß das Schiff hierdurch Schaden erlitten hat oder gar in seiner Seetüchtigkeit beeinträchtigt worden ist. Denn einmal bestand der Grund, auf welchem das Schiff festkam, nur aus weichem Sande und dann war das Festkommen ein so leichtes, daß es dem Schleppdampfer jedesmal ohne besondere Anstrengung gelang, das Schiff wieder abzubringen. Jedenfalls ist es durch die Beweisaufnahme außer allen Zweifel gestellt, daß der „Wilhelm Linck“ nach diesem Festkommen noch etwa 4 Wochen — theilweise bei stürmischem Wetter — die Reise fortgesetzt hat, ohne daß sich mehr als 3 Zoll Wasser innerhalb 4 Stunden bei den Pumpen gezeigt haben. Erst nach den schweren anhaltenden Stürmen, welche mit dem 23. Januar 1898 begannen, und als das Schiff in der hochlaufenden See tagelang heftig arbeitete, sind bei den Pumpen 12, 15, 17 und 19 Zoll Wasser gefunden, ohne daß es trotz sorgfältigsten Suchens möglich war, eine Leckage im Schiffe festzustellen. Immerhin war die Menge des eingedrungenen Wassers nicht derartig, daß sie nicht mit der Windmühlenpumpe bezw. mit den Handpumpen ohne Schwierigkeit bewältigt worden wäre. Eine wirkliche Gefahr für das Schiff trat erst am Morgen des 27. Januar ein, als der „Wilhelm Linck“, welcher bis dahin vor dem Winde lenzte, bei dem schweren Sturme in der hochlaufenden See beigedreht wurde. Denn kurz nach der Ausführung dieses Manövers, etwa um 5 Uhr Morgens, wurden beim Peilen der Pumpen 30—32 Zoll und etwa 2½ Stunden später, um 7 Uhr 30 Minuten, bereits 7—8 Fuß Wasser im Schiffe ermittelt, ohne daß es trotz eifrigen Nachforschens möglich war, eine Leckage ausfindig zu machen. Daß eine solche thatsächlich bestanden hat, kann keinem Zweifel unterliegen, denn das Wasser ist trotz des sofortigen anhaltenden Pumpens in weiteren 2 Stunden um etwa 3 Fuß gestiegen. Wodurch dies plötzliche Leck veranlaßt sein kann, darüber ist nichts Sicheres festgestellt worden. Ausgeschlossen ist es zwar nicht, daß die Ladung inzwischen losgekommen ist, wenn auch directe Beweise hierfür nicht vorliegen; wahrscheinlicher ist es aber — und diese Vermuthung ist auch vom Steuermann Herrmann ausgesprochen —, daß das Schiff infolge der großen Anstrengungen, welche dasselbe bei dem Manöver des Beidrehens in der hochlaufenden See aushalten mußte, unter der Wasserlinie leck gesprungen und daß das Wasser dann in großer Menge in das Schiff hineingeströmt ist. Jedenfalls ist auf dieses plötzliche Leckwerden des Schiffes in dem schweren Orkan und in der hochlaufenden See nach Ansicht des Seeamts der demnächstige Untergang des „Wilhelm Linck“ zurückzuführen.

Da es unmöglich war, das massenhaft eingedrungene Wasser durch Pumpen aus dem Schiffe zu entfernen, so kam es lediglich darauf an, das Leben der Mannschaft zu retten und zu diesem Zwecke das Schiff solange zusammenzuhalten, bis Rettung von einem vorüberfahrenden Schiffe gebracht werden konnte. Alle Maßnahmen, welche

Schiffer Witt zur Erreichung dieses Zweckes ausführte — namentlich das Befestigen der Decklast und das Kappen des Großmastes — waren seemännisch richtig und zweckmäßig, wie denn auch überhaupt dem Schiffer Witt und seinen braven Leuten die Anerkennung nicht vorenthalten werden darf, daß sie unter den schwierigsten und gefahrvollsten Verhältnissen bis zum letzten Augenblick unerschrocken ihre Pflicht erfüllt haben.

Die Rettung durch den amerikanischen Dreimastschooner „M. A. Achorn" kam gerade noch rechtzeitig, um die durch die schrecklichsten Entbehrungen und Anstrengungen völlig erschöpften Schiffbrüchigen vor dem sicheren Untergange zu bewahren. Das heldenmüthige Rettungswerk, welches die amerikanische Bootsmannschaft unter Einsetzung ihres eigenen Lebens vollbracht hat, verdient besondere Anerkennung. Wenn sich auch hierbei in erster Reihe der unerschrockene Führer des Bootes, der Steuermann John Maddocks, ausgezeichnet hat, so sind doch nicht minder auch die drei übrigen Leute der Bootsbesatzung wegen ihres heroischen Opfermuths des höchsten Lobes würdig.

Schließlich ist auch noch die menschenfreundliche Aufnahme anzuerkennen, welche die Schiffbrüchigen sowohl auf dem amerikanischen Dreimastschooner „M. A. Achorn", wie auch später auf dem spanischen Barkschiffe „Berinquen" und auf dem Triester Dampfer „Clio" gefunden haben.

39. Spruch des Seeamts zu Hamburg vom 28. December 1898, betreffend die Unfälle an Bord des Vollschiffs „Copernicus" von Hamburg.

Der Spruch des Seeamts lautet:

Am 11. October 1898 traf das Vollschiff „Copernicus" auf der Reise von Rangoon nach Europa mit theilweise erkrankter Mannschaft unter Führung des ersten Steuermanns Oertel in Falmouth ein, nachdem Schiffer Abrams am 29. September und vorher Matrose Last am 20. September auf See verstorben waren.

Mit völliger Sicherheit hat sich nachträglich die Krankheit, welcher die beiden Verstorbenen erlegen sind, nicht feststellen lassen.

Nach der gutachtlich vorliegenden Aeußerung des Oberarztes des Seemannskrankenhauses ist Schiffer Abrams wahrscheinlich an den Folgen eines Herzleidens verstorben, während Matrose Last höchstwahrscheinlich an Beri-Beri verstorben ist, und auch die Matrosen Waage, Holst und Hahn an einer leichten Form dieser Krankheit gelitten haben.

Die Entstehung der Erkrankungsfälle an Bord ist durch verdorbene Nahrungsmittel herbeigeführt oder begünstigt worden.

Die Beweisaufnahme hat auch nach ärztlichem Ausspruch ergeben, daß das Schiff mit einwandsfreien, unverdorbenen Nahrungsmitteln ausgerüstet worden ist, und daß der Proviant erst während der Reise von Rangoon ohne Verschulden der Besatzung verdorben ist, wozu ganz wesentlich die Ausdünstung der Reisladung während der langen Reise des „Copernicus" beigetragen hat.

Es trifft somit Niemand ein Verschulden an den vorgekommenen Todesfällen.

Thatbestand und Gründe. Das Vollschiff „Copernicus", Unterscheidungs-Signal RFMJ, Heimathshafen Hamburg, vermessen zu einem Netto-Raumgehalt von 3434,3 cbm = 1212,31 britischen Register-Tons, ist 1878 in Hamburg aus Eisen erbaut worden. Das Vollschiff gehörte, als es im Jahre 1897 eine Ausreise nach der Westküste Südamerikas antrat, der Handelsgesellschaft Rob. M. Sloman & Co. und stand unter der Führung des Schiffers Heinrich Abrams, geboren den 11. Mai 1849 zu Papenburg.

Bei dem Büreau Veritas hatte das Schiff die Classe $\maltese$ I 3/3 $\frac{\text{L. 1. 1.}}{\text{A \& CP.}}$

Am 27. Februar 1897 verließ das Schiff mit einer Besatzung von 21 Mann wohl ausgerüstet den Hamburger Hafen mit der Bestimmung nach Callao. Von dort versegelte es in Ballast nach Caleta Buena, nahm hier eine Salpeterladung nach Port Elizabeth ein und erreichte diesen Hafen am 6. December 1897. Während dieser Reise wurde das Schiff schwimmend von der Rhederei Actien-Gesellschaft von 1896 in Hamburg angekauft, deren Vertreter die Firma F. W. Dahlström in Hamburg ist. Die neue Rhederei trat in die von der früheren Rhederei abgeschlossene Charter ein, und zwar derart, daß das Schiff, als am 27. Februar 1897 in den Besitz der neuen Rhederei übergegangen, betrachtet wurde. In Port Elizabeth wurde die Salpeterladung gelöscht, und am 22. Januar 1898 in Ballast eine Reise nach Rangoon angetreten, um dort Reis nach Europa zu laden. Am 21. April 1898 traf der „Copernicus" in Rangoon ein und setzte am 10. Mai seine Reise nach dem Canal für Ordre mit einer aus 18 098 Säcken bestehenden Reisladung fort. Die Ladung war unter Aufsicht von Lloyds Survey gestaut nach vorgängiger ordnungsmäßiger Garnirung der Schiffswände durch Matten und Bambusstäbe. Am 11. October traf das Schiff in Falmouth ein unter Führung des ersten Steuermanns Ernst Carl Oertel, der sich im Besitz eines Schifferpatents auf großer Fahrt befand, da der Schiffer Abrams auf See verstorben war. Von Falmouth wurde das Schiff nach Zaandam in Holland dirigirt, hier die Reisladung gelöscht und das Schiff dann nach Hamburg geschleppt.

Die Ereignisse an Bord während der Reise von Rangoon nach dem Canal bilden den Gegenstand der seeamtlichen Untersuchung, denn außer dem Schiffer Abrams starb der Matrose Albert Martin Last, geboren den 18. November 1857 zu Danzig. Außerdem erkrankten noch während der Reise die Matrosen Hahn, Holst, Mammes, Preine, Waage und Thomsen, letzterer an einer geschlechtlichen Krankheit, die übrigen unter ähnlichen Krankheitserscheinungen, denen Last erlag. Die in Falmouth in ärztliche Behandlung genommenen Erkrankten vermochten die Reise nach Zaandam mitzumachen, wo sie dann abgemustert wurden.

Auf Veranlassung des Seeamts fand bei Ankunft des Schiffes in Zaandam durch Vermittelung des deutschen General-Consulats zu Amsterdam eine bacteriologisch-hygienische Untersuchung des Proviants und des Trinkwassers statt, da es nach den an Bord beobachteten Krankheitserscheinungen nahe lag, die Todesfälle und die Erkrankungen auf den Genuß der Nahrungsmittel und des Trinkwassers zurückzuführen. Jene Untersuchung ergab, daß die Nahrungsmittel, wie Mehl, Hartbrod, braune Bohnen und Graupen, als für die menschliche Ernährung ungeeignet, unter gewissen Umständen gefährlich, das Trinkwasser als unrein und verdächtig und zum Trinken nicht verwendbar erklärt wurde.

In Folge dieses Resultats wurde dem Führer des „Copernicus" von dem deutschen General-Consulat in Amsterdam der weitere Verbrauch der bezeichneten Nahrungsmittel und des Wassers untersagt, später jedoch diese Verfügungen für die kurze Reise nach Hamburg modificirt. Es kamen dann auf der Reise nach Hamburg auch keine weiteren Erkrankungen vor. Da der Steuermann Oertel bei der Entnahme der Proben des Proviants nicht zugegen gewesen war und die Ansicht vertrat, daß der Proviant, der zu Anfang der Reise durchaus gut gewesen, nicht durchgängig verdorben sein könne, wurde zur weiteren Klarstellung in Hamburg der gesammte Proviant einer erneuerten Untersuchung unterzogen. Das Resultat dieser Untersuchung war, daß von den 14 geprüften Proviant- und Trinkwasser-Proben 9 als verdorben und geeignet, die menschliche Gesundheit zu schädigen, bezeichnet werden mußten, namentlich das Mehl, die braunen Bohnen, Zwetschen, Graupen und das Hartbrod. Nicht verdorben und noch brauchbar für die menschliche Ernährung konnten das Fleisch, der Speck, die Erbsen und weißen Bohnen erklärt werden. Auch das untersuchte Trinkwasser war entgegen dem Gutachten der Amsterdamer bacteriologischen Untersuchung nicht mit Wahrscheinlichkeit als gesundheitsschädlich zu bezeichnen.

In der seeamtlichen Hauptverhandlung dieses Unfalls, die unter Zuziehung des für jene Erkrankungsfälle besonders geeignet erscheinenden Sachverständigen, des Oberarztes des Seemannskrankenhauses zu Hamburg, des Dr. med. Lauenstein, stattfand, war es gelungen, nahezu sämmtliche Schiffsleute über die Vorgänge an Bord eingehend zu hören, und wurde diesen Aussagen folgender Thatbestand entnommen:

Die Ausrüstung des Schiffes war nach den vorgelegten Rechnungen durch renommirte Proviantlieferanten in Hamburg beschafft und mußte nach den Vorlagen auch als ausreichend bezeichnet werden. Es war für jene Ausreise größtentheils völlig neuer Proviant an Bord gekommen. Die Verpackung von Mehl und Hartbrod war in der Weise erfolgt, daß die hierfür vorhandenen, mit Blecheinsatz versehenen Fässer an Land geschafft, nachgesehen und den Lieferanten zur Verpackung des Proviants übergeben waren, von diesen vor Einnahme des Proviants gereinigt und dann nach Füllung durch Verlöthen geschlossen worden waren. Der übrige Proviant wurde gleichfalls in üblicher Weise an Bord geliefert, unter diesem selbstverständlich eine größere Menge präservirten Proviants und Conserven. Am Ende der Reise nach Callao stellte sich heraus, daß ein restlicher Theil des Hartbrods verdorben war. Bei Ankunft in Callao wurden deshalb 13 noch gefüllte Brodfässer geöffnet und, da der Inhalt sich als verschimmelt erwies, zurückgestellt, in der Absicht, jene Fässer dem Lieferanten bei der Rückkehr des Schiffes zurückzugeben. Diese

Fässer wurden indeß später über Bord geworfen, da es zur Aufbewahrung an Platz mangelte. Auch das Mehl hatte sich nicht besonders gehalten, und sah sich Schiffer Abrams deshalb veranlaßt, in Callao den Proviant zu completiren und die Rhederei zu ersuchen, ihm nach Rangoon weiteren Proviant hinauszusenden, da er mit dem Proviant für die Rückreise nicht auszukommen fürchtete. In Port Elizabeth sah sich Schiffer Abrams nochmals genöthigt, den Proviant an Hartbrod und Mehl zu erneuern, welches sich aber beides später auf der Rückreise von Rangoon nach Falmouth als ungeeignet zur Ernährung erwies und noch auf Anordnung des Schiffers Abrams vom Verbrauch ausgeschlossen wurde.

Die von dem Schiffer Abrams von Callao aus an seine Rheder gerichtete Bitte um neuen Proviant wurde inzwischen der neuen Eigenthümerin des Schiffes übergeben, und sandte diese nach der dem Seeamt vorgelegten Rechnung eine größere, von einem der renommirtesten Proviantgeschäfte Hamburgs bezogene Partie neuen Proviants durch Dampfer „Wally" nach Rangoon. Dieser Proviant traf etwa 4 Wochen vor Ankunft des „Copernicus" in Rangoon ein, wurde dort in einem Wellblechschuppen gelagert und bei Ankunft des Schiffes an Bord genommen. Durch diese Proviantsendung und die früheren Ankäufe hatte Schiffer Abrams für die Rückreise so reichlich Proviant an Bord, daß er sich veranlaßt sah, eine Partie des älteren Proviants in Rangoon zu verkaufen. Für die Rückreise wurde größtentheils nur der neu hinausgesandte Proviant in Gebrauch genommen.

Die Verwaltung des Proviants, welche nach der Schiffsordnung dem zweiten Steuermann Lehmann zufiel, war diesem abgenommen worden, da Schiffer Abrams sich davon überzeugte, daß die Verwaltung nicht mit Umsicht geführt wurde und von einzelnen Lebensmitteln zu viel, von anderen zu wenig verbraucht wurde. Kurz vor Port Elizabeth wurde deshalb die Proviants-Verwaltung dem Koch Duncker übertragen. Der zweite Steuermann theilte nur noch Zucker, Butter, Syrup, Thee und Kaffee rationsweise aus.

Der Proviantraum lag hinten im Zwischendeck und war durch ein hölzernes Schott von dem Laderaum getrennt. Der Zugang zu jenem Raume führte durch das Zwischendeck. Die Fleisch- und Speckfässer standen des beschränkten Raumes wegen vorn im Zwischendeck dicht neben der Ladung.

Nach den übereinstimmenden Erklärungen sämmtlicher Schiffsleute war der Proviant im Anfange der Reise von Rangoon aus durchaus gut. Auch im Verlaufe der späteren Reise hat die Mannschaft sich nie bei ihren Vorgesetzten darüber beklagt, daß sie das verabreichte Essen nicht genießen könne, wenngleich allen Leuten das Essen weniger schmeckte. Der Koch gab sich die größte Mühe, den Proviant in bester Weise für das Essen zuzubereiten. Schiffer Abrams und Steuermann Oertel, denen der Zustand des Proviants bekannt geworden war, trafen speciell die Anordnung, daß stets reichlich Proviant zur Bereitung der Speisen ausgegeben wurde, um die besten Bestandtheile des Proviants auswählen zu können, sodaß immer hinreichend Essen vorhanden war.

Krankheitserscheinungen, wie solche später auf der Rückreise von Rangoon nach Europa auftraten, sind weder auf der Ausreise noch auf der Reise nach Port Elizabeth und Rangoon eingetreten. Jene Krankheitserscheinungen traten überhaupt erst nach dem Passiren des Caps der guten Hoffnung unweit St. Helena auf. Anfangs zeigten sich bei den Leuten Blasen am Munde und auf der Zunge, die indeß durch Anwendung von Gurgelwasser schnell verschwanden. Ernstlich erkrankte der Matrose Last erst am 23. August, als das Schiff sich auf 7° 1′ Südbreite und 13° 10′ Westlänge befand. Last litt zunächst an geschwollenen Beinen, dann traten Brustschmerzen ein, Athembeschwerden, Anschwellungen an verschiedenen Stellen des Körpers, besonders an der linken Seite, schließlich konnte Last kein Essen mehr bei sich behalten und verstarb am 20. September 1898 Abends 8 Uhr an Schwäche und Athemnoth. Schiffer Abrams hatte bereits auf der Reise von Caleta Buena nach Port Elizabeth an einem Herzleiden gelitten, das ihn zeitweilig in einen völlig unzurechnungsfähigen Zustand versetzte. Nach den Angaben des Schiffers Oertel soll Abrams schon wegen Herzleidens von dem Militair frei gekommen sein. An Herzbeklemmung erkrankte Schiffer Abrams von Neuem am 25. September. Die Krankheitserscheinungen bestanden später in heftiger Athemnoth, starkem Herzklopfen und großem Angstgefühl. Schließlich trat eine Anschwellung der Beine ein und um 2 Uhr 45 Minuten Nachmittags am 29. September 1898 verstarb Schiffer Abrams auf 35° 30′ Nordbreite und 34° 10′ Westlänge in der Nähe der Azoren. Matrose Hahn erkrankte am 6. October und litt ebenfalls an Schwellungen der unteren Extremitäten. Gleiche Erscheinungen zeigten sich bei den Matrosen Holst und Mammes. Matrosen Waage und Preine litten bereits wochenlang an Lähmungsgefühlen und Anschwellungen an den Beinen und an Herzschwäche.

Nach einer gutachtlichen Aeußerung des seitens des Consulats in Amsterdam zugezogenen Arztes enthielten jene Erkrankungen keine Symptome der Beri-Beri-Krankheit; auch der nach der hygienischen Untersuchung des Proviants von der Medicinalbehörde in Hamburg gutachtlich gehörte Hafenarzt glaubt in jenen Krankheitserscheinungen nur Scorbut oder Blutarmuth in Folge schlechter Ernährung erkennen zu sollen, während der zu der seeamtlichen Verhandlung zugezogene Sachverständige Dr. Lauenstein nach eingehender Befragung der früher erkrankten Schiffsleute zu der Ansicht gelangte, daß zwar mit absoluter Sicherheit jene Erkrankungen sich nachträglich nicht mehr beurtheilen ließen, daß es indeß durchaus möglich sei, daß der Matrose Last an der Beri-Beri-Krankheit verstorben wäre, und daß auch Waage, Holst und Hahn an einer leichten Form dieser Krankheit gelitten hätten.

Schiffer Abrams sei höchst wahrscheinlich in Folge eines Herzleidens verstorben, da er bezeugtermaßen schon früher an diesem Leiden erkrankt war, obwohl immerhin das letzte Ende mancher Beri-Beri-Kranken demjenigen von Herzleidenden sehr ähnlich sei.

In Bezug auf die Entstehung der Erkrankungsfälle an Bord des „Copernicus" äußerte sich der genannnte Sachverständige dahin, daß es auch ihm sehr wahrscheinlich erscheine und zwar auf Grund, der stattgehabten sehr sorgfältigen Untersuchungen der an Bord mitgeführten Nahrungsmittel, daß dieselben durch verdorbene Nahrungsmittel herbeigeführt oder begünstigt seien. Die Beri-Beri-Krankheit, soweit man bis jetzt über dieselbe orientirt sei, verlaufe sehr verschiedenartig, komme vorwiegend in tropischen und subtropischen, meist nur bei der arbeitenden männlichen Bevölkerung vor und sei als eine allgemeine Ernährungsstörung aufzufassen, die ihren Hauptgrund in einer Verschlechterung der Lebensbedingung des Menschen habe, ihr Auftreten komme daher auch am Lande vor; ansteckend, d. h. von Person zu Person übertragbar, sei jene Krankheit nicht, Europäer erwürben sie meistens in den Gegenden, wo sie für gewöhnlich vorkomme.

Eine solche Verschlechterung der Lebensbedingungen hat nun zweifellos an Bord des „Copernicus" im Verlauf der Reise durch die Verschlechterung des Proviants bestanden, und es fragt sich daher weiter, wie der Proviant an Bord des „Copernicus" beschaffen gewesen ist. Nach der Beweisaufnahme muß es als erwiesen gelten, daß der frühere Eigenthümer sein Schiff aus zuverlässiger Quelle durch bewährte Lieferanten verproviantirte und zwar mit einwandsfreien, unverdorbenen Nahrungsmitteln. Nach den Aussagen der Besatzung ist an Bord mit Bezug auf den Proviant alles ordnungsmäßig hergegangen, jedenfalls ist eine mangelhafte Behandlung oder Verunreinigung des Proviants, an der irgend Jemand Schuld trage, nicht nachgewiesen.

Durch die Verhandlung ist ferner festgestellt, daß der jetzige Rheder auf die ihm gewordene Meldung hin, der Proviant würde nicht ausreichen, eine neue Sendung nach Rangoon nachgeschickt hat, und liegt kein Anhalt dafür vor, daß jene Sendung durch die 30tägige Lagerung in Rangoon etwa verdorben sein könne. Es ist außerdem erwiesen, daß nach dem Zutagetreten des Verderbnisses des Proviants nach Möglichkeit für Verbesserung der Nahrung, wie beispielsweise durch Backen frischen Brodes gesorgt worden ist. Somit ist nach allen diesen Richtungen hin eine nachtheilige Einwirkung auf den im unverdorbenen Zustande dem Schiffe gelieferten Proviant als ausgeschlossen zu betrachten.

Zur Erklärung der Thatsache, daß trotz Absendung guten Proviants derselbe gegen Ende der Reise zunehmend schlechter geworden ist, erinnert der ärztliche Sachverständige an die Fragen, die bei dem ärztlichen Berufe von großer praktischer Bedeutung seien. Ueberall wo Menschen seien, seien sowohl in der Luft, als auch am Menschen selbst und an den Gegenständen, mit denen er in Berührung trete, die kleinsten und feinsten Lebewesen vorhanden, die unter dem Namen der Fäulniß und Zersetzungserreger, der Krankheitskeime (Pilze, Mikroorganismen, Bacterien, Bacillen, Gocceen 2c.) bekannt seien. Diese Keime, zu denen auch die verschiedenen Sorten von Schimmelpilzen, die Eier von Würmern, Käfern und sonstigem Ungeziefer gehören, seien bei der gewöhnlichen landläufigen Verpackung des Proviants und wie sie auch bei dem Proviant des „Copernicus" bezeugtermaßen angewandt wäre, nicht fern zu halten. Es bedürfe schon ganz außerordentlicher und sehr subtiler Vorsichtsmaßregeln, um derartige Keime fern zu halten. Durch Hitze seien die Krankheitserreger abzutödten. Bei kleineren Conserven, Büchsen benutze man diese sogenannten Sterilisirungsmethoden allerdings schon. Bei gröberen und trocken mitgeführten Nahrungsmitteln, wie Mehl, Brod, Hülsenfrüchten, sei dies nicht der Fall. Beispielsweise sei das Hartbrod bei der Verpackung mit der umgebenden Luft in offene Berührung gekommen. Nun könnten auf das Brod schon vor dem Einpacken in die, wenn auch reinen Kisten Schimmelpilze gefallen sein. Jedenfalls sei aber mit dem Brod zusammen auch ein Quantum Luft in die Kisten verlöthet. Diese Luft sei aber in der Regel als keimhaltig zu betrachten, und so erkläre sich hieraus schon zwangslos, weshalb

z. B. die 13 Tonnen Brod ungefähr 90 Tage nach der Ausreise verschimmelt waren. Auf dieses Brod waren vermuthlich vor der Verlöthung Schimmelpilze gefallen, auf das andere Brod, das nicht verschimmelt war, nicht. Alle Nahrungsmittel, mögen sie nun roh oder gekocht sein, seien für die oben genannten Keime Nährböden und entwickelten sich auf ihnen diese Keime je nach ihrer verschiedenen chemischen Zusammensetzung mehr oder weniger rasch.

Ganz ebenso gehe es mit dem Wasser. Durch keinerlei Maßnahmen sei es zu verhindern, daß bei der Versorgung eines Schiffes mit Trinkwasser dieses nicht auf die eine oder andere Weise durch Hereinfallen der Keime aus der Luft oder durch den Vorgang des Zupumpens oder Zuleitens zunächst vielleicht in ganz unmerklicher Weise verunreinigt würde. Die hineingelangten Keime vermehrten sich allmählich, und je länger die Reise dauere, desto schlechter werde vielfach auch das Wasser. Ebenso sei es auch mit dem Proviant.

Dieses allmähliche Verderben des Proviants sei eine Art von force majeure, mit der die Schiffahrt auf langen Reisen zu rechnen habe, wie im Uebrigen mit den Gefahren der Witterung. Zu den guten Nährböden für alle Arten von Keimen gehörte im vorliegenden Falle die Ausdünstung der Reisladung, und diese habe die Zersetzung des Proviants hervorgerufen, die zu verhindern auf keine Weise möglich war.

Der Sachverständige sprach schließlich seine Ansicht dahin aus, daß er nicht daran zweifle, daß man unter Anwendung der Erfahrungen und Kräfte, die die Wissenschaft schon jetzt an die Hand gebe, im Stande sein werde, auch in Zukunft in der Conservirung und Verpackung des gröberen Schiffsproviants im Interesse der Schiffahrt und zum Wohle der Seeleute erhebliche Fortschritte zu machen.

Das Seeamt kann sich dieser gutachtlichen Aeußerung nur anschließen und kann von seinem Standpunkte nur nochmals hervorheben, daß die Beweisaufnahme keinen Anhalt dafür ergeben hat, daß der auf der Rückreise von Rangoon an Bord gekommene Proviant nicht gut gewesen sei, und daß das Verderben des Proviants während der Reise durch Schuld einer der zur Besatzung gehörigen Personen herbeigeführt sei.

Die hauptsächlichste Zersetzung des Proviants ist durch die überaus starke Ausdünstung der Reisladung entstanden, die noch dadurch vermehrt wurde, daß eine größere Partie Reissäcke durch Leckage vom Deck aus beschädigt wurde. Die Ausdünstung hatte, wenn die

Luken unruhigen Wetters wegen geschlossen gehalten werden mußten, derartig zugenommen, daß keine Laterne im Raum brennen wollte, und die beiden Steuerleute, die zur Revision ab und zu im Raum über die Ladung gingen, völlig betäubt wieder an Deck kamen.

Diese Ausdünstung konnte den Proviant um so eher erreichen, als derselbe in einem durch ein hölzernes Schott abgeschotteten Raum im Zwischendeck hinter der Ladung untergebracht, und die Fleisch- und Speckfässer sogar vorn unmittelbar an die Ladung anschließend aufgestellt waren.

Diese Unterbringung des Proviants war im gegenwärtigen Falle die denkbar ungünstigste und ungeeignetste. Steuermann Oertel hatte nun auch den Schiffer Abrams wiederholt auf diesen Umstand aufmerksam gemacht, doch blieb der Proviant dort stehen, wo er ursprünglich untergebracht war. Nach Schiffer Abrams Tode gab Steuermann Oertel dem zweiten Steuermann Lehmann sofort die Ordre, die angebrochenen Proviantfässer in der Vorkajüte aufzustellen. Lehmann befolgte diese Ordre leider nicht, und in Folge der auf Steuermann Oertel lastenden neuen Verpflichtungen übersah dieser es, auf die Ausführung jener Ordre zu dringen. Da Steuermann Oertel nun die Führung des Schiffes erst kurz vor der Ankunft des „Copernicus" in Falmouth übernahm, ist die Unterlassung der besseren Unterbringung des Proviants nach jenem Zeitpunkt auf jene an Bord herrschenden Zustände von keinem weiteren wesentlichen Einfluß mehr gewesen.

Nach Ankunft des Schiffes in Hamburg hat die Rhederei aus jenen Vorgängen an Bord sofort Veranlassung genommen, den Proviantraum an Deck zu verlegen, sodaß sich in Zukunft an Bord dieses Schiffes in dieser Richtung keine Unzuträglichkeiten wieder ergeben dürften.

40. Spruch des Seeamts zu Hamburg vom 30. December 1898, betreffend den Zusammenstoß des Schraubendampfers „Bulgaria" von Hamburg mit der englischen Bark „Haytor" auf der Unterelbe.

Der Spruch des Seeamts lautet:

Der Zusammenstoß des Schraubendampfers „Bulgaria" mit der zwischen dem zweiten und dritten Feuerschiffe vor Anker liegenden englischen Bark „Haytor" ist dadurch entstanden, daß die Ankerlichter der „Haytor" in Folge unrichtiger Stellung der Lampen zu den Linsen der Laternen in der Horizontalebene nur äußerst wenig Licht zeigten, also nicht die vorschriftsmäßige Sichtweite hatten.

Die Lichter wurden daher erst bemerkt, nachdem man von der „Bulgaria" die Umrisse des Schiffes voraus etwas an Steuerbord gesehen hatte und ein rechtzeitiges Ausweichen nicht mehr möglich war.

Die „Bulgaria" trifft kein Verschulden an dem Zusammenstoße.

Thatbestand und Gründe. Am 17. December 1898 Morgens gegen halb 2 Uhr traf der von New-York kommende, der Hamburg-Amerikanischen Packetfahrt-Actien-Gesellschaft zu Hamburg gehörige, 18556,1 cbm = 6550,31 britische Register-Tons Netto-Raumgehalt messende stählerne Schraubendampfer „Bulgaria", Unterscheidungs-Signal RKVM, unter Führung des Schiffers Gustav Julius Friedrich Johann Schmidt auf der Elbe ein und steuerte mit der Fluth nach Anweisung des aus dem Lootsenschooner No. 2 an Bord genommenen Elblootsen Meyer II das Revier aufwärts. Gegen 2 Uhr 15 Minuten wurde das 2. Elbfeuerschiff mit OSO½OCurs südlich passirt und stieß der Dampfer etwa 10 Minuten später mit der auf dem Revier vor Anker liegenden nach Santa Rosalia bestimmten 1860 Register-Tons großen britischen Bark „Haytor" aus Dundee zusammen, beschädigte dieses Schiff erheblich am Vorderschiff und erlitt selbst schwere Beschädigung über Wasser am Hinterschiffe, deren Reparatur auf zusammen 42740 M. taxirt wurde.

Der Schaden der „Haytor" betrug 16500 M.

Die Beweiserhebungen haben ergeben, daß man ungeachtet aller Aufmerksamkeit an Bord des Dampfers den Segler erst unmittelbar vor dem Zusammenstoße wahrnahm.

Der Lootse Meyer stand in der Mitte der oberen Brücke, die 36 Fuß über dem Wasser liegt, und hatte von dort aus eine gute Uebersicht über das Schiff. Er hielt mit dem Nachtglase wiederholt Umschau. Schiffer Schmidt stand an Steuerbordseite neben ihm. Der zweite Steuermann Schärges hatte seinen Standpunkt am Telegraphen der Steuerbordmaschine auf Steuerbordseite der Brücke. Im Krähennest, welches ungefähr 1½ bis 2 Meter höher als die Brücke ist und sich an dem 150 Fuß vor der Brücke befindlichen Fockmast angebracht befindet, war Matrose Kirk um 2 Uhr auf Ausguck gekommen.

Alle diese Zeugen haben vor dem Zusammenstoße kein Licht auf dem ankernden Schiffe bemerkt. Der **Abstand**, in welchem das voraus befindliche Schiff von den auf der Brücke sich aufhaltenden Personen wahrgenommen wurde, wird von den beiden Schiffsführern auf ungefähr eine Schiffslänge der „Bulgaria" (152,82 Meter), die **Zeit** vor dem Insichtkommen bis zum Zusammenstoß auf höchstens ½ Minute angegeben. Steuermann Schärges erklärt, Zeitangaben nicht machen zu können, und Lootse Meyer giebt nur an, daß die Schiffe bereits dicht an einander herangekommen seien.

Unter Berücksichtigung des Umstandes, daß die „Bulgaria" mit einer Geschwindigkeit von 13 Seemeilen in der Stunde mit der Fluth auflief, erscheinen die Angaben über Entfernung und Zeit annähernd mit einander übereinzustimmen.

Eine **Meldung** ist aus dem Krähennest nicht erfolgt, da Matrose Kirk vor dem Zusammenstoße kein Licht wahrgenommen hat. Erst als die „Bulgaria" den Segler getroffen und vor ihm vorüber schoß, erblickte er eine nicht gut brennende Lampe.

Der zweite Steuermann nahm zuerst die dunkeln Umrisse und die Masten des Seglers über Steuerbord wahr und meldete diese Wahrnehmung. Lootse Meyer sah nach dem Ausrufe des Steuermanns ebenfalls nur den dunkeln Körper des Schiffes an Steuerbord voraus, aber kein Licht, commandirte dann links Ruder d. h. Steuerbord und als er die 3 Masten des Schiffes wahrnahm, hart links. Schiffer Schmidt machte dieselben Wahrnehmungen wie der Lootse, sah ebenfalls kein Licht, stoppte sofort die Backbordmaschine, um das Links-Ruder des Lootsen zu unterstützen. Rudersmann Dahl, der zwar von dem Ruderhaus aus keinen völlig freien Blick hatte, sah, als er das Ruder schon hart links gelegt hatte, voraus deutlich die Takelage des Schiffes, aber gleichfalls kein Licht. Auf der Back befanden sich die beiden Zimmerleute Turban und Federmann bei dem Klarmachen des Ankers. Letzterer rief dem Turban zu, es sei ein Schiff voraus, worauf dieser erwiederte: „Laß das Schiff nur sein und komm', daß wir den Anker klar bekommen." Federmann, der aber bemerkte, daß die „Bulgaria", wenn sie in jener Richtung weiter fahren würde, das andere Schiff beim Fostmast treffen müsse, rief nach der Brücke hin: „Schiff voraus." Doch drehte die „Bulgaria" in diesem Augenblick bereits nach Backbord ab. Als die „Bulgaria" ungefähr quer vor dem ankernden Schiffe war, sahen beide Zimmerleute, daß das Schiff ein Licht zeigte. Nach Zimmermann Turban brannte jenes Licht schlecht, hatte nur einen schwachen Schein, schien auch nicht sehr hoch zu hängen. Durch den Ruf des Zimmermanns war der mit Deckwaschen beschäftigte Leichtmatrose Weber auf jenes Schiff aufmerksam geworden und sah dasselbe, als es bei dem Fockmast der „Bulgaria" war. Auch dieser konnte keine Lampe auf dem Segler wahrnehmen, obwohl er speciell nach einer solchen aussah, denn er wunderte sich, daß ein Schiff ohne Licht in der Elbe vor Anker liege. Matrose Schulz, der auf dem Hinterdeck mit dem Aufhängen der Zolllampen beschäftigt war, wurde erst durch die Collision auf den Segler aufmerksam, sah aber keine Lampen auf demselben, dagegen sah der auf dem Promenadendeck nach der Collision nach hinten eilende Bootsmann Gandig zwei Lichter auf jenem Schiffe, von denen besonders das vordere Licht ganz schwelig erschien.

Die Luft war trotz der Dunkelheit sehr feuersichtig. Beim Passiren des ersten Feuerschiffs sah man bereits die Lichter des zweiten Feuerschiffs und der Lootsengaliote, die auf der innern Station zwischen dem zweiten und dritten Feuerschiffe sich befindet und ungefähr 7 Seemeilen entfernt war. Es wehte eine frische Briese aus WNW. Nach den Angaben des Rudersmanns Dahl wurde nicht nach dem Compaß gesteuert, sondern nach den voraus befindlichen Feuern der Leuchtschiffe. Nach dem Passiren des zweiten Feuerschiffs hielt man das dritte Feuerschiff etwas an Backbord voraus. Die Lootsengaliote lag etwas nördlich einer gedachten Linie zwischen dem zweiten und dritten Feuerschiffe.

Die Angaben, wie viel die „Bulgaria" in Folge des links und hart links Ruders abgedreht ist, stimmen nicht ganz mit einander überein. Rudersmann Dahl hat bei dem Ueberlegen des Ruders nicht nach dem Compaß gesehen, sondern hat lediglich die Commandos des Lootsen befolgt und kurz nach dem hart links Ruder das Commando „stützt" ausgeführt. Lootse Meyer glaubte, als er dieses Commando gab, mit dem Hinterschiff bereits von dem Segler frei zu sein, doch wurde dieses, noch in der Drehung begriffen, durch die Fluth gegen das Vorderschiff der Bark getrieben. Lootse Meyer giebt dabei das Abdrehen des Schiffes auf 4 bis 5 Strich an, Schiffer Schmidt dagegen auf höchstens 1 ½ bis 2 Strich. Die Verschiedenheit dieser Angaben ist dadurch erklärlich, daß man unmittelbar nachdem die „Bulgaria" nach dem Zusammenstoße von dem ankernden Schiffe wieder frei war und in Folge des hart Steuerbord (links) Ruderlegens nach der nördlichen Seite des Fahrwassers hinübergerieth, beinahe abermals und zwar diesmal mit einem elbabwärts kommenden Dampfer in Collision gerieth und die Aufmerksamkeit der Schiffsführer unmittelbar nach der Collision ganz auf jenen anderen Dampfer gelenkt wurde, von dem man durch Rückwärtsarbeiten mit beiden Maschinen noch eben glücklich frei kam.

Die Lage der Bark wird von den Zeugen der „Bulgaria" auf NNW, also nicht stromrecht, sondern mehr in der Richtung des Windes liegend, angegeben. Man sah deshalb alle 3 Masten. Uebereinstimmend geben die drei auf der Commandobrücke gewesenen Führer der „Bulgaria" an, daß die ganze Länge des Schiffes nach Steuerbord hin gelegen hätte. Man würde daher unter Backbordruder unfehlbar in das Schiff mittschiffs hineingerathen sein, während mit Steuerbordruder allein die Aussicht bestanden hätte, noch vorüber zu kommen.

In der Maschine hat man den Zusammenstoß nicht gemerkt. Die Aufzeichnungen über die Manöver ergeben, daß die Backbordmaschine eine Minute vor der Steuerbordmaschine gestoppt worden ist.

Die Bark „Haytor" hatte Hamburg am 9. December unter Führung des Schiffers John Chalmas Dallachie verlassen, war im Schlepptau des Dampfers „Atlas" elbabwärts gegangen, hatte bei Cuxhaven den Revierlootsen abgesetzt und ließ sich dann trotz stürmischen Wetters nach See schleppen. Man kam bis über die Lootsengaliote hinaus, mußte dann in Folge Brechens der Schlepptrosse dem Schlepper wieder die Elbe hinauf folgen und ging nach dessen Anweisung auf 10 Faden Wasser zwischen dem zweiten und dritten Feuerschiffe zu Anker in der Peilung drittes Feuerschiff S½O, zweites Feuerschiff NWzW. Hier blieb die Bark stürmischen Wetters wegen bis zum 17. December liegen. Nach dem Journal und der Verklarung der „Haytor" wehte in der Nacht vom 16. zum 17. December eine frische nordwestliche Briese bei zeitweiligem dunstigen, im Uebrigen aber klaren Wetter. Die Verklarung giebt speciell an, daß das Wetter zur Zeit der Collision ganz klar war. Um 4 Uhr Nachmittags am 16. December waren die beiden Ankerlampen gesetzt worden.

Nach der Darstellung, die der Steuermann Mac Ewan in Gegenwart des Schiffers Dallachie bei der seeamtlichen Besichtigung an Bord der „Haytor" gab, hing die vordere Ankerlampe an dem vordersten Hoof-Tau der Steuerbord-Fockwanten 8 Meter hoch über dem Deck. Die hintere Lampe hing an der Dirk des Besahnbaums 4½ Meter über dem Hochdeck, welches Deck sich wiederum 2 Meter über dem Großdeck erhebt. Vierstündlich wurden die Lampen revidirt. Leichtmatrose Kelly hatte die Lampen in Ordnung zu halten. Er füllte am Abend des 16. December die Behälter mit Oel, den einen mit Colza-Oel, den anderen mit Parafin-Oel und trimmte die Lampen durch Reinigen des Dochtes. Um 2 Uhr Nachts wurde die vordere Lampe herunter geholt und nach Matrose Nyross kein Oel weiter aufgefüllt, sondern von ihm nur der Docht höher geschroben, weil die Lampe vorher nicht genügend zu leuchten schien. Nach dem Journal und nach Kelly's Angaben war während des Trimmens eine Reservelampe aufgebracht. Nach Matrose Nyross war dies nicht der Fall. Das Trimmen wurde eine halbe Stunde vor der Collision vorgenommen und hing die Ankerlampe zur Zeit der Annäherung des Dampfers bereits längere Zeit wieder an ihrem Platze. Um 2 Uhr Nachts übernahm der erste Steuermann Mac Ewan die Ankerwache mit dem Matrosen Reine, der seinen Posten auf der Back hatte. Matrose Nyross war auf dem Vorderdeck und Matrose Liska auf dem Hinterdeck. Mac Ewan hielt sich meistens auf dem Hochdeck auf. Es war Fluth und die „Haytor" lag mit dem Kopfe nach NNW. Nachdem vorher angeblich mehrere Dampfer die Bark passirt hatten, erblickte Mac Ewan die Toplichter und das grüne Seitenlicht eines herankommenden großen Dampfers, welcher gerade auf die „Haytor" zukam. Zeitweilig kam auch dessen rothes Licht in Sicht, doch war die längste Zeit das grüne Licht zu sehen. Als der Dampfer beim Näherkommen keine Anstalten traf, von dem Segler freizusteuern, rief Mac Ewan dem Ausguck auf der Back zu, er möge die Glocke läuten. Dies geschah und befand sich damals der Dampfer noch eine gute Strecke entfernt. Bald nachher schien der Dampfer das Ruder Steuerbord zu legen und vor dem Bug der „Haytor" vorüber zu steuern. Mac Ewan eilte nun nach vorn und glaubte, als er bei dem Vordertheile des Mannschaftslogis war, daß der Dampfer von der „Haytor" noch freikommen würde. Aber gleich darauf gerieth dieser mit dem Schiffe zusammen, riß den Steuerbordanker von dem Krahnbalken und traf mit seinem Heck den Steven der Bark. Mac Ewan war inzwischen an die Dampfwinsch gesprungen, hatte diese schnell offen geschroben und liefen jetzt beide Ketten aus. Der Dampfer war sofort wieder von der „Haytor" frei und ging kurz danach nördlich im Fahrwasser zu Anker. Die „Haytor" hatte Beschädigung am Bugspriet erhalten und die drei vordersten Stagsegel verloren, verschiedene Bugplatten gebrochen, die Gallionsfigur verloren, den Steuerbordkrahnbalken theilweise abgebrochen, Geländerstützen verbogen. Der ganze Schaden befand sich indeß oberhalb der Wasserlinie.

Vom Schiffer Dallachie wurde darauf hingewiesen, daß er seit 8 Tagen an jener Stelle geankert habe, seine Lampen stets in derselben Weise hell gebrannt hätten und von passirenden Schiffen gesehen worden wären und daß außerdem das Kajütslicht und das Compaßlicht während jener Nacht einen hellen Schein gehabt hätten und das Schiff bei genügender Aufmerksamkeit auch hätte gesehen werden müssen.

In Cuxhaven war bekannt geworden, daß eine Reihe von Lootsen, welche Schiffe in die Elbe eingebracht hatten, über das schlechte Brennen der Ankerlampen jener zwischen dem zweiten und dritten Elbfeuerschiffe liegenden Bark Klagen geführt hatten und wurde dies dem Seeamt durch die Cuxhavener Lootsenbehörde bestätigt. Außerdem war dem Führer des Lootsendampfers „Simon von Utrecht", der in der Unterelbe kreuzte, das schlechte Brennen der Ankerlichter jener Bark mehrfach aufgefallen und hatte er dieselbe Wahrnehmung zwischen 7 und 8 Uhr am Abend vor der Collision gemacht und gefunden, daß besonders das vordere Ankerlicht nicht gut zu sehen sei.

Es stellte sich ferner heraus, daß bereits am 14. December Morgens der Fischerever „H. F. 158" mit der „Haytor" auf jenem Ankerplatze zusammengestoßen war, der ihre Ankerlichter gleichfalls nicht wahrgenommen hatte. Damals lag die „Haytor" über Ebbe und kreuzten eine Reihe Fischerever nach See hinaus. Der Ever „H. F. 158" folgte den Evern „H. F. 162" und „H. F. 121". Diese drei, wie auch eine Reihe anderer dort passirender Ever, hatten die Umrisse des Schiffes in der Dunkelheit eher bemerkt, als das Ankerlicht, welches jene Bark zeigte. Es gelang den meisten Evern noch eben freizusteuern, während der Ever „H. F. 158" die Umrisse des Schiffes erst zu spät bemerkte, auf die Ankerkette des Schiffes gerieth und dadurch der „Haytor" vor den Bug trieb. Als der Ever später beschädigt wieder frei kam und wieder auffegelnd längsseit des Schiffes passirte, bemerkte die Besatzung deutlich, daß der Schein des vorderen Ankerlichts jenes Seglers ihren Blicken eher entschwand, als die dunkeln Umrisse des Schiffes.

Auch in der Collisionsnacht wäre der unter Führung des Staatslootsen Strohsahl etwa 10 Minuten vor der „Bulgaria" elbaufwärts fahrende britische Dampfer „Wallsend" beinahe bereits in die „Haytor" hineingelaufen, da man deren Ankerlampe ebenfalls nicht sah und das voraus befindliche Schiff nur im letzten Augenblick an dem dunkeln Rumpf und der Takelage erkannte. Als man dann dicht längsseit der „Haytor" passirte, nahm man eine schlecht brennende Ankerlampe wahr.

Das Seeamt hat, als die „Haytor" zur Reparatur nach Hamburg zurückkehrte, eine Prüfung der beiden Ankerlaternen durch die Kaiserliche Seewarte veranlaßt. Diese hat nach den zu den Acten gelangten Attesten ergeben, daß die Lichter in den Ankerlaternen der „Haytor" nicht in dem Mittelpunkte der Linsen stehen und zwar steht das Licht in der vorn geführten Ankerlaterne zu niedrig, während es in der hinteren Laterne zu hoch steht. Dadurch sind beide Lichter in der Horizontalebene nicht zu sehen und erscheinen aus anderen Richtungen so schwach, daß sie nicht die vorgeschriebene Sichtweite von mindestens einer Seemeile besitzen, wie dies im Artikel 11 der internationalen Verordnung zur Verhütung des Zusammenstoßens der Schiffe auf See vorgeschrieben ist. Die Laternen haben überdies Flachbrenner, die sich nicht besonders für Ankerlaternen eignen, da sie einmal kein gleichmäßiges Licht über den ganzen von ihnen zu bescheinenden Bogen werfen, indem sie von der Kante aus gesehen, schwächer erscheinen, andererseits aber auch, namentlich bei starkem Winde, durch welchen die Laternen hin und her bewegt werden, leicht ein Blaken und infolgedessen ein Qualmen eintritt, welches ein Berußen zur Folge haben kann. Daß jene Lampen, namentlich die vordere Ankerlampe an dem fraglichen Abend berußt gewesen sind, ist freilich nicht erwiesen. Als das Seeamt sie zur Nachprüfung empfing, zeigten sie keine Spur von Ruß und sollen sie auch nach den Aussagen des Matrosen Nyroſs bei dem Wiederauftrimmen nicht berußt gewesen sein. Allerdings heben einige Zeugen der „Bulgaria" hervor, daß die vordere Ankerlampe den Eindruck einer schwelenden Lampe gemacht habe. Allein diese, bei dem schnellen Vorüberfahren des Schiffes gemachte Wahrnehmung ist nicht dazu angethan, die gegentheilige Behauptung der Besatzung der „Haytor" zu entkräften. Es bedarf aber des Nachweises einer Berußung der Lampe auch garnicht, um im vorliegenden Falle das mangelhafte Scheinen der Ankerlichter zu erklären. Die amtliche Untersuchung hat mit solcher Evidenz das Ungenügende jener beiden Laternen ergeben, daß es einer weitern Erörterung hierüber überall nicht bedarf. Ueberdies setzen hier auch die vielen Beobachtungen der bei der Bark vorbei passirten Schiffe, die sich bis dicht vor der Collision an einander reihen, so völlig überzeugend ein, daß über jene Thatsache des ungenügenden Scheinens der Ankerlichter auch nicht der geringste Zweifel noch bestehen bleibt. Wenn aber ein Schiff seine zur Kenntlichmachung seiner Lage erforderlichen Lichter nicht in der gesetzlich vorgeschriebenen Weise zeigt, so hat es sich selbst die Folgen solchen Verfahrens zuzuschreiben.

Sehr treffend äußert sich Thomas Gray in seiner kleinen Schrift »Rules of the road« über derartige Vorkommnisse:

»It is foolish to suppose that a ship can keep out of the
»way of one ahead of her that she cannot see in a dark
»night and therefore I take great care that she shall see
»me, and if I am run down through not showing a light
»I shall be to blame, as it is my bounden duty to show
»it in good time.«

Wenn jene Worte speciell auch über das Nichtzeigen eines Lichtes einem überholenden Schiffe gegenüber geschrieben sind, so finden sie doch auf den gegenwärtigen Fall vollkommen analoge Anwendung. Im vorliegenden Falle ist es daher lediglich die Schuld der „Haytor", daß ihre Lage im Strome nicht genügend kenntlich gemacht war.

Nun hat Schiffer Dallachie freilich behauptet, daß seine Laternen von dem britischen Board of Trade untersucht worden seien, wie dies stets geschehe und daß er nicht anders wüßte, als daß diese Laternen allen gesetzlichen Anforderungen entsprochen hätten. Ein Attest des Board of Trade, wie solches nach jeder Besichtigung der Lampen ertheilt wird, siehe »Instructions as to the Survey of Lights and Fog Signals«, London 1896, Seite 3 §. 4, vermochte Schiffer Dallachie nicht vorzuweisen, da es sich nicht an Bord vorfand und er sowie sein Steuermann Mac Ewan das Schiff auch erst in Hamburg wenige Wochen vor der Abfahrt angetreten hatten. Ein solches Attest konnte überdies nach Sachlage auch garnicht vorgewiesen werden, weil die Lampen vor der Abreise in Hamburg in ihren wesentlichen Theilen einer Erneuerung unterzogen waren, die allerdings nach den Aussagen des Mechanikers Fries, der jene Arbeit ausgeführt hatte, von der früheren Construction der Lampen in keiner Weise abwich und der Board of Trade somit garnicht hatte in die Lage kommen können, jene erneuerten Lampen zu prüfen. Bei solcher Sachlage sah das Seeamt auch von der vom Schiffer Dallachie angebotenen Requisition einer Copie der angeblich in England vorhandenen früheren Board of Trade-Atteste ab, da sie den gewünschten Nachweis überall nicht erbringen konnten. Daß die englischen Behörden in Bezug auf die erwähnte Stellung der Lichter zu den Linsen die gleichen Anforderungen stellen, zeigt insbesondere der englische Wortlaut der angeführten Instructions, Seite 5 sub 2, in welchen es heißt: »that the radius »which describes it should be measured from the centre of the

»flame, so as to insure the latter being horizontally equidistant »from every part of the lens.«

Freilich ist dort direct von Linsen bei Seitenlichtern die Rede, es ist aber selbstverständlich, daß diese Vorschrift ebensowohl für Linsen von Ankerlichtern und Toplichtern Gültigkeit haben muß, wenn solche in Gebrauch sind. Bezüglich der Toplichter ist dies speciell noch ausgesprochen l. c. Artikel 24 i. f. Seite 12.

Jenes erwähnte Erforderniß fehlte eben bei den Lampen der „Haytor" nach der Untersuchung durch die Kaiserliche Seewarte. Danach entsprachen also die Lampen auch den englischen Anforderungen nicht.

Das Seeamt hat sich unter solchen Umständen auch veranlaßt gesehen, jene Laternen, da sie wegen falscher Stellung der Lampen zu den Linsen bei fernerem Gebrauch in dem gegenwärtigen Zustande die Schiffahrt nur gefährden können, dem britischen General-Consulat zu Hamburg zur Verfügung zu stellen, mit dem Ersuchen, jeden weiteren Gebrauch derselben zu verhindern, was auch von dem General-Consulat bereitwilligst zugesagt worden ist.

Es erübrigt noch hervorzuheben, daß die Beweisaufnahme in keiner Weise einen Anhalt dafür ergeben hat, daß man es an Bord der „Bulgaria" an Aufmerksamkeit hat fehlen lassen.

Auch im Uebrigen läßt sich gegen das Ausweichemanöver unter hart links Ruder nicht das Geringste einwenden. Die Angabe, daß man mit hart rechts Ruder die Bark mittschiffs getroffen haben würde, erscheint durchaus richtig zu sein.

Daß andererseits die „Haytor" an jenem Platze zu ankern berechtigt war, ist ebenso zweifellos. Sie hatte aber dafür zu sorgen, daß ihre Lage den vorbei passirenden Schiffen genügend kenntlich gemacht wurde.

41. Spruch des Seeamts zu Tönning vom 6. Januar 1898 und Entscheidung des Kaiserlichen Ober-Seeamts vom 10. Januar 1899, betreffend den Seeunfall der Galiote „Christina" von Breiholz.

Der Spruch des Seeamts lautet:

Die Strandung der Galiote „Christina", welche am 8. April 1896 auf Puttgarden Riff stattfand und erhebliche

Beschädigungen des Fahrzeugs zur Folge hatte, ist durch den Schiffer J. C. Sievers dadurch verschuldet, daß derselbe die auf Land zusetzende Strömung nicht in Rechnung zog und es unterließ, den Schiffsort durch Lothen zu bestimmen.

Dem Schiffer soll die Befugniß zur Ausübung seines Gewerbes nicht entzogen werden.

Gründe. Die gut ausgerüstete und in durchaus seetüchtigem Zustande befindliche Galiote „Christina", Heimathshafen Breiholz, ein im Jahre 1895 aus Holz erbautes und bei der Schiffergilde Hoffnung in Rendsburg für 5400 M. versichertes Fahrzeug, mit dem Unterscheidungs-Signal LHCW und zu einem Netto-Raumgehalt von 80,4 cbm = 28,40 britischen Register-Tons vermessen, verließ am 3. April 1896 mit einer Ladung Mais den Hafen von Hamburg, um nach Colberg zu gehen. Der Tiefgang des Schiffes betrug vorn 6¾ Fuß, achter 7 Fuß. Die Besatzung bestand aus dem Schiffer J. C. Sievers aus Breiholz, welcher ein Befähigungszeugniß für Küstenfahrt besitzt, dem Bestmann D. Speck und dem 17jährigen Schiffsjungen Schrum. Nur die beiden erstgenannten sind als Zeugen vernommen.

Die Reise der „Christina", welche durch den Kaiser Wilhelm-Canal ging, verlief bis zum 8. April ohne besondere Vorkommnisse. An diesem Tage kam Nachts um 11 Uhr 30 Minuten das Feuer von Westermarkelsdorf als ein weißes, festes Feuer in Sicht; dasselbe wurde in SOzS gepeilt. Eine halbe Stunde später ging der Bestmann zur Koje und der Schiffer übernahm die Wache; mit ihm blieb der Schiffsjunge an Deck. Derselbe stand am Ruder. Der Wind war WNW. Die Galiote steuerte unter vollen Segeln den Curs O½N mit etwa 4 Seemeilen Fahrt in der Stunde. Um 12 Uhr ist nach den Aussagen des Schiffers und des Bestmanns schönes Wetter gewesen; es war nur diesig in der Kimme. Das Westermarkelsdorfer Feuer konnte man damals nicht ganz deutlich sehen; es schimmerte nur im SO durch.

Ueber den weiteren Verlauf hat nun der Schiffer nachstehende Angaben gemacht.

Um 1 Uhr Nachts sei der Curs auf OSO gesetzt. Bis dahin sei das Feuer von Westermarkelsdorf in Sicht geblieben. Er habe dasselbe zu dieser Zeit im SzW in der geschätzten Entfernung von 3 Seemeilen gepeilt. Beim Lothen habe er eine Wassertiefe von 18 m gefunden. Bald nach 1 Uhr sei es nebelig geworden und zwar in dem Maße, daß das Feuer von Westermarkelsdorf zuerst hin und wieder und zuletzt ganz aus Sicht gekommen sei. Um die Fahrtgeschwindigkeit zu mindern, habe er dann Besahn- Gaffeltop- und Leesegel sowie den Jager heruntergenommen. Hierzu habe er fast eine Stunde gebraucht, während welcher die „Christina" etwa 3 Seemeilen Fahrt gemacht habe. Jedesmal wenn er ein Segel heruntergeholt gehabt, habe er dreimal ins Nebelhorn geblasen. Gelothet habe er in der Zeit von 1—2 Uhr Nachts nicht. Um 2 Uhr, gerade als er im Begriff gestanden habe, das Loth zu werfen, sei das Schiff auf Puttgarden Riff aufgelaufen. Das Schiff sei vorn aufgestoßen, dann herumgeworfen und in der Richtung von NNO nach SSW sitzen geblieben.

Nach dem Aufstoßen kam der Bestmann sofort an Deck. Derselbe hat ebenso wie der Schiffer ausgesagt, daß man nur ein Paar Schiffslängen habe voraussehen können; ein Leuchtfeuer und Land ist damals nicht gesichtet.

Die „Christina" war in Folge des Auflaufens auf dem Riffe leck geworden. Dieselbe machte etwa 4 Zoll Wasser in der Stunde. Man warf nun zunächst etwa 1500 kg von der Ladung, brachte dann einen Anker aus und versuchte das Schiff abzuhieven. Der Versuch mißlang. Erst am 9. April ist die Galiote durch den Dampfer „Hollmann" flott gemacht und nach Kiel geschleppt.

In der zur Verlesung gebrachten Verklarung, welche am 10. April 1896 vor dem Königlichen Amtsgericht Kiel belegt ist, hat der Schiffer als Ursache des Unfalls lediglich Stromversetzung angegeben. Davon, daß es in der fraglichen Nacht wegen des herrschenden Nebels feuerunsichtig gewesen sei und daß er infolgedessen Signale mit dem Nebelhorn habe geben müssen, hat der Schiffer vor dem Amtsgericht nichts verlauten lassen. Im Gegentheil findet sich in der Verklarung nur die Angabe: „Wind WNW; schönes Wetter; diesige Luft in der Kimme." In Uebereinstimmung hiermit hat der als Zeuge vernommene Leuchtfeuerwärter Noetzel von Marienleuchte ausgesagt, daß in der Nacht vom 7. auf den 8. April kein Nebel gewesen, sowie daß in dieser Nacht das Feuer von Westermarkelsdorf fortwährend von Marienleuchte aus gesichtet wäre.

Trotzdem hat das Seeamt nicht als erwiesen angenommen, daß die Angaben, welche der Schiffer und der Bestmann in der Hauptverhandlung über die Witterungsverhältnisse gemacht haben, auf Unwahrheit beruhen. Es ist sehr wohl möglich, daß nur stellenweise und in geringer Ausdehnung eine Nebelschicht auf dem Meere gelegen und daß diese oder eine vor dem Ufer stehende Nebelbank das Land und die Leuchtfeuer den Blicken der Schiffsmannschaft entzogen hat, wie es denn auch nach der Aussage des Zeugen Noetzel vorgekommen ist, daß Marienleuchte den Westermarkelsdorfer Leuchtthurm gesichtet hat, während von letzterem aus das Feuer von Marienleuchte nicht hat gesichtet werden können. Es kommt noch hinzu, daß der Leuchtfeuerwärter Dittschlag von Westermarkelsdorf in seinem Schreiben vom 23. April 1897 sich bezüglich des Wetters am 7./8. April 1896 dahin geäußert hat:

> „Der Nebel war zeitweise so stark, daß man bei Tage Regenschirme benutzen mußte und so ist's Nachts auch zeitweise gewesen."

Wenn nun am 8. April von 1 Uhr Nachts an die Sachlage in der That so war, wie der Schiffer sie geschildert hat, so hatte er ganz besondere Veranlassung, vorsichtig zu sein. Sievers hat freilich auch die Fahrtgeschwindigkeit gemindert und mit dem Nebelhorn Signale gegeben. Er hat aber den Abstand von dem Westermarkelsdorfer Feuer um 11 Uhr 30 Minuten und um 1 Uhr Nachts nur gegißt und sich darauf verlassen, daß er bei der geschätzten Entfernung mit dem Curse OSO auf Gjedser zusteuere, also in sicherer Entfernung vom Lande bleiben werde, anstatt den Abstand von Westermarkelsdorf durch die Aussegelung und Doppelpeilung festzustellen. Der Schiffer hat ferner die ihm bekannte Thatsache außer Acht gelassen, daß in die Bucht an der Nordseite von Fehmarn ein starker Strom insbesondere von SO hineinfällt, welcher die „Christina" von ihrem Curse nach Land zu versetzen mußte, und er hat vor allen Dingen verabsäumt, den Curs durch fleißiges Lothen zu controliren. Er hat in der Zeit, in welcher er doch Grund zu haben glaubte, das Nebelhorn fortgesetzt zu blasen, nicht ein einziges Mal gelothet. Hätte er das Loth gebraucht, so würde er hochwahrscheinlich rechtzeitig erkannt haben, daß er sich dem Lande in gefährlicher Weise nähere und in der Lage gewesen sein, die Strandung abzuwenden.

Das Verhalten des Schiffers erscheint aber in noch bedenklicherem Lichte, wenn nach der Aussage des Zeugen Noetzel angenommen werden muß, daß derselbe unter Deck gegangen ist, angeblich um den Curs abzusetzen, daß er sich daselbst 15—20 Minuten aufgehalten hat und erst wieder an Deck gekommen ist, als das Schiff auf dem Riff aufgelaufen war. Noetzel hat bekundet, daß der Schiffer ihm diese Angaben gemacht habe, als er am Morgen des 8. April an Bord der „Christina" gekommen sei; Sievers habe noch hinzugefügt, daß der am Ruder befindliche Mann nicht so gesteuert habe, wie ihm aufgegeben worden sei.

Sievers, welcher in der Hauptverhandlung am 6. Januar 1898 auf directes Befragen in bestimmter Weise erklärt hatte, er sei von 1—2 Uhr Nachts stets an Deck geblieben, hat später auf Vorhalt zugegeben, es sei ja möglich, daß er mal hinuntergesprungen sei, um den Curs nachzusehen; er will sich aber dieses Umstandes ebensowenig wie seiner von dem Zeugen Noetzel referirten Aeußerungen entsinnen können. Sievers hat dabei behauptet, daß er sich mehrfach durch Vergleichung mit dem Compaß davon überzeugt habe, daß der Schiffsjunge den angegebenen Curs richtig steuere.

Der Reichscommissar hat beantragt, dem Schiffer die Befugniß zur Ausübung seines Gewerbes zu entziehen.

Schiffer Sievers ist bisher nicht in seeamtlicher Untersuchung gewesen. Sein Verhalten hier ist allerdings, wie oben angeführt, ein tadelnswerthes gewesen. Das Seeamt hat aber, in der Hoffnung, daß der Schiffer sich den vorliegenden Fall für die Zukunft als Warnung werde dienen lassen, beschlossen, demselben das Patent zu belassen.

Die Entscheidung des Ober-Seeamts lautet:

Auf die Beschwerde des Reichscommissars gegen den Spruch des Königlich preußischen Seeamts zu Tönning vom 6. Januar 1898 über den Seeunfall der Galiote „Christina" von Breiholz hat das Kaiserliche Ober-Seeamt in seiner zu Berlin am 10. Januar 1899 abgehaltenen öffentlichen Sitzung nach mündlicher Verhandlung der Sache entschieden,

daß der Spruch des Königlich preußischen Seeamts zu Tönning vom 6. Januar 1898 zu bestätigen und die baaren Auslagen des Verfahrens außer Ansatz zu lassen.

Gründe. In Uebereinstimmung mit dem seeamtlichen Spruche nimmt auch das Ober-Seeamt an, daß die Strandung durch Stromversetzung verursacht ist. Den Schiffer trifft der Vorwurf, daß er versäumt hat, sich durch Lothen und unausgesetztes Beobachten des bis etwa eine Stunde vor Eintritt des Unfalls in Sicht befindlichen Feuers von Westermarkelsdorf Gewißheit über seinen Schiffsort und den Weg seines Schiffes über den Grund zu verschaffen. Daß die Stromversetzung im Laufe der letzten Stunde vor dem Unfalle nicht richtig erkannt wurde, ist auf den Nebel und das unsichtige Wetter zurückzuführen. Wenn Schiffer Sievers in der Verklarung versäumt hat, das Vorhandensein von Nebel besonders anzuführen, so kann dies als ein Beweis dafür, daß zu der in Frage kommenden Zeit bei Fehmarn kein Nebel vorhanden gewesen sei, nicht angesehen werden.

Wie aus dem von der Direction der Seewarte eingereichten Wetterbericht hervorgeht, hat zur Unfallzeit im südwestlichen Theile der Ostsee unsichtiges Wetter mit Nebel geherrscht, und die Aufzeichnungen auf der Station Westermarkelsdorf, aus denen auf Nebelbildung zu schließen ist, bestätigen dies. Den gegentheiligen Angaben des Leuchtfeuerwärters Noetzel von der Marienleuchte stehen die gleichwerthigen Angaben des Leuchtfeuerwärters Dittschlag in Westermarkelsdorf gegenüber. Auch kann es sich sehr wohl ereignen, daß von zwei verschiedenen, aber nahe bei einander liegenden Punkten aus — wie der Thurm der Marienleuchte und die Strandungsstelle auf Puttgarden Riff es sind — das Feuer von Westermarkelsdorf von einem Punkte aus zu sehen ist, während es vom anderen Punkte aus durch eine Nebelbank verdeckt wird.

Zu Gunsten des Schiffers muß daher im vorliegenden Falle die Möglichkeit anerkannt werden, daß in verschiedenen Tiefenlagen zwischen beiden Feuern Nebelschichten vorhanden gewesen sind, welche das Erblicken der Feuer beeinträchtigt haben mögen. Gleich dem Seeamt vermag das Ober-Seeamt daher die Angaben des Schiffers und Bestmanns bezüglich des Nebels für unwahr nicht zu erachten. Ebensowenig kann entscheidendes Gewicht dem Umstande beigelegt werden, daß nach der Aussage des Leuchtfeuerwärters Noetzel Schiffer Sievers ihm als Grund für die Strandung angegeben hat, der Junge habe einen anderen als den befohlenen Curs gesteuert. Eine solche Aeußerung, welche nur gesprächsweise gegenüber einer zur Hülfeleistung erschienenen, aber zu einer amtlichen Aufklärung des Sachverhalts nicht berufenen Person in der ersten Aufregung nach dem Unfalle gethan ist, kann leicht mißverstanden sein. Gegenüber der mit jener Aeußerung nicht vereinbaren Darstellung des Hergangs, welche Schiffer Sievers vor dem Seeamt gegeben und vor dem Ober-Seeamt bestätigt hat, konnte die Ueberzeugung von der Richtigkeit der nach Noetzels Auffassung seitens des Schiffers ursprünglich angegebenen Ursache des Unfalls nicht gewonnen werden.

Muß daher dieser Theil der seitens des Reichscommissars gegen das Verhalten des Schiffers erhobenen Ausstellungen als unerwiesen angesehen werden, so erscheint das Versehen des Schiffers Sievers nach der auch vom Reichscommissar vertretenen Anschauung in milderem Lichte. Denn dieser hat, ohne zu verkennen, daß ein unmittelbarer ursächlicher Zusammenhang zwischen dem von ihm dem Schiffer Sievers zum Vorwurf gemachten Mangel an Wahrheitsliebe und an Zuverlässigkeit und dem Unfalle nicht besteht, den Antrag auf Patententziehung nur unter dem an und für sich zutreffenden Gesichtspunkte gestellt, daß bei der Beurtheilung des Gesammtfalls und der Persönlichkeit des Schiffers es als ein schwerwiegender Umstand mit in Betracht zu ziehen wäre, wenn Wahrheitsliebe und Zuverlässigkeit, beides für das Schiffergewerbe unerläßliche Eigenschaften, dem Schiffer abgesprochen werden müßten.

Obwohl der vom Seeamt ausgesprochene Tadel wegen unvorsichtiger Navigirung und unterlassenen Lothens zu einer Zeit, in welcher die Verhältnisse den ausgiebigsten Gebrauch des Lothes erforderten, gegen den Schiffer aufrecht erhalten werden muß, scheint hiernach auch dem Ober-Seeamt eine hinreichende zwingende Veranlassung zur Entziehung der Befugniß zur Ausübung des Schiffergewerbes nicht vorzuliegen.

Es war daher der seeamtliche Spruch lediglich zu bestätigen, wobei die Erwartung ausgesprochen wird, daß Schiffer Sievers sich aus diesem Unfalle die Lehre ziehen wird, in Zukunft die größte Vorsicht bei seiner Navigirung zu beobachten, insonderheit von dem Lothe vorkommenden Falles verständigen und ausgiebigen Gebrauch zu machen.

Die baaren Auslagen des Beschwerdeverfahrens bleiben außer Ansatz, weil die Beschwerde vom Reichscommissar eingelegt ist.

42. Spruch des Seeamts zu Flensburg vom 11. December 1897 und Entscheidung des Kaiserlichen Ober-Seeamts vom 11. Januar 1899, betreffend den Seeunfall der Galiote „Arnold" von Rhaudermoor.

Der Spruch des Seeamts lautet:

Die Strandung der Galiote „Arnold" am 15. November 1896 ist von dem Schiffer Hagedorn dadurch verschuldet, daß er es unterlassen hat, seinen Schiffsort durch Peilungen und Lothungen zu berichtigen.

Dem Schiffer Hagedorn wird die Befugniß zur Ausübung des Schiffergewerbes nicht entzogen.

Gründe. Die in Rhaudermoor beheimathete Galiote „Arnold", Unterscheidungs-Signal KGJV, vermessen zu einem Netto-Raumgehalt von 69,54 britischen Register-Tons, befand sich auf der Reise von Matrik — Distrikt Carlshamn — in Schweden mit einer Ladung Kopfsteine nach Altona. Führer war der Schiffer Ulpt Hagedorn aus Rhaudermoor. Außer ihm waren noch ein Bestmann, ein Leichtmatrose und ein Schiffsjunge als Besatzung an Bord.

Hagedorn besitzt ein Zeugniß über die Befähigung zum Schiffer auf kleiner Fahrt.

Am 15. November 1896 früh Morgens war man in Fehmarn-Belt angekommen. Es wehte ein ziemlich starker Wind aus OSO, die See ging hoch, die Luft war diesig aber feuersichtig.

Um 3 Uhr Morgens war das Feuer der Marienleuchte in Sicht gekommen. In welcher Peilung, hat nicht festgestellt werden können, da der Schiffer sich hierüber selbst nicht klar war. Um 4 Uhr Morgens wurde das Feuer in West in einer geschätzten Entfernung von 6 Seemeilen gepeilt. Von da wurde der Curs WNW gesteuert, bis das Feuer von Westermarkelsdorf in einer geschätzten Entfernung von 8 Seemeilen in Sicht kam. Dann wurde der Curs auf NW verändert. Auf diesem Curse stieß das Schiff 20—25 Minuten nach 5 Uhr auf den Grund und blieb festsitzen.

Versuche, durch Ausbringen eines Warpankers und geeignete Segelmanöver abzukommen, blieben erfolglos. Das Schiff mit der gesammten Ladung ist in den folgenden Tagen total verloren gegangen. Die Mannschaft wurde im Boote nach Puttgarden auf Fehmarn geborgen. Auch gelang es mit Hülfe Puttgardener Fischer, einen Theil des Schiffsinventars an Land zu bringen.

Gestrandet ist das Schiff auf dem Puttgarden Riff etwa 2—3 Kabellängen südlich von der Heultonne, an einer Stelle, wo die Seekarten 1—3 Meter Wasser nachweisen.

Auf dem letzten Curse ist weder gelothet noch geloggt worden. Eine Kreuzpeilung der beiden Feuer — Marienleuchte und Westermarkelsdorf — ist nicht genommen.

Als das Feuer von Westermarkelsdorf zuerst in Sicht kam, konnte der Schiffer nicht ausmachen, ob es blinkte oder fest sei. In der Weiterfahrt schien es dem Schiffer indeß fest zu sein und weil er darauf vertraute, daß er im Sector des festen Feuers vom Riffe freigehen müsse, fuhr er in dem Curse weiter, bis er strandete. Erst dann schien es ihm, daß das Feuer blinke.

Die Angabe des Schiffers, daß das Westermarkelsdorfer Feuer an der Strandungsstelle sich als ein festes Feuer gezeigt habe, wurde in der seeamtlichen Verhandlung am 9. Januar 1897 von dem Fischer Joachim Andrews in Puttgarden bestätigt. Dieser bekundete, er sei am 4. Januar Abends in einem Boote nach dem Wrack und noch weiter hinaus an die Stelle gefahren, wo der „Arnold" zuerst festkam, das Feuer von Westermarkelsdorf sei ihm von beiden Stellen aus als ein festes erschienen.

Durch eine in Anlaß dieser Angaben am 9. April vorgenommene seeamtliche Besichtigung an Ort und Stelle wurde Folgendes ermittelt.

Das Feuer von Westermarkelsdorf ist in der Peilung W½N auf der Scheide zwischen fest und blinkend. Der Uebergang vom festen zum blinkenden Feuer ist ein scharfer. Sobald man südlich von dieser Peilungslinie kommt, blinkt es. Auf einer Fahrt von einem Orte östlich der Heultonne in der Richtung nach dem Wrack des „Arnold", wobei man den Mast des Wracks in Linie mit dem Feuer hielt, war dieses unausgesetzt ein Blinkfeuer.

Der Reichscommissar hat beantragt, daß dem Schiffer Hagedorn die Befugniß zur Ausübung des Schiffergewerbes entzogen werde.

Die Curse, welche der Schiffer nach der Peilung der Marienleuchte in West gesteuert haben will, führen, in die Karte übertragen, 2¼ Seemeilen nördlich von Puttgarden Riff frei. Es sind dabei 5 Seemeilen auf den von 4—5 Uhr Morgens gesteuerten WNWCurs und 2½ Seemeilen auf den bis 5 Uhr 25 Minuten gesteuerten NWCurs gerechnet. Daß das Schiff so weit südlicher gerieth, um auf dem Riffe stranden zu können, ist in erster Linie auf Stromversetzung zurückzuführen. Bei kräftigem Südostwinde setzt allemal ein harter Strom an die Nordküste Fehmarns; dieser lief auch zur Zeit der Strandung und brachte das Schiff weiter südlich als der Schiffer annahm. Möglich ist, daß hierbei auch die Unrichtigkeit des Bestecks im Spiele ist, daß das Schiff zur Zeit des Sichtens der Marienleuchte dieser näher stand als der Schiffer annahm; denn da der Schiffer sich nicht im Klaren darüber ist, welche Curse er vorher gesteuert hatte, läßt sich die Richtigkeit des von ihm angenommenen Bestecks nicht controliren.

Damit ist die Strandung erklärt aber nicht entschuldigt.

Nach Karte und Feuerbuch ist das Feuer von Westermarkelsdorf im Peilungsbogen über Nord von SO½O bis W½N ein festes, außerhalb dieses Bogens blinkt es. Solange sich die Schiffe im Sector des festen Feuers befinden, gehen sie frei vom Puttgarden-Riff; letzteres liegt für Schiffe, die von Osten kommen, etwa ½ Seemeile südlich von der festen Feuerlinie. Durch die seeamtliche Besichtigung am 9. April d. J. ist es außer Zweifel gestellt, daß das Riff im blinkenden Sector des Feuers liegt und daß, wie Karte und Feuerbuch richtig angeben, das Feuer von Schiffen, die von Osten kommen, nicht nördlicher als W½N gepeilt werden darf, wenn man vom Riffe frei gehen will. Hiernach muß der Schiffer, als er NW steuernd das Feuer als festes ansah, sich geirrt haben. Er ist schon geraume Zeit vor der Strandung im blinkenden Sector gewesen und solchergestalt geradeswegs aufs Riff losgefahren. Daß ein solcher Irrthum möglich ist, beweist die mit der seinigen übereinstimmende Aussage des Fischers Andrews.

Für den Irrthum bleibt nur die Erklärung, daß Beide nicht diejenige Sorgfalt bei Beobachtung des Feuers angewandt haben, welche sie billigerweise hätten anwenden sollen.

Den Schiffer trifft aber außerdem der Vorwurf, daß er es unterlassen hat, seinen Schiffsort durch Lothungen und anderweitige Peilung zu berichtigen. Er wußte, daß er sich in einer sehr gefährlichen Gegend befand und deshalb alle Sorgfalt geboten war. Unter diesen Umständen hätte er sich nicht auf das Westermarkelsdorfer Feuer verlassen dürfen, umsoweniger, weil er beim ersten Sichten des Feuers doch zweifelhaft gewesen war, ob er ein festes oder blinkendes vor sich habe. Er hätte durch Lothungen und durch Kreuzpeilungen beider Feuer — Marienleuchte und Westermarkelsdorf — darüber Klarheit gewinnen müssen, ob er dem Lande zu nahe komme.

Hätte er dieses gethan, so hätte er schon geraume Zeit vor der Strandung gemerkt, daß er dem Lande viel näher sei, als er sein durfte. Zumal da er mit raumem Winde segelte, hätte er dann immer noch Zeit und Raum genug zur Verfügung gehabt, um seinen Curs erheblich nördlicher zu setzen und damit das Riff zu vermeiden.

Der Schiffer hat dadurch, daß er es versäumte, von den ihm für die Berichtigung des Schiffsorts zur Verfügung stehenden Hülfsmitteln Gebrauch zu machen, die Strandung verschuldet.

Gleichwohl hat das Seeamt sich nicht veranlaßt sehen können, dem Antrage des Reichscommissars auf Entziehung der Befugniß zur Ausübung des Schiffergewerbes zu entsprechen.

Es ist hierbei erwogen, daß seither etwas Nachtheiliges gegen den Schiffer nicht zur Sprache gekommen ist und daß der vorliegende

Fall nachlässiger Navigirung nicht zu dem Schlusse berechtigt, die Nachlässigkeit in der Navigirung sei eine ihm anhaftende Eigenschaft.

Die Entscheidung des Ober-Seeamts lautet:

Auf die Beschwerde des Reichscommissars gegen den Spruch des Königlich preußischen Seeamts zu Flensburg vom 11. December 1897 über den Seeunfall der Galiote „Arnold" von Rhaudermoor hat das Kaiserliche Ober-Seeamt in seiner zu Berlin am 11. Januar 1899 abgehaltenen öffentlichen Sitzung nach mündlicher Verhandlung der Sache entschieden,

> daß der Spruch des Königlich preußischen Seeamts zu Flensburg vom 11. December 1897 dahin abzuändern, daß dem Schiffer Hagedorn die Befugniß zur Ausübung des Schiffergewerbes zu entziehen und die baaren Auslagen des Verfahrens außer Ansatz zu lassen.

Gründe. Der Reichscommissar hat es zur Gewinnung eines Urtheils über die vom Schiffer Hagedorn für die Fahrt durch den Fehmarn-Belt gewählte Navigirung für nothwendig erachtet, das Verhalten des Schiffers von dem Zeitpunkt an in Betracht zu ziehen, wo am Abend zuvor etwa um 10 Uhr das Gjedser Feuerschiff gesichtet wurde.

In Uebereinstimmung mit dem Seeamte hat indessen auch das Ober-Seeamt davon abgesehen, in eine nähere Prüfung der Navigirung auf der Galiote „Arnold" bis zu dem Zeitpunkte, in welchem man das Feuer von Marienleuchte in Sicht bekam, einzutreten. Denn, wenn selbst bis dahin ganz fehlsam navigirt worden wäre, so hätte mit dem Insichtkommen dieses Feuers doch jede Gefahr, welche die vorhergehende Navigirung erzeugt haben konnte, aufgehört, da dem Schiffer nunmehr durch das in Sicht befindliche Leuchtfeuer die Mittel zur Ortsbestimmung und zur sicheren Fortsetzung seiner Fahrt zu Gebote standen. In Bezug auf die vom Reichscommissar aufgestellten Grundsätze für die Navigirung durch den Fehmarn-Belt soll hier nur bemerkt werden, daß, wenn er es unter den gegebenen Verhältnissen als das allein richtige bezeichnet hat, an das Gjedser Feuerschiff möglichst nahe heranzufahren und sodann den Curs WNW zu setzen, dies nur allenfalls für Dampfer zutrifft, die im Stande sind, unbehindert durch die Windrichtung etwa eintretenden Stromversetzungen entgegen zu wirken. Dagegen trifft es nicht zu, sofern man das Vorhandensein von Strom in Betracht zu ziehen hat, insbesondere also für so flach gehende Segelschiffe, wie die Galiote „Arnold“. Solche Fahrzeuge müssen in erster Linie darauf bedacht sein, frei von der unbezeichneten und gefahrvollen Südküste Laalands zu bleiben. Unter diesem Gesichtspunkte war der vom Schiffer Hagedorn gewählte Curs nicht unrichtig. Nach der Segelanweisung für die Ostsee Theil I Heft I Seite 94—111 ist der in der Ostsee bei Fehmarn herrschende Strom sehr beträchtlich, er ist aber weder nach seiner Stärke noch nach seiner Richtung zu berechnen. Nach seinen Erfahrungen und nach den zu der in Rede stehenden Zeit herrschenden Wind- und Wetterverhältnissen war Schiffer Hagedorn wohl berechtigt, auf ein Herumgehen des Windes nach Süd zu rechnen. Mit dem gewählten Curse fuhr man mit einer Peilung von Gjedser Feuer in der Kimme in der tiefsten Rinne und war im Stande, etwa sich zeigenden Stromversetzungen bequem entgegen zu wirken. Bei Wahl des vom Reichscommissar angerathenen WNWCurses wäre, sofern der Wind südlich gedreht hätte, die Galiote kaum im Stande gewesen, sich frei von der Südküste Laalands zu halten. Es entspricht aber auch die vom Schiffer gewählte Navigirung dem örtlichen Gebrauch und den Angaben des Segelhandbuchs für die Ostsee, welches als besten Curs durch den Fehmarn-Belt NW—SO anräth. Um diesen Curs verfolgen zu können, mußte Schiffer Hagedorn erst soweit südlich laufen, bis er die Mitte des Fehmarn-Belts frei hatte. Der Abgangspunkt „Gjedser Feuer in der Kimme verschwindend“, war genau genug, um in den Feuerkreis von Marienleuchte zu gelangen, von wo aus durch Peilungen dieses Feuers der weitere Weg des Schiffes gesichert war.

Obwohl hiernach die insoweit dem Schiffer Hagedorn seitens des Reichscommissars gemachten Vorwürfe für gerechtfertigt nicht zu erachten waren, hat dennoch so wie geschehen erkannt werden müssen. Wenn der „Arnold“ mit dem von 12 Uhr ab gesteuerten NWCurse Marienleuchte um 3 Uhr in WSW in Sicht bekam, so muß hieraus gefolgert werden, daß entweder ein nicht unerheblicher, nach der dänischen Küste hinübersetzender Strom vorhanden, oder daß der Compaß fehlerhaft gewesen ist. Letzteres hätte der Schiffer wissen und bei der Bestimmung des zu steuernden Curses berücksichtigen müssen. Dem Reichscommissar ist darin beizupflichten, daß zur Feststellung des Stromes das Loth hätte gebraucht werden sollen, da aus der gefundenen Wassertiefe der Schiffsort ziemlich genau hätte ermittelt werden können.

Wenn weiter der Schiffer Hagedorn von 3 Uhr ab, als man Marienleuchte in WSW in Sicht bekam, zunächst auf dieses Feuer zugesteuert hat, so kann dies als fehlerhaft nicht bezeichnet werden, denn es diente dazu, eine genaue Peilung des Feuers zu erhalten. Auf so kleinen Schiffen wie der „Arnold", auf denen der Steuercompaß auf dem Roof angebracht zu werden pflegt, wird die Peilung am besten und genauesten genommen, wenn man auf den zu peilenden Gegenstand zusteuert. Bei diesem Anlasse mag darauf hingewiesen werden, daß zum Zwecke leichten und genauen Peilens, namentlich nach hinten hinaus, auf derartigen Fahrzeugen die Anbringung einer Compaßrose auf der Heckregeling sehr zu empfehlen ist. Mit ihrer Hülfe kann durch Vergleich mit dem anliegenden Curse jederzeit eine ziemlich genaue Peilung, auch nach achtern, erzielt werden, ohne daß das Schiff mit seinem Bug nach dem Peilobjekt gedreht zu werden braucht, was auf Segelschiffen nicht immer möglich ist.

Dem Reichscommissar ist ferner dahin beizupflichten, daß man mit diesem WzSCurse um 4 Uhr nicht an einen Ort gekommen sein konnte, von dem aus Marienleuchte in einem geschätzten Abstande von 6 Seemeilen im Westen gepeilt wurde. Dieses Feuer konnte um 4 Uhr nur südlicher, unter keinen Umständen aber in West gepeilt werden. Der vom Seeamt auf Grund der Angaben des Schiffers für 4 Uhr angenommene Schiffsort kann daher, zumal da auch die Abstandsbestimmung nur auf Schätzung beruht, als richtig nicht angesehen werden. Wenn die Bestimmung dieses Schiffsorts richtig gewesen wäre, so würde der nun gesteuerte WNWCurs zwischen Untiefentonne und Heultonne des Puttgardener Riffs hindurch, aber noch frei von dem flachen Riffe geführt haben. Sobald man aber dem Lande näher stand, so wuchs mit der Größe des doch stets als möglich in Rechnung zu ziehenden Irrthums in der Abstandsschätzung die Gefahr, auf das flache und gefährliche Riff zu kommen. Es wäre daher die unabweisliche Pflicht des Schiffers gewesen, in dieser Lage das Loth zu gebrauchen. Jedenfalls hätte man, wenn der Schiffsort um 4 Uhr thatsächlich der Annahme entsprochen hätte, mit WNWCurs in den Sector des Blinkfeuers von Westermarkelsdorf gelangen müssen. So lange sich das Schiff in diesem befand, war es aber noch nicht mit Sicherheit frei von Puttgarden Riff. Schiffer Hagedorn hätte daher so lange, als er dieses Feuer nicht bestimmt als festes Feuer ausmachen konnte, seinen Schiffsort wiederholt durch Kreuzpeilungen zwischen Westermarkelsdorf und Marienleuchte bestimmen und das Loth gebrauchen müssen. Dies ist aber verabsäumt worden. Der Schiffer hat nun zwar vor dem Seeamte behauptet und diese Behauptung auch in seinen dem Ober-Seeamt überreichten

Schriftsätzen aufrecht erhalten, daß er das Westermarkelsdorfer Feuer von Anfang an und überhaupt nur als festes Feuer gesehen habe. Dadurch soll bewiesen werden, daß es zu einem sicheren Vermeiden des Puttgarden Riffs des Peilens und Lothens nicht bedurft habe, da man im Sector des festen Feuers frei von allen Untiefen bleibt. Der Schiffer peilte aber dieses Feuer, welches zwischen W½N und NWzW½W als Blinkfeuer erscheint, in WzN. Es kann daher seine Behauptung, er habe das Feuer als festes gesehen, mit dieser Peilung nicht in Einklang gebracht werden; sie wäre nur erklärlich, wenn der Compaß erheblich falsch gezeigt hätte. Jedenfalls aber hätte er, sofern er das Feuer wirklich als fest erkannte, da er die Characteristik dieses Feuers zu kennen behauptet, sich sagen müssen, daß seine Peilung nicht richtig sein oder sein Compaß falsch zeigen müsse; hieraus ergab sich die Verpflichtung, besonders vorsichtig zu sein und das Loth zu gebrauchen. Er hat aber daraus angeblich nur entnommen, daß wohl das Feuer abweichend von den amtlichen Angaben der Karte und des Leuchtfeuerbuchs beschaffen sei. Das Seeamt hat zur Feststellung der thatsächlichen Erscheinungen des Feuers von Westermarkelsdorf es für angezeigt erachtet, durch Untersuchung an Ort und Stelle sich Ueberzeugung zu verschaffen, und der Reichscommissar hat auch vor dem Ober-Seeamte den Antrag gestellt, sofern ein Zweifel an der Uebereinstimmung der amtlichen Angaben mit den thatsächlichen Verhältnissen obwalten sollte, durch eine Augenscheinnahme diesen Zweifel zu beseitigen. Das Ober-Seeamt hat von einer solchen Beweiserhebung an Ort und Stelle abgesehen, weil von ihr keinerlei Ergebniß von beweiskräftigem Werthe zu erwarten ist. Die Behauptung des Schiffers und des von ihm als Gewährsmann beigebrachten Fischers geht dahin, daß bei den zur Zeit des Unfalls herrschenden Witterungsverhältnissen das Westermarkelsdorfer Feuer von der Strandungsstelle aus als festes Feuer erschienen sei. Da es nun ausgeschlossen ist, bei einer Besichtigung genau nachweisbar dieselbe Witterung wie zur Zeit des Unfalls anzutreffen, überdies aber die Leuchtfeuer und Seezeichen der unausgesetzten staatlichen Ueberwachung sowie der Beaufsichtigung durch das Reich unterliegen, so ist die Besichtigung zwecklos und daher entbehrlich. Die Beweisaufnahme des Seeamts hat denn auch lediglich zu dem Ergebnisse geführt, daß die Angaben des Schiffers sich nicht bestätigt haben.

Schiffer Hagedorn ist ungeachtet vorschriftsmäßiger Ladung und obwohl das Ober-Seeamt, um ihm das Erscheinen zu ermöglichen, ein zweites Mal in die Verhandlung des von ihm verschuldeten Seeunfalls eingetreten ist, vor dem Ober-Seeamte nicht erschienen. Das Ober-Seeamt war infolgedessen für seine Beurtheilung des Unfalls auf das Actenmaterial angewiesen. Auf Grund dieses Materials muß dem Schiffer Hagedorn die Befähigung zur Ausübung des Schiffergewerbes, sowohl in technischer als auch in moralischer Beziehung, abgesprochen werden.

Wie aus Vorstehendem erhellt, hat er sich unfähig erwiesen, bei klarem Wetter angesichts zweier hellbrennender Feuer seinen Schiffsort zu bestimmen und sein Schiff bei günstigem Winde frei von den ihm bekannten und deutlich bezeichneten Untiefen zu führen, eine Aufgabe, die unbedingt von jedem Schiffer gelöst werden muß. In den auf die Navigirung bezüglichen Angaben des Schiffers finden sich überdies innere Widersprüche, welche zu der Annahme nöthigen, daß es ihm an der nöthigen Zuverlässigkeit gebricht, mithin an einer moralischen Eigenschaft, welche von jedem Schiffer gefordert werden muß.

Es war daher dem Antrage des Reichscommissars zu entsprechen und der Spruch der ersten Instanz dahin abzuändern, daß dem Schiffer Hagedorn die Befugniß zur Ausübung des Schiffergewerbes zu entziehen sei. Die baaren Auslagen des Beschwerdeverfahrens bleiben außer Ansatz, weil die Beschwerde vom Reichscommissar eingelegt ist.

43. Spruch des Seeamts zu Bremerhaven vom 14. Januar 1899, betreffend den Unfall an Bord der Bark „Marie" von Bremen.

Der Spruch des Seeamts lautet:

Am 19. Juni 1897 etwa 6 Uhr Morgens ist der Zimmermann Bothe an Bord der Bark „Marie" im Hafen von New-York beim Schließen des Wassertankdeckels vom Zwischendeck in den Unterraum abgestürzt und daselbst in Folge von Naphtagasen erstickt.

Die Schiffsleitung trifft ein Verschulden an dem Unfalle nicht, doch erscheint es wünschenswerth, daß die Mannschaften auf Schiffen mit gefährlichen Ladungen über die Gefahren der Ladung genau unterrichtet und bei allen in Folge der Ladung gefährlichen Arbeiten zu besonderer Vorsicht ermahnt werden.

Gründe. Die Bark „Marie“ führt das Unterscheidungs-Signal QDJR, ist in Bremen beheimathet und gehört zur Rhederei von Diedrich Heinrichs in Bremerhaven. Der Netto-Raumgehalt des Schiffes beträgt 3450,8 cbm = 1218,12 britischen Register-Tons. Die Bark ist im Jahre 1869 aus hartem Holze erbaut, mit Metall und unverzinktem Eisen verbolzt und mit Metall beschlagen. Die Besatzung besteht — einschließlich des Schiffers H. Bulling aus Berne — aus 18 Mann. Das Schiff ist beim Germanischen Lloyd von December 1894 ab mit A 4 Atl. classificirt.

Am 17. Juni 1897 hatte die Bark „Marie“ ihre Ladung in Brooklyn beendet und wurde sodann nach Staten Island hinausgeschleppt, um dort das für die Reise nach London erforderliche Trinkwasser an Bord zu nehmen. Zwischen der insgesammt aus 8200 Fässern bestehenden Petroleumladung befanden sich etwa 6500 Fässer Naphta, welche im ganzen Schiffsraume verstaut waren. Der Schiffer Bulling, welchem die Gefährlichkeit der Ladung in Folge der Entwicklung von Naphtagasen bekannt war, hatte daher besondere Ventilationsvorrichtungen anbringen lassen. Außer dem auf dem Hinterdeck befindlichen und ins Zwischendeck hinabreichenden großen Ventilator waren auf der Vor- und Achterluke noch je ein kleinerer Ventilator angebracht, welche bei dem nach Beendigung der Ladung erfolgten Schließen der Luken aufgesetzt worden waren. Am nächsten Tage, den 18. Juni, kam das Wasserboot längsseit und wurden nunmehr die Wasserfässer sowie auch der auf dem Zwischendeck stehende, bis 2 Fuß unter das Oberdeck reichende eiserne Tank mit Trinkwasser aufgefüllt. Dieser Tank, welcher etwa 1 Fuß von den im Ober- und Zwischendeck befindlichen und zu den Pumpen führenden Mannlöchern entfernt ist, wurde in der Regel gleich nach dem Auffüllen verschlossen. Dies geschah jedoch diesmal nicht, da an diesem Tage noch eiligere Arbeiten zu erledigen waren. Am nächsten Morgen um 6 Uhr bei Beginn der Arbeitszeit ertheilte dann der erste Zimmermann Wessel dem zweiten Zimmermann Bothe den Befehl, den aus einem mit Schrauben zu befestigenden eisernen Deckel bestehenden Verschluß des Tanks zu bewerkstelligen. Bothe begab sich alsbald durch das Mannloch ins Zwischendeck hinunter, um diese Arbeit, welche etwa 45 Minuten in Anspruch nimmt, zu verrichten.

Als Bothe um 7 Uhr noch nicht wieder zum Vorschein gekommen war, sah sich der erste Zimmermann nach demselben um. Nachdem er ihn beim Tank nicht mehr vorgefunden hatte, suchte er zunächst das Deck nach ihm ab und sah sodann durch die Mannlöcher in den unteren Schiffsraum hinunter, wo er ihn neben den Pumpen auf dem Schiffsboden liegend entdeckte. Es wurde darauf dem Schiffer Bulling, welcher tagszuvor an Land gewesen und erst spät Abends an Bord zurückgekehrt war, Meldung erstattet und wurden alsdann unter dessen Leitung wiederholte Versuche gemacht, den Verunglückten, welcher auf die an ihn gerichteten Zurufe keine Antwort mehr gab, an Deck zu schaffen. Es gelang jedoch keinem der an Tauen in den Raum hinabgelassenen Leute, den Körper des Bothe so sicher zu befestigen, um denselben heraufholen zu können, da die Gase, welche sich bereits im Zwischendeck und Raum angesammelt hatten, so betäubend wirkten, daß sich alle sofort wieder nach oben ziehen lassen mußten. Gegen 8 Uhr begab sich der Schiffer an Land und holte einen Quarantänearzt, welcher kurz nach 8 Uhr an Bord kam und erklärte, daß Bothe, wenn er sich schon seit kurz nach 6 Uhr unten im Schiffsraume befände, schon längst todt sein müsse. Auf Anrathen des Arztes unterblieben dann auch weitere Versuche der Schiffsmannschaft, den Körper des Bothe nach oben zu schaffen, und der Schiffer bestellte einen Taucher, der gegen 3 Uhr 30 Minuten Nachmittags an Bord anlangte und dem es gegen 5 Uhr gelang, den Verunglückten an Deck zu bringen. In Gegenwart des Coroners wurde sodann der Tod des Bothe festgestellt. Das Gesicht des Verunglückten war blau angelaufen und der Körper, an welchem Verletzungen nicht wahrgenommen wurden, war kalt und steif. Die Leiche wurde darauf an Land gebracht und am nächsten Tage beerdigt.

Nach dieser Sachlage unterliegt es keinem Zweifel, daß der Tod des Zimmermanns Bothe eine Folge der in dem Schiffsraume vorhandenen Naphtagase gewesen ist; es hat sich aber nicht mit Sicherheit feststellen lassen, ob auch der Absturz des Mannes vom Zwischendeck in den Unterraum auf diese Gase unmittelbar zurückzuführen ist. Bothe hatte — wie vom Zimmermann Wessel beim späteren Schließen des Tanks constatirt worden ist — seine Arbeit noch nicht begonnen, denn die sämmtlichen zum Befestigen des Tankdeckels erforderlichen Schrauben fanden sich noch auf dem Tank liegend vor, und es ist daher auch die Möglichkeit nicht von der Hand zu weisen, daß Bothe gleich beim Betreten des Zwischendecks nicht in Folge von Betäubung, sondern aus eigener Unvorsichtigkeit einen Fehltritt gethan hat und so durch das in den Unterraum führende stets offene Mannloch gestürzt ist. — Wenn nun auch bei beiden Möglichkeiten der Schiffsleitung ein Verschulden an dem Unfalle selbst nicht beizumessen war, so hat doch das Seeamt Veranlassung genommen darauf hinzuweisen, daß es wünschenswerth sei, daß die Mannschaften auf den mit gefährlichen Gütern beladenen Schiffen über die Gefahr der Ladung genau unterrichtet und bei allen in Folge dieser Ladung gefährlichen Arbeiten zu besonderer Vorsicht ermahnt werden. Wäre der als tüchtiger Mann bezeichnete, jedoch seine erste Seereise machende Zimmermann Bothe und mit ihm die übrige Mannschaft im vorliegenden Falle nicht nur vor dem Rauchen gewarnt, sondern in genügender Weise darauf hingewiesen, daß die Gefährlichkeit der Ladung gerade in der Entwickelung der giftigen Gase bestehe und daher beim Unterdeckgehen besondere Vorsicht geboten sei, so wäre auch aller Wahrscheinlichkeit nach der Unfall vermieden worden.

44. Spruch des Seeamts zu Hamburg vom 15. Juni 1898 und Entscheidung des Kaiserlichen Ober-Seeamts vom 1. Februar 1899, betreffend den Seeunfall des Schraubendampfers „Fürst Bismarck" von Hamburg.

Der Spruch des Seeamts lautet:

Der Tod des Kohlenziehers Wlodarski auf dem Schnelldampfer „Fürst Bismarck" ist aller Wahrscheinlichkeit nach die Folge eines Hitzschlags gewesen. Es hat sich nicht mit Sicherheit feststellen lassen, ob oder inwieweit die Mißhandlungen, welche Wlodarski durch den Maschinisten Waak und den Oberheizer Martini erlitten hat, zu dem Tode desselben beigetragen haben.

Dem Maschinisten Franz Johannes Ludwig Waak wird die Befugniß zur Ausübung des Seedampfschiffs-Maschinistengewerbes entzogen.

Das Verhalten des Oberheizers Martini verdient den schärfsten Tadel.

Thatbestand. Am 3. Juni 1898 befand sich der Schnelldampfer „Fürst Bismarck" auf der Fahrt von New-York nach Europa, als Nachmittags um 3 Uhr nach Angabe des Schiffsjournals der Trimmer Franz Wlodarski starb.

Die Untersuchung des Falles ergab folgende Einzelheiten:

Der im Jahre 1891 zu Bredow aus Stahl erbaute Doppelschraubendampfer „Fürst Bismarck", Unterscheidungs-Signal RJGD, ist zu Hamburg beheimathet, gehört der Hamburg-Amerikanischen Packetfahrt-Actiengesellschaft und ist vermessen zu einem Netto-Raumgehalt von 9138,7 cbm = 3225,97 britischen Register-Tons. Geführt wurde das Schiff vom Schiffer Albers.

Am 2. Juni 1898 verließ der Dampfer New-York, woselbst als Ueberarbeiter für diese Reise als Trimmer angemustert worden war der am 15. Januar 1866 zu Straszewo geborene Franz Wlodarski. Die vom Schiffer Albers erstattete Unfallsanzeige, welche sich nach Sachlage im Wesentlichen auf die dem Schiffer erstatteten Berichte stützt, führt an, „daß Wlodarski im achteren Heizraum mit Kohlen- „trimmen beschäftigt war. Nachdem er bis ungefähr 2 Uhr 45 Minuten „gearbeitet hatte, bemerkte der Oberheizer Martini ein ungewöhnliches „Benehmen an ihm, indem Wlodarski versuchte, an den Schotten „emporzuklettern. Er wurde daraufhin von dem Oberheizer und dem „dritten Maschinisten Waak in der Nähe einer Windtutze hingesetzt „und auf Veranlassung des hinzukommenden ersten Maschinisten „Lüthmann nach oben geschafft. Der sofort herbeigerufene Schiffsarzt „Dr. Warmburg veranlaßte seine Ueberführung in das Schiffshospital, „doch verstarb der Mann während des Transports dahin. Nach „Aussage des Schiffsarztes Dr. Warmburg erlag Wlodarski wahr- „scheinlich einem Hitzschlag." Die Eintragung in das auf dem Schiffe geführte Krankenjournal lautet: „Wlodarski, Ueberarbeiter, männlich, „32 Jahre, Todesursache: Hitzschlag. Gestorben 4 Uhr Nachmittags. „Wlodarski wird todt ins Hospital gebracht. (gez.) Dr. Warmburg."

Als Zeuge vernommen, hat Dr. Warmburg bekundet, der Heilgehülfe habe ihn, den Zeugen, zwischen 3 Uhr und 3 Uhr 30 Minuten Nachmittags gerufen und benachrichtigt, es sei soeben Jemand in das Hospital an Steuerbord gebracht, worauf sich der Zeuge unverzüglich dorthin begeben und die noch warme Leiche des Wlodarski, an welcher noch keine Nackenstarre eingetreten war, vorgefunden habe. Die Leiche war mit einem alten, zerrissenen Hemde bekleidet. Dr. Warmburg nahm den Kopf in die Hand und versuchte künstliche

Athmung hervorzurufen, jedoch vergeblich. Nach Ansicht des Arztes dürfte Hitzschlag die Todesursache gewesen sein. Anzeichen von Mißhandlung, Spuren äußerer Gewalteinwirkung, von Verbrennung oder Brandstellen hat Dr. Warmburg nicht an der Leiche wahrgenommen. Bei der Anmusterung hatte Dr. Warmburg den Wlodarski ärztlich untersucht und erklärte, es sei ein kräftiger Mensch gewesen, der für die schwere Arbeit befähigt erschien. Von dem Vorleben des Wlodarski hatte Dr. Warmburg nichts erfahren. Das Wetter war nach Dr. Warmburg's Meinung damals recht heiß, so daß noch eine zweite schwere Hitzerkrankung vorgefallen war. Nach einer halben Stunde kamen einige Trimmer zu Dr. Warmburg und baten um die Erlaubniß, die Leiche sehen zu dürfen, was der Zeuge einigen gestattete. Er erfuhr bei dieser Gelegenheit, daß die Leute die Meinung gehabt, der Wlodarski sei mißhandelt oder erschlagen; er hielt dies für müssige Klatscherei und hat darüber weder mit dem Schiffer gesprochen noch daraufhin eine genauere Untersuchung der Leiche vorgenommen, was zur thunlichsten Aufklärung und Feststellung des Thatbestandes und Beseitigung der Gerüchte *richtig* und *angezeigt gewesen wäre*. Ueber die Temperatur im Maschinenraum hat Dr. Warmburg eigene Beobachtungen nicht angestellt, nur mit dem ersten Maschinisten Lüthmann darüber sich unterhalten. Wlodarski ist nicht mehr lebend in das Hospital verbracht worden. Die von Dr. Warmburg an Bord vorgenommenen Erkundigungen ergaben, daß Wlodarski vorher gesund gewesen und noch gesungen habe, dann plötzlich wie geistesabwesend und irre gewesen sein soll, worauf der erste Maschinist Lüthmann denselben habe aus dem Heizraum fortbringen lassen. Der Heilgehülfe Butzky wurde, wie er meinte, zwischen 3 Uhr 30 Minuten und 4 Uhr von zwei Trimmern ins Logis gerufen, fand dort den leblosen, jedoch noch warmen Wlodarski auf dem Deck bei der Treppe liegend vor, platt auf dem Boden hingestreckt, bei welchem er keinen Herzschlag und Pulsschlag mehr wahrnehmen konnte. Mit Hülfe zweier Leute trug er den leblosen Körper nach dem Hospital und rief den Schiffsarzt hinzu. Dies alles hatte etwa drei Minuten Zeit erfordert. Dr. Warmburg hat ferner dem Seeamte bekundet, er könne es zwar nicht mit voller Bestimmtheit behaupten, sei aber doch der Ansicht, daß Wlodarski an Hitzschlag verstorben wäre. Durch das Hinhalten einer Schaufel mit glühenden Kohlen dicht vor das Gesicht könne seiner Ansicht nach kein Hitzschlag entstehen, wohl aber könnte solche Behandlung, wenn der Mann bereits schwach gewesen sei, ihm so zu sagen den Rest geben. Die Leiche des Wlodarski ist Abends von dem Bootsmann Kühl mit zwei Matrosen in Leinen eingenäht und dann Nachts über Bord gesetzt.

Der Obermaschinist Jonas und der Maschinist Lüthmann führen abwechselnd die Aufsicht über den gesammten Maschinenbetrieb auf dem „Fürst Bismarck". Während der Wache von 12—4 Uhr war Lüthmann beständig unten. Der Verstorbene hat sich bei Lüthmann nicht beklagt, er konnte auch die Arbeit leisten, welche von ihm verlangt wurde, und hat gleichmäßig und fleißig gearbeitet. Um 2 Uhr 30 Minuten sagte der Oberheizer Martini zu Lüthmann im Heizraum, der Wlodarski zeige ein eigenthümliches Gebahren; Lüthmann sah denselben unter einer Windtutze sitzen; der Mann sah ermattet aus, sonst war nichts an demselben wahrzunehmen. Es war ein warmer Tag, jedoch keine übermäßige Hitze; im Heizraum betrug die Temperatur 36—37 Grad Celsius. Dies stimmt mit den Eintragungen des Maschinenjournals, deren Richtigkeit Lüthmann bestätigte. Lüthmann gab Martini und einem Heizer Marx eben nach 3 Uhr Befehl, den Wlodarski hinaufzubringen, und ließ zugleich durch Jemand anders dem Heilgehülfen Bescheid sagen. Lüthmann that dies, weil ihm ein starrer, stierer Blick des Wlodarski aufgefallen war. Bei dem Dienst im Heizraum zu warmer Jahreszeit ist ein Vorkommen von Anfällen von Hitzschlag oder ein Mattwerden und Erkranken, namentlich wenn unbefahrene oder an Seekrankheit leidende Leute in Frage kommen, nichts Seltenes. Der Dienst ist ein anstrengender, wie sich nach den Verhältnissen von selbst versteht.

Es sind 72 Feuer im Heizraum der Maschine des „Fürst Bismarck" zu bedienen, welche täglich 310—320 Tons Kohlen verbrennen. Am zweiten Tage nach der Abfahrt liegen allerdings die Kohlen noch ziemlich dicht bei den Feuern. Hierfür sind auf jeder Wache in drei Heizräumen zusammen 18 Heizer und 18 Trimmer und ein Oberheizer thätig, und der einzelne Trimmer hat 2—2³/₄ Tons Kohlen in jeder Wache vor das Feuer zu transportiren. Die Kohlen wurden damals in Körben, die 60—80 ℔ hielten, von hinten nach der Vorderseite des hinteren Heizraums durchgezogen. Der Weg zwischen den Kesseln ist 40—41 Fuß lang, an denen die Kohlen vorbeigebracht werden müssen. Die Wache von 12—4 Uhr, zu welcher Wlodarski gehörte, hatte der Maschinist Franz Johannes Ludwig Waak, geboren zu Hamburg am 4. Mai 1872, welchem am 7. November 1896 ein Befähigungszeugniß zum Maschinisten II. Classe hierselbst ertheilt ist. Nach der Diensteintheilung treten die Kohlenzieher etwa ³/₄ Stunden oder ¹/₂ Stunde vor Beginn ihrer Wache an, um die Asche zu hieven, welche Arbeit etwa 20 Minuten in Anspruch zu nehmen pflegt. Vor Beginn der Mittagswache von 12—4 Uhr, jedoch nach dem Aschehieven, geht die Wachmannschaft zum Essen. Waak hatte über Wlodarski auf den ersten Wachen nicht zu klagen gehabt. Er bemerkte, wie er es nannte, daß der Oberheizer Martini mit dem Wlodarski „zu Gange war"; Wlodarski lief nach der Treppe (Leiter), welche neben einer großen Tutze in die Höhe führt, durch welche die Aschenkörbe hinuntergeworfen werden, und wollte anscheinend hinaufsteigen, während die Leute der neuen Wache dort herunter kamen, um mit Aschehieven zu beginnen. Wlodarski hielt sich an dem Aufgang zur Leiter fest, und Waak behauptet, dort den Wlodarski haben wegholen zu müssen, weil ihm ein Aschekorb hätte auf das Genick fallen können. Die Tutze führt in seitlicher Entfernung von 2—3 Fuß neben der Leiter entlang. Waak und Martini brachten den Wlodarski, welcher, sei es, weil er die Befehle nicht verstand, da er nur polnisch und wenig, gebrochen, englisch verstand, sei es aus einem anderen Grunde, nicht von dort fortging, mit Gewalt von dem Ende der Leiter fort und setzten ihn auf einen Kasten, der über einem Ventil angebracht war, und oberhalb welches sich ebenfalls ein Ventilator befand. Nach Waak's Darstellung hat hier der erste Maschinist Lüthmann den Wlodarski sitzen sehen und angeordnet, den Mann hinaufzubringen. Waak bestreitet, den Wlodarski irgendwie anders behandelt zu haben, als er in dieser Schilderung angegeben, und bestreitet, daß er oder Martini den Mann mißhandelt hätten. Der Oberheizer Martini sei nur etwas hinter dem Manne her gewesen, weil derselbe aufhörte, zu arbeiten, und die Leiter hinaufwollte, ehe die Zeit der Wache beendet gewesen und während gerade von den wachthabenden Officieren verlangt worden wäre, besser Dampf zu halten. Dem Waak machte Wlodarski nicht den Eindruck, als ob er einen Anfall von Hitzschlag habe; derselbe habe sich nur gegen Martini gewehrt und gesträubt, und zwar mit Händen und Füßen, und dies habe mit dem Ausdrucke gemeint sein sollen, der sich in der Unfallsanzeige finde, nämlich „daß Wlodarski seltsames Benehmen oder Gebahren gezeigt hätte." Als Waak den Wlodarski von der Leiter entfernen wollte, sei derselbe allerdings hingefallen, und zwar wären sie beide, er, Zeuge Waak, und Wlodarski, hingefallen, weil Wlodarski plötzlich sich losließ. Die Hitze im Heizraum war nach Waak's Ansicht keineswegs übermäßig; die Kohlen waren gut, und es war nur um deswillen Veranlassung zum Schelten und Antreiben gewesen, weil eine große Zahl wenig gewandter und wenig eifriger

Ueberarbeiter unter den Kohlentrimmern sich befanden, die lässig arbeiteten. Durch das Hinfallen hat sich nach Waak's Behauptung Wlodarski nicht beschädigt; er fiel auf die Platte am Fuße der Leiter. Zugeben mußte Waak, daß er den Wlodarski, der im Hinaufsteigen gewesen, heruntergerissen habe, er bestritt aber auf das Bestimmteste, einen Ausdruck gebraucht zu haben, wie: wir werden dich schon mürbe kriegen, oder ähnlichen Sinnes, vielmehr habe er nur gesagt: „Helft mir, wir wollen ihn unter die Windtutze setzen." Nachdem Wlodarski hingefallen, habe derselbe auch noch einem Heizer Antworten gegeben. Erst als Wlodarski auf den Kasten, der über einem Ventil war, unter einen Ventilator gesetzt worden wäre, sei ihm, dem Zeugen, der Gedanke gekommen, ob selbiger vielleicht krank wäre, vorher habe er derartiges nicht bemerkt. Bei dem Hinaufbringen habe Wlodarski dann einige Minuten im Tunnel, dem gedeckten Zugange zum Maschinenraume, gelegen. Als er, Waak, den Mann nach dem Sitze unter dem Ventilator brachte, habe er denselben am Arm gefaßt; Wlodarski habe nicht geschwankt oder getaumelt, sondern sei ganz sicher gegangen. Um 4 Uhr, als die Wache beendigt war, erfuhr Waak, daß Wlodarski todt sei.

Oberheizer Martini hatte bis 2 Uhr in keiner Weise über Wlodarski zu klagen gehabt; er stellte etwa um 2 Uhr 15 Minuten den Mann zum Schleusen an, was derselbe verstand, und welche Arbeit auf den Schnelldampfern regelmäßig von den Trimmern mit besorgt wird. Wlodarski hat nach Martini's Bekundung, anstatt zu schleusen (mit der Schleuse, einem meißelförmig gespitzten Eisenstab, das Feuer auf den Rosten aufzustoken), eine Aschenkratze ergriffen, ist damit hin und her gelaufen und hat gemurmelt und dann gejammert und gewimmert, weshalb Martini, der den Wlodarski nicht verstehen konnte, ihn nach der Achterkante des Heizraums nahm, woselbst die Hitze etwas geringer ist. Nach einiger Zeit kam der Moment, wo die Mannschaft der folgenden Wache mit Aschehieven begann. Wlodarski lief nach Martini's Angabe unter eine Windtutze und im Stokeraum hin und her. Hier wollte Martini denselben wegen der Aschekörbe fort haben. Martini glaubte, bläuliche Färbung im Gesichte des Wlodarski wahrzunehmen. Waak, Martini und ein Heizer Marx rissen ihn von der Stelle an der Leiter fort, wobei Wlodarski hinfiel an eine Stelle, woselbst Kohlen und kalte Aschentheile lagen. Martini glaubte, der Mann habe Krämpfe, da er, wie er sich ausdrückte, „mit den Armen phantasirte." Martini und Waak hoben ihn dann auf und setzten ihn unter einen Ventilator auf einen

Kasten, worauf der hinzukommende Lüthmann anordnete, den Mann hinaufzubringen. Martini und Marx brachten ihn in das Logis; Martini versicherte, daß Wlodarski dabei lebendig gewesen sei, er habe nur Kopf und Arme hängen lassen. Wie Marx behauptet, habe Wlodarski ihm, während er ins Logis gebracht wurde, in den Finger gebissen. Im Logis fand, wie bereits erwähnt, ihn der Heilgehülfe völlig leblos vor. Auch Marx hat nach den Bewegungen und dem Umsichschlagen des Wlodarski angenommen, derselbe habe Krämpfe. Auf wiederholtes Fragen hat Oberheizer Martini bestimmt geleugnet, den Wlodarski geschlagen oder mißhandelt zu haben, und ebenso bestimmt verneint, demselben glühende Kohlen vorgehalten oder ihm solche nachgeworfen zu haben.

Dieser Darstellung der Vorgänge aus der letzten Lebensstunde des Wlodarski, wie Waak und Martini sie gegeben haben, stehen eine Anzahl anderer, bestimmter, glaubwürdiger und beeidigter Aussagen gegenüber, welche ein wesentlich anderes Bild ergeben.

Der Zeuge Heizer Albers, dessen Angaben durchaus den Eindruck der Wahrhaftigkeit machten, bekundete, seiner Ansicht nach sei Wlodarski krank geworden auf der Wache, als er habe schleusen sollen. Arme und Beine desselben hätten gezittert, er habe gejammert und sich die Brust gehalten, das Eisen zum Schleusen stecken lassen und sich an die Bunkerwand gelehnt. Es wäre augenscheinlich gewesen, daß der Mann nicht mehr gekonnt habe. Als er da gestanden, habe Martini eine Schaufel voll glühender Kohlen genommen und sie vor die Füße des Wlodarski geschüttet, so daß dieser nicht habe stehen bleiben können. Wlodarski sprang zur Seite, lief etwas davon, fiel hin und umklammerte einen Kohlenkorb und schob diesen vor sich hin und her. Martini mußte dieser, ihren Eindruck nicht verfehlenden Aussage gegenüber von dem bisherigen Leugnen zurücktreten und gab an, es sei dies von ihm unabsichtlich geschehen, die Kohlen seien ihm, Martini, als er zugegriffen, versehentlich von der Schaufel gefallen, das habe aber nicht dem Wlodarski gelten sollen. Als Wlodarski hingefallen war und am Boden lag, hat Martini nochmals eine Schaufel glühender Kohlen nach Wlodarski geworfen, so daß sich Albers veranlaßt fand, zu rufen, Martini solle die Kohlen von dem Manne herunternehmen, was Martini dann auch that. Auch dies konnte Martini nicht länger leugnen, er setzte nur hinzu, er sei damals so in Wuth gerathen gewesen, daß er nicht mehr wisse, was geschehen sei. Unter diesen Umständen hat die übrige Bekundung des Martini, insbesondere aber sein Bestreiten alles dessen, was ihm vorgehalten und zur Last gebracht wurde, selbstverständlich wenig oder gar keinen Werth. Zwischen die Kessel hindurchsehend, hat Albers ferner noch beobachtet, wie Martini dem in gebückter Stellung stehenden Wlodarski eine Schaufel voll glühender Kohlen dicht vor's Gesicht hielt. Durch seine Arbeiten ist dann Zeuge Albers behindert worden, zu beobachten, was weiter mit Wlodarski geschehen ist, während der Oberheizer Martini mit ihm nach Waak's Ausdruck „zu Gange war". Es erscheint jedoch ohne Weiteres begreiflich, wenn Wlodarski bei solcher rohen und gewaltthätigen, an Martern streifenden Behandlung seinem Peiniger zu entkommen versuchte. Diese Vorgänge fanden statt, ehe Wlodarski sich unter die Windtutze begab und die Leiter hinauf wollte, von wo ihn Waak und Martini dann zusammen herunterrissen. Waak und Martini haben dann beide den Wlodarski zu Boden gedrückt und ihn dort eine Zeit lang festgehalten, Martini schlug dabei den Wlodarski mit der Hand auf den Kopf. Was das zu bedeuten gehabt hat, wird erst dann richtig ermessen, wenn man einerseits die Größe und Stärke des Martini in Berücksichtigung zieht und seine Wuth, die ihn zu den rohen Acten mit den glühenden Kohlen bereits verführt hatte, andererseits, daß Wlodarski ein schmächtiger Mann gewesen ist, der erkrankt und von der Arbeit ermattet war, sowie wahrscheinlich ebenfalls von der Aufregung über die erlittenen Mißhandlungen erschöpft war. Dann setzte man, wie vorerwähnt, den Wlodarski auf den Ventilkasten unter den Ventilator, wo der hinzutretende Maschinist Lüthmann ihn sah und anordnete, denselben fortzubringen. Dies geschah, als jedoch der gleichzeitig benachrichtigte Heilgehülfe hinzukam, was ohne Zeitverlust geschah, war Wlodarski im Sterben oder bereits tod. Heizer Albers hat nicht gesehen, daß Wlodarski geblutet hat, jedoch Schaum vor seinem Munde stehen sehen. Während Martini schließlich zugab, mit der flachen Hand den Wlodarski auf die Backe geschlagen zu haben, verblieb Waak dabei, daß er sich alles dessen nicht entsinnen könnte. Die geschilderte Handlungsweise des Oberheizers Martini wird richtig erst dadurch illustrirt, daß nach Aussage des vielbefahrenen Heizers Klose dieser dem Martini vorher gesagt hat, Wlodarski werde bald umfallen, der könne nicht mehr vor Mattigkeit. Bis dahin hatte Wlodarski für Klose, und zwar befriedigend, gearbeitet. Wlodarski war nicht etwa betrunken, er taumelte jedoch vor Ermattung. Martini gab dem Klose zur Antwort, „laß man, wir wollen ihn schon kriegen", beorderte den Wlodarski von der Vorderkante nach der Hinterkante des Heizraums, dahin wo Albers arbeitete, und nahm dann dort die

Versuche mit der Wirksamkeit glühender Kohlen vor. Klose hat ebenfalls gesehen, daß Martini Feuer auf die Schaufel nahm und dies dem Wlodarski zwischen die Beine warf. Weiter bekundete Klose, ein zweites Mal gesehen zu haben, wie Martini einmal glühende Kohlen dem Wlodarski vor die Brust hielt, wobei Wlodarski schrie. Dies Werfen mit den Kohlen an die Beine hat Martini schließlich zugeben müssen und hat angegeben, es sei geschehen, weil Wlodarski krank war und seine Arbeit nicht machte, und sich habe rascher bewegen sollen, als er that oder konnte.

Der Trimmer Greener gehörte zu der Wachmannschaft, welche zum Aschehieven kam, als Wlodarski die Leiter hinauf wollte. Er bekundet, von Waak wurde der Mann, welcher schon 2 Fuß in die Höhe gestiegen war, hinuntergerissen und hingeschmissen und von Waak und Martini gemeinschaftlich niedergedrückt und geschüttelt, am Halse und Kopfe und Genick gepackt; man schlug auf ihn ein und schlug und stieß den Kopf des Wlodarski auf den Boden. Gerufen oder geschrieen habe Wlodarski nicht, nur versucht, sich loszumachen. Trimmer Feldtmann sah, daß Waak den Wlodarski am Halse gepackt hatte, auf ihm kniete und denselben stark am Halse drückte, und hierauf Martini ihn 4—5 mal an den Kopf schlug; dabei wurde der Mißhandelte auf den Boden gedrückt. Ebenso schilderte Purgel die Scene mit dem Zusatz, daß er Angsttöne des am Halse gewürgten, mißhandelten Mannes gehört, den sie zu Boden gedrückt und auf dem sich die Angreifer gewälzt hatten, wobei sie ihn am Halse zu fassen hatten. Dagegen hatte er nicht gesehen, daß Wlodarski geschlagen ist. Nach Feldtmann's Aussage konnte der Mißhandelte, als man ihn aufhob und hinaufschleppte, nicht mehr stehen. Trimmer Oemig hatte den Eindruck von der Mißhandlung, als ob man den Mann umbringen wolle; auch hat er das Stöhnen vernommen und bezeichnete das Schlagen als ein sehr arges Verhauen, wobei auch Jemand rief: „Schlag das Aas tod". Wer es war, hat er bei der Beleuchtung und dem Dunst und Staub nicht erkennen können. Dem mit Hülfe des Dollmetschers der russischen Sprache Bloch vernommenen Trimmer Tretjak haben seine Mitarbeiter erzählt, Wlodarski sei tod geschlagen worden; er vermochte zu bekunden, daß Wlodarski sonst ein gesunder, nicht an Seekrankheit leidender Mensch gewesen, welcher immer seiner Arbeit gewachsen sich gezeigt habe. Das Vorhalten einer Schaufel voll glühender Kohlen vor das Gesicht des Wlodarski haben Heizer Kahl und Heizer Kirsten gleichfalls beobachtet. Während das Werfen mit glühenden Kohlen sich als ein roher und mißbräuchlicher Gewaltact des Oberheizers Martini darstellt, wodurch, wenn auch in tadelnswerthester und gänzlich unerlaubter Weise, immerhin noch bezweckt sein konnte, den Wlodarski zu rascherer Arbeit anzutreiben, stellt sich das Hinhalten von glühenden Kohlen unter oder vor das Gesicht des Trimmers einfach als ein Act frevelhaften Uebermuths dar, der kaum anders aufgefaßt werden kann, als daß Martini eine Freude an gemeiner Quälerei und Schinderei gehabt habe oder haben wollte. Dies verabscheuungswürdige Treiben des Oberheizers macht einen um so schlechteren Eindruck, als fast alle Zeugen, welche auf derselben Wache mit Wlodarski waren und Gelegenheit hatten, denselben zu beobachten, bemerkt haben, ohne daß sie mit demselben gesprochen, daß der Mann erkrankt war, schlaff war, vor Ermattung nicht mehr konnte und wimmerte, jammerte und taumelte, während einstimmig demselben das Zeugniß gegeben ist, daß er ein fleißiger und williger Arbeiter war.

Gründe. Nach diesem Ergebnisse der Beweisaufnahme mußte das Seeamt für erwiesen halten, daß der Trimmer Wlodarski auf der Wache des Maschinisten Waak und des Oberheizers Martini von 12—4 Uhr Nachmittags am 3. Juni erkrankt ist und nicht im Stande war, seine Arbeit während der letzten Stunde der Wache zu verrichten, daß ferner Wlodarski von dem Oberheizer Martini auf brutale Weise gequält und behandelt, insbesondere mit glühenden Kohlen beworfen ist, daß weiter Wlodarski von Martini und dem wachehabenden Maschinisten Waak in roher und gewaltthätiger Weise mißhandelt, zu Boden geworfen, gestoßen, geschlagen, gewürgt ist, und daß schließlich Wlodarski unmittelbar nach diesen schweren Mißhandlungen verstorben ist. Vor der allem Anschein nach durch die Hitze im Heizraum (36—37° Cels.) und die Ueberanstrengung bei der nicht leichten, von den dabei beschäftigten Personen als recht schwer geschilderten Arbeit hervorgerufenen Erkrankung und Ermattung war Wlodarski ein brauchbarer und thätiger Arbeiter, von dem nicht bekannt geworden ist, daß er schon früher krank gewesen sei. Nach der Meinung des Schiffsarztes ist zwar nicht mit Bestimmtheit zu behaupten, wohl aber mit großer Wahrscheinlichkeit anzunehmen, daß ein sogenannter Hitzschlag die Todesursache gewesen ist. Das Werfen mit glühenden Kohlen gegen einen Arbeiter und Hinhalten glühender Kohlen vor das Gesicht desselben kann einen Hitzschlag nicht hervorrufen, immerhin kann aber solche Behandlung eines bereits bei der Arbeit schwach und matt gewordenen Kohlentrimmers den Eintritt des Todes beschleunigen, so zu sagen, ihm den Rest geben. Nach

Ansicht des bei der Hauptverhandlung zugegen gewesenen Herrn Physicus ist der Tod des Wlodarski durch Hitzschlag erfolgt. Bei solchem Erkrankungsfalle kommt es vor, daß die Betroffenen in eine Art Rasereizustand verfallen, und daß häufig Ohnmachten eintreten, welche zum Tode führen. Aehnliches hat der Zustand des Wlodarski aufgewiesen, wie er geschildert worden ist. Daß durch das Werfen mit Kohlen oder Vorhalten der Kohlen Wlodarski eine Verbrennung oder eine sonstige Beschädigung erlitten habe, hat sich nicht ergeben, an der Leiche sind keine Anzeichen hiervon wahrgenommen. Dieser letztere Umstand, das Fehlen von Anzeichen der sonstigen Mißhandlungen an der Leiche, hat noch weiter die Bedeutung, daß dadurch die Feststellung erschwert, wenn nicht vielleicht unmöglich wird, daß die rohen körperlichen Mißhandlungen, denen Wlodarski kurz vor seinem Ende ausgesetzt war, eine mitwirkende Ursache des Todes oder des baldigen Versterbens gewesen sind. Geht man davon aus, daß bei einem schwach gewordenen, im Anfangsstadium der Hitzschlagerkrankung befindlichen Trimmer das Vorhalten glühender Kohlen den Tod würde beschleunigen können, so wird sich schwerlich die Folgerung abweisen lassen, daß derartige brutale Mißhandlungen, wie das Seeamt sie hier für erwiesen halten mußte, ähnliche Wirkung ausüben könnten, namentlich wenn die andere ungehörige Behandlung schon voraufgegangen war, wie dies bei Wlodarski erwiesenermaßen der Fall gewesen ist. Es hat jedoch der sachverständige Physicus weder dem brutalen Unfug mit den Kohlen noch dem Stoßen, Niederdrücken, Schlagen und Würgen einen Einfluß in der Richtung beigemessen, daß dadurch der Tod herbeigeführt oder beschleunigt wäre. Bei dem Seeamte haben Bedenken obgewaltet, ob nicht angesichts des unmittelbar nach den Vergewaltigungen aufgetretenen Todes diesen letzterwähnten Momenten ein größerer Einfluß zugestanden werden müsse, zumal dem Seeamte bekannt ist, daß das Gewicht der bei solchen rohen körperlichen Insulten sich ergebenden psychischen Depression keineswegs unterschätzt werden darf, und auch dieses Moment umsomehr Beachtung dann beanspruchen muß, wenn die schmerzhaften und beängstigenden Acte und Gewaltthätigkeiten einem schon durch Erkrankung und andere benachtheiligende Wirkungen minder widerstandsfähigen Individuum zugefügt werden. Ungeachtet dieser Bedenken hat sich doch das Seeamt der Ansicht des Herrn Reichscommissars dahin, daß in den geschilderten Gewaltthätigkeiten gegen Wlodarski eine Mitursache des Todes desselben zu erblicken sei, nicht anzuschließen vermocht, vielmehr den Causalzusammenhang in dieser Beziehung nicht für völlig zweifelsfrei oder genügend feststehend erachtet, und sich nicht in der Lage gesehen, mit Sicherheit festzustellen, ob und in wie weit die Mißhandlungen zu dem Tode des Wlodarski beigetragen haben. Für durchaus begründet hielt dagegen, ungeachtet dieser nicht völlig geschlossenen Lücke, das Seeamt die Anträge, die Angelegenheit der strafverfolgenden Behörde von Amtswegen zu unterbreiten und dem Maschinisten Waak das ihm ertheilt gewesene Patent als Seedampfschiffsmaschinist zu entziehen.

Das hartnäckige Bestreiten gegenüber dem massenhaften Beweismaterial konnte nicht dazu dienen, das Vertrauen zu Waak's Character und Persönlichkeit zu befestigen. Es ist ein schlimmes Zeichen für die Fähigkeit des Waak, einen leitenden, verantwortlichen Posten, wie er ihn besaß, auszufüllen, wenn auf der unter seiner Leitung und Aufsicht stehenden Wache derartige Ungeheuerlichkeiten vorkommen konnten, wie sie Martini sich erlaubt hat, und Waak entweder nichts davon merkte, oder er nicht dagegen einschritt. Seine Pflicht wäre gewesen, einer Erkrankung des Trimmers möglichst vorzubeugen oder, nachdem dieselbe so augenfällig war, daß bei dem als fleißig sich bis dahin erweisenden Manne sämmtliche Mitarbeiter sie wahrnahmen, nicht dieselbe zu ignoriren, sondern schleunigst für Maßregeln zur Erleichterung oder Wiederherstellung oder Rettung seines Untergebenen zu sorgen, vor allen Dingen also ihn von den Feuern und aus der Hitze des Heizraums wegzuschaffen und an frische Luft zu bringen und ärztlicher Behandlung, die ihm offen stand, zu überweisen. Statt dessen wandte er gegen den erschöpften, augenfällig kranken Menschen Gewalt an, die um so weniger angebracht war, als er wußte, daß es mindestens zweifelhaft war, ob derselbe seine Weisungen verstanden hatte und verstehen konnte. Es ist kein Grund aufgeführt worden, weshalb Waak nicht dem deutlichen Verlangen des Wlodarski, hinaufzugehen, Folge gegeben. Er scheint in der Hinsicht völlig unter dem Einflusse des in unverständige Wuth gerathen gewesenen Oberheizers gestanden zu haben. Daß der erkrankte Trimmer sich einer Widersetzlichkeit, eines Angriffs gegen Waak schuldig gemacht, ist nicht einmal behauptet worden. Zu der Anwendung von Gewalt und namentlich solcher Gewaltsamkeiten lag daher eine Veranlassung nicht vor; wäre dieselbe berechtigt oder zu entschuldigen gewesen, so konnte das immer doch nur so weit der Fall gewesen sein, als Waak vermeint zu haben behauptet, den Mann von der Leiter wegen der Eventualität wegbringen zu müssen, daß derselbe dort von einem herabgeworfenen Korbe getroffen werden könne. Zu dem Knieen auf dem am Boden liegenden Trimmer, dem Niederdrücken desselben, während Martini denselben auf den Kopf schlug, zu dem Würgen am Halse lag garkein Grund, keine Entschuldigung vor. Es ist dies eine jeglicher Rechtfertigung und jeglicher Entschuldigung entbehrende Gewaltthat. Das Seeamt kann auch die Entschuldigung, Waak habe den Mann der demselben drohenden Gefahr halber von der Nähe der Windtutze fortbringen müssen, nicht gelten lassen, hält dieselbe vielmehr für eine nachträglich hervorgesuchte Beschönigung. Und zwar dies um deswegen, weil die erwähnte Gefahr in jenen Momenten offenbar noch nicht bestand und leicht auf andere Weise sich hätte beseitigen lassen, außerdem keine dringende war. Dringend war die Gefahr, von einem Korbe getroffen zu werden, der durch die Tutze herabgeworfen werden konnte, um deswillen nicht, weil die Leiter 2 bis 3 Fuß seitlich von der Tutze entfernt war, die Körbe somit neben der Leiter herabfielen. Sie bestand überall in jenen Momenten nicht, weil die Leute, welche Asche hieven sollten — Greener, Feldtmann, Purgel, Oemig —, gerade im Begriff waren, den oberen Theil eben derselben Leiter herunterzuklettern, an deren Fuß Wlodarski stand, und dabei sahen, wie Waak und Martini den sich an der Leiter anklammernden Trimmer herunterrissen, zu Boden warfen, niederdrückten, würgten und schlugen. Es ist nicht anzunehmen, daß den zum Aschehieven heruntersteigenden Leuten die Körbe, mit denen sie arbeiten sollten, aufs Genick geworfen werden würden. Die Entschuldigung, wäre dieselbe wahr und zutreffend, würde sodann selbstredend nur Beachtung soweit verdienen, daß man beabsichtigte, dadurch den Wlodarski von der Leiter selber zu entfernen, nicht aber für alles Weitere, was erfolgte. Schließlich konnte Waak durch einen der auf der Leiter befindlichen Trimmer dafür sorgen lassen, daß wenige Momente hindurch aufgepaßt und kein Korb heruntergeworfen würde. Als aber Martini und Waak den Wlodarski von der Leiter heruntergerissen hatten, haben sie, und hat Waak nicht etwa den Mann sorgsam aus der Maschine und zum Arzt führen lassen, sondern ihn zu Boden gedrückt, niedergehalten und aufs schwerste, und zwar ohne jeden erfindlichen Grund, mißhandelt. Und hierfür ist nicht die geringste Entschuldigung oder Erklärung vorgebracht oder aufzufinden. Daß Wlodarski den Waak angegriffen habe, behauptet Waak selbst nicht; daß Wlodarski dem Waak in den Bart gegriffen habe, glaubt einer der Zeugen zu erinnern, dies war jedoch, wie hinzugesetzt wurde, während des Ringens, als Wlodarski auf dem Boden lag und sich dagegen wehrte und sträubte, niedergezwungen und mißhandelt zu werden.

Das Seeamt erblickte in Waak's Verhalten eine schwere Verletzung der ihm durch seine Stellung auferlegten Pflichten, und den Beweis, daß er die ihm gegenüber seinen Dienstuntergebenen gebotenen Obliegenheiten durchaus verkannt hat. Ein derartiger Mißbrauch der dienstlichen Stellung gegenüber dem Arbeitspersonal, wie der hier vorliegende, begründet Zweifel an der Fähigkeit zur Ausfüllung der Stellung. Mochten Waak's hier nicht zu prüfenden maschinentechnischen Kenntnisse die besten sein, so konnte nach diesem Vorkommnisse und dem Ergebnisse der Verhandlung das Seeamt doch die Qualification eines in verantwortlicher Stellung befindlichen Maschinenofficiers dem Waak nicht zuerkennen. Eine mit Disciplinargewalt versehene Charge entsprechend auszufüllen, hielt hiernach das Seeamt den Maschinisten Waak nicht für geeignet und mußte daher dem Antrage des Reichscommissars auf Entziehung des Patents für das Seedampfschiffs-Maschinistengewerbe entsprechen. Es unterliegt keinem Zweifel, daß, wenn auch ein directer Zusammenhang zwischen dem Tode und der Mißhandlung nicht für voll erwiesen gehalten ist, dennoch Waak durch sein, voraussichtlich auch der Strafjustiz ihn überlieferndes Auftreten das Leben und die Gesundheit des Wlodarski ganz erheblich gefährdet hatte. Derartige Acte, insbesondere gegenüber dienstuntergebenen Personen verübt, können nicht gleich vereinzelten mehr oder weniger entschuldbaren Uebereilungen behandelt werden.

Sie untergraben die ganze Schiffsdisciplin, sind geeignet, Anlaß zu Meutereien zu bieten, und erheischen ebenso peinliche Beurtheilung, wie sie ernstliche Mißbilligung herausfordern müssen.

Die Pflichtverletzung des Waak erschien daher dem Seeamte in einem solchen Lichte, daß ein öffentlicher Tadel dem Seeamte nicht für ausreichend erschien und die Entziehung des Patents sich vernothwendigte.

Der schwerste öffentliche Tadel, welchen das Seeamt über das Benehmen des Oberheizers Martini auszusprechen für geboten hielt, rechtfertigt sich lediglich durch die von ihm eingeräumten Rechtswidrigkeiten, zu denen sodann das Gewicht der weiter erwiesenen Umstände der erheblichen, in Gemeinschaft mit Waak begangenen Mißhandlungen erschwerend hinzutritt, so daß es einer weiteren Begründung dieses Ausspruchs nicht bedarf.

Die Entscheidung des Ober-Seeamts lautet:

Auf die Beschwerde des Seedampfschiffsmaschinisten Waak gegen den Spruch des Seeamts zu Hamburg vom 15. Juni 1898 über den Seeunfall des Dampfers „Fürst Bismarck“ von Hamburg hat das Kaiserliche Ober-Seeamt in seiner zu Berlin am 1. Februar 1899 abgehaltenen öffentlichen Sitzung nach mündlicher Verhandlung der Sache entschieden,

> daß der Spruch des Seeamts in Hamburg vom 15. Juni 1898, soweit er sich auf den Maschinisten Waak bezieht, dahin abzuändern, daß dem Maschinisten Waak die Befugniß zur Ausübung des Seedampfschiffs-Maschinistengewerbes zu belassen und die baaren Auslagen des Verfahrens außer Ansatz zu lassen.

Gründe. Der Maschinist Waak hat zur Begründung seiner Beschwerde zunächst geltend gemacht, daß einem Seedampfschiffs-Maschinisten oder sonstigen Schiffsofficier die Befugniß zur Ausübung seines Gewerbes nach Lage der gesetzlichen Bestimmungen nur dann entzogen werden könne, wenn ihm ein Mangel in den erforderlichen technischen Fähigkeiten nachgewiesen werde. Diese Einschränkung entspricht jedoch nicht den Verhandlungen, welche dem Erlasse des Gesetzes vom 27. Juli 1877, betreffend die Untersuchung von Seeunfällen, vorangegangen sind, und aus denen die Absicht des Gesetzgebers zweifellos hervorgeht, daß unter den Eigenschaften, welche im Sinne des §. 26 zur Ausübung des Gewerbes erforderlich sind, neben der technischen auch die moralische Befähigung verstanden werden soll. Demgemäß hat sich eine feststehende Rechtsprechung der Seeämter und des Ober-Seeamts gebildet, welche auch die moralischen Eigenschaften: Pflichttreue, Zuverlässigkeit, Muth pp. einer Prüfung unterzieht, und die Befugniß zur Ausübung des Gewerbes entzieht, wenn ein Seeunfall durch den Mangel solcher Eigenschaften verschuldet ist.

Weiter hat Maschinist Waak den Spruch des Seeamts angefochten, weil der ursächliche Zusammenhang zwischen den ihm zur Last gelegten Verfehlungen, zumal in der durch die strafgerichtlichen Verhandlungen klargestellten weitaus günstigeren Beurtheilung seiner Handlungsweise, und dem Tode des Trimmers Wlodarski nicht nachgewiesen sei. Der Rechtsbeistand des Beschwerdeführers hat sich dabei auf den Standpunkt gestellt, daß das Ober-Seeamt an die Feststellungen des Landgerichts in Hamburg gebunden sei und daher davon auszugehen habe, daß ein Verschulden Waak's an dem Tode Wlodarski's nicht nachzuweisen sei. Dieser Ausführung ist schon um deswillen nicht beizutreten, weil es sich hier um ein Strafverfahren nicht handelt und weil überdies die im Strafverfahren entschiedene Frage sich nicht mit derjenigen deckt, die im seeamtlichen Verfahren zu erörtern ist. Während es sich dort darum gehandelt hat, ob körperliche Angriffe des Maschinisten Waak den Tod des Trimmers Wlodarski herbeigeführt haben und die Freisprechung des Waak schon erfolgen mußte, wenn sich nicht feststellen ließ, daß unberechtigte körperliche Mißhandlungen Waak's zu dem tödlichen Erfolge mitgewirkt haben, kommt es hier darauf an zu prüfen, ob Waak seinen Pflichten als Maschinist gegenüber dem ihm unterstellten Trimmer Wlodarski genügt oder ob er durch Vernachlässigung dieser Pflichten den verhängnißvollen Ausgang mit verschuldet hat. Diese Pflichten sind aber nicht damit erschöpft, daß der Maschinist körperliche Mißhandlungen des Untergebenen unterläßt, vielmehr umfassen sie daneben eine positive Fürsorge für Wohlergehen und Sicherheit des Trimmers, eine verständige Ueberwachung des gesammten Dienstes und rechtzeitige Befreiung erkrankter Leute von der Arbeit, die Benutzung der an Bord verfügbaren ärztlichen Hülfeleistung zu Gunsten der Erkrankten u. s. w. In diesem Sinne ist auch das Seeamt in Hamburg mit Recht an die Prüfung des Verhaltens des Maschinisten Waak herangetreten und hat neben seiner Feststellung, daß ein ursächlicher Zusammenhang zwischen den körperlichen Angriffen Waak's und dem Tode Wlodarski's nach den ärztlichen Gutachten nicht erwiesen sei, ohne Gesetzesverletzung aussprechen können, daß gleichwohl ein Verschulden des Waak an dem Unfalle vorliege, weil in Folge von Mängeln in der Erfüllung seiner Berufspflichten der verhängnißvolle Verlauf des Vorfalls eingetreten sei.

Bei seiner Prüfung des gesammten Hergangs hat das Ober-Seeamt indessen der Beurtheilung, welche das Verhalten des Maschinisten Waak vor dem Seeamt in Hamburg gefunden hat, nicht beitreten können. Es hat deshalb, wie geschehen, auf Abänderung des seeamtlichen Spruchs erkannt werden müssen. In Uebereinstimmung mit dem Seeamt ist hierbei davon ausgegangen worden, daß ein ursächlicher Zusammenhang zwischen dem Verscheiden des Kohlenziehers Wlodarski und der ihm kurz vor seinem Tode durch den Maschinisten Waak zu Theil gewordenen Behandlung nicht besteht, als Todesursache des Wlodarski vielmehr die durch andere Umstände hervorgerufene Erkrankung an Hitzschlag anzusehen ist. Es ist aber ferner auch für erwiesen erachtet, daß Waak dadurch, daß er den Wlodarski, der den Befehl, von der von ihm aufgesuchten gefährlichen Stelle fortzugehen, nicht beachtet hatte, mit Gewalt entfernte, eine Fürsorge für Wlodarski bethätigt und weder objektiv noch subjektiv widerrechtlich gehandelt hat. Als dann Wlodarski auf dem Boden lag, wohin er mit Waak gefallen war, ohne daß dieser ihn erwiesenermaßen niedergeworfen hatte, und mit Händen und Füßen um sich schlug, war der Maschinist Waak zur eigenen Vertheidigung, und um Schaden von Wlodarski abzuwenden, berechtigt, den Tobenden festzuhalten und zu bewältigen. Somit kann der vom Seeamt gegen den Maschinisten Waak erhobene Vorwurf des Mißbrauchs seiner dienstlichen Stellung gegenüber dem ihm untergebenen Arbeitspersonale nicht aufrecht erhalten werden.

Es ist ferner noch zu untersuchen, ob der vom Seeamt gegen den Maschinisten Waak erhobene Vorwurf schwerer Pflichtverletzung bei Beaufsichtigung des ihm unterstellten Personals aufrecht zu erhalten ist. Dabei kommt in Betracht, daß dem Waak von der Mißhandlung des Wlodarski seitens des Oberheizers Martini, sowie von dem Umstande, daß Wlodarski bereits vorher Zeichen einer Erkrankung zu erkennen gegeben habe, nachweislich nichts bekannt gewesen ist. Er ist in Folge anderweiter Dienstobliegenheiten von 1 Uhr 30 Minuten Nachmittags an bis zu dem Zeitpunkte, in welchem er den Wlodarski an der gefährlichen Stelle unter der Windtutze angetroffen hat, nicht in den hinteren Heizraum gekommen. Allerdings ist es auffällig, daß ein Maschinist zur Heranbringung der neuen Heizerwache, wie es hier nach Waak's Darstellung geschehen ist, das Wecken der Heizer persönlich hat vornehmen müssen und dadurch gezwungen ist, sich auf längere Zeit aus dem, seiner Beaufsichtigung unterstehenden Raume zu entfernen. Hierfür kann jedoch der Maschinist nicht verantwortlich gemacht werden, da er die ihm zugetheilten Leute — vielfach wenig brauchbare sogenannte Ueberarbeiter — so nehmen mußte, wie sie waren, und die Erfüllung ihrer Pflicht, insonderheit ihr pünktliches Eintreffen zum Dienst in jeder Weise sichern mußte. Weiter ist Waak nach seiner durch die sonstigen Ermittelungen nicht widerlegten Angabe von dem hinteren Heizraum, dem Schauplatz der hier in Betracht kommenden Ereignisse, dadurch ferngehalten worden, daß er die Ueberarbeiter in anderen Heizräumen zur Arbeit anhalten mußte, um den von der Schiffsleitung als ungenügend bezeichneten Dampfdruck zu erhöhen, während im hinteren Heizraum der Oberheizer Martini — allerdings durch verwerfliche Maßnahmen — für den nöthigen Dampf sorgte. Diesen Verhältnissen ist es zuzuschreiben, daß der Maschinist Waak während eines Zeitraums von 1½ Stunden den seiner Aufsicht unterstehenden hinteren Heizraum ohne seine Schuld überhaupt nicht betreten und von den Vorkommnissen in diesem Raume keine Kenntniß gehabt hat. Es fragt sich sodann, ob Waak, als er in den hinteren Heizraum kam und den Wlodarski die Treppe in der Windtutze hinaufstreben sah, als erfahrener Maschinist nicht sofort hätte erkennen müssen, daß dieser Mann schwer krank sei und der Hülfe bedürfe; ob er nicht hätte die Anzeichen von Hitzschlag erkennen und sofort ärztliche Hülfe, welche an Bord vorhanden war, herbeischaffen müssen. Behufs Klärung dieser Frage ist vom Ober-Seeamt der bereits vor dem Seeamt vernommene beeidete Sachverständige, Physikus Dr. Erman aus Hamburg, nochmals zu einer Aeußerung insbesondere darüber veranlaßt worden, wie die Vorboten und der Verlauf einer Erkrankung an Hitzschlag gestaltet, und welche Gegenmittel in Anwendung zu bringen sind. Danach tritt die Erkrankung oft ohne vorgängige erkennbare Anzeichen mit plötzlichem gänzlichen Kräfteverfall auf, zuweilen aber geht dem Hitzschlag eine Sinnesverwirrung vorauf, wie solche bei Wlodarski bemerkt ist. Es ist schon für den Arzt schwer, zu erkennen, ob es sich nur um vorübergehende Schwäche handelt oder ob ein Hitzschlag im Anzuge ist; für einen Laien ist die Beurtheilung um so schwieriger. In dem vorliegenden Falle würde es das Richtige gewesen sein, den Kohlenzieher Wlodarski sogleich bei Eintritt der ersten Krankheitserscheinungen in die frische Luft zu bringen, indessen hat sich der üble Ausgang nicht voraussehen lassen.

Auf Grund dieser amtseidlichen sachverständigen Auskunft hat das Ober-Seeamt die Frage, ob Waak den gefährlichen Zustand des Wlodarski habe erkennen können und müssen, verneint.

Da Waak keine Gefahr ahnte, kann ihm auch nicht zur Last gelegt werden, daß er den Wlodarski nicht sofort hat an Deck bringen lassen, ihm lag nach seiner pflichtmäßigen Ueberzeugung zunächst ob, den Mann aus seiner gefährlichen Stellung auf der Treppe zu entfernen. Hätte er dies unterlassen und wäre alsdann Wlodarski durch heruntergeworfene Kohlenkörbe zu Schaden gekommen, so würde ihn der Vorwurf mangelhafter Beaufsichtigung des ihm unterstellten Personals getroffen haben. Richtiger hätte er aber sicherlich gehandelt, wenn er nicht persönlich die Wegschaffung des Wlodarski von der Treppe unternommen, sondern sich hierzu der zu seiner Verfügung stehenden Wachtmannschaften bedient hätte. Indessen mag zu seiner Entschuldigung angenommen werden, daß er die Gefahr schon für so drohend erachtete, daß jeder Aufschub des Einschreitens verderblich werden konnte. Nachdem das Handgemenge durch die Erschlaffung des Wlodarski ein Ende gefunden hatte, hat Waak durch Lagerung des Erkrankten im Tunnel die durch das ärztliche Gutachten als nöthig bezeichnete Fortschaffung in frischere Luft herbeigeführt. Unmittelbar darauf erschien der erste Maschinist Lüthmann, welcher den gefährlichen Zustand des Kranken nunmehr erkannte und seinerseits die erforderlichen Anweisungen erließ, indem er sofort ärztliche Hülfe herbeirief und den Transport des Kranken an Deck anordnete. Ueber den Zeitraum, der bis zu diesem Eingreifen Lüthmann's verstrichen ist, lauten die Angaben verschieden, wie es bei derartigen Schätzungen häufig der Fall ist. Thatsächlich kann es sich nach den sonstigen Zeitangaben — über das Antreten der neuen Heizerschicht und den Zeitpunkt des Eintreffens Wlodarski's im Lazareth — nur um einen ganz kurzen Zeitraum gehandelt haben. Es kann deshalb nicht für erwiesen erachtet werden, daß Waak in dieser Zeit durch Unterlassung der Herbeiholung von ärztlicher Hülfe eine mit Nachtheil für Wlodarski verbundene Pflichtversäumniß auf sich geladen hat. Mit dem Einschreiten des Vorgesetzten hörte die Verantwortung des p. Waak, dessen Wache ohnedies zu Ende ging und dessen Dienstobliegenheiten ihn anderwärts in Anspruch nahmen, auf.

Aus diesen Gründen hat das Ober-Seeamt angenommen, daß Waak den Unfall nicht durch einen solchen Mangel an den zur Ausübung seines Gewerbes erforderlichen Eigenschaften verschuldet hat, daß ihm die Befugniß zur Ausübung des Gewerbes als Seedampfschiffsmaschinist entzogen werden müßte. Es war daher der seeamtliche Spruch, wie geschehen, dahin abzuändern, daß dem p. Waak sein Patent zurückzugeben ist.

Die Kosten des Beschwerdeverfahrens bleiben außer Ansatz, weil die Beschwerde des Maschinisten von Erfolg begleitet gewesen ist.

45. Spruch des Seeamts zu Stettin vom 26. November 1898 und Entscheidung des Kaiserlichen Ober-Seeamts vom 2. Februar 1899, betreffend den Seeunfall des Schraubendampfers „Eduard" von Stettin.

Der Spruch des Seeamts lautet:

Der Seeunfall, welcher am 30. August 1898 früh den Schraubendampfer „Eduard" durch Strandung an der Südküste von

Laaland bei More Brundrag betroffen hat, ist auf Nachlässigkeit des die Wache habenden Steuermanns Johannes Sprenger zurückzuführen, welcher trotz sichtbarer und genügender Feuer und unter Nichtbeachtung der ihm vom Schiffer ertheilten Anweisung den Schiffsort nicht hinreichend bestimmt hat. Dem Steuermann Sprenger wird die Befugniß zur Ausübung des Steuermannsgewerbes entzogen.

Thatbestand. Am 27. August 1898 trat der in Stettin beheimathete Schraubendampfer „Eduard", Unterscheidungs-Signal JDWQ, vermessen zu einem Netto-Raumgehalt von 1435,6 cbm = 506,78 britischen Register-Tons, mit einer Dampfmaschine von 400 indicirten Pferdestärken versehen, mit einer Ladung Superphosphat die Rückreise von Dortrecht nach Stettin zu an. Das Schiff war in gutem Zustande und besaß Classe 100 A. K. des Germanischen Lloyd. Es lag bei seinem Abgange hinten 14 Fuß 4 Zoll, vorne 11 Fuß 10 Zoll englisch tief; im Laufe der Fahrt wurde der Tiefgang hinten durch den Abgang an Kohlen noch etwas geringer. Die Reise bis zum Morgen des 30. August war gut verlaufen; zu Mitternacht auf den 29./30. August hatte man Stollergrund passirt und befand sich vor dem Eingang des Fehmarn-Belts. Das Wetter war gut feuersichtig und es wehte frisch aus Süden. Schiffer Rasch, welcher während 24 Stunden in der Elbe und im Nordostseecanal Wache gehabt, fühlte sich ermüdet und übergab um Mitternacht die Wache an den Steuermann Johannes Sprenger. Dieser war zwar erst seit Anfang August auf dem „Eduard", aber schon seit 8 Jahren Steuermann auf anderen Schiffen und hatte insbesondere auch den Fehmarn-Belt bei Nachtzeit schon einigemal durchfahren. Schiffer Rasch instruirte den Steuermann, nicht weiter als 3 Seemeilen von Fehmarn abzubleiben, da der Strom hier leicht nördlich versetze; um die Entfernung sicher festzustellen, solle er ferner von dem bald zu erwartenden Markelsdorfer Feuer eine sogenannte Vierstrichpeilung aufnehmen; endlich würde er noch die zwischen diesem Feuer und Marienleuchte befindliche Heulboje hören müssen, die nahe der Nordküste von Fehmarn liegt. Der Schiffer zeigte ferner dem Steuermann auf der Karte die Stelle, wo sich das Schiff um 12 Uhr befand; sie ist auf der dem Seeamt demnächst vorgelegten Karte durch die Zahl 12 bezeichnet.

Steuermann Sprenger ließ nach den von ihm in der Verklarung eidlich bestätigten Eintragungen des Journals von 12 Uhr ab folgende Curse steuern: von 12 Uhr bis 12 Uhr 45 Minuten O¾S. Zu dieser Zeit kam das Feuer von Markelsdorf in Sicht und wurde

SO½O gepeilt; alsdann wurde OzS und von 1 Uhr 30 Minuten OSO½O gesteuert; um 1 Uhr 45 Minuten hatte man Markelsdorfer Feuer dwars, und schätzte Sprenger den Abstand mit den Augen auf 4 Seemeilen. Die genannten Curse verstehen sich sämmtlich mißweisend aber ohne Berücksichtigung der 1¼ Strich westlich betragenden Deviation des Compasses, welche dem Steuermann bekannt war. Längere Zeit, bevor man Markelsdorfer Feuer dwars hatte, war das grüne Licht eines von Norden her entgegenkommenden Dampfers gesichtet worden; Sprenger hatte sich dadurch bestimmen lassen nach Backbord auszuweichen, bis der Dampfer endlich auf seiner Steuerbordseite passirt war; dies war ebenfalls geschehen, bevor man das Feuer von Markelsdorf dwars hatte. Eine Vierstrichpeilung nahm Sprenger nicht auf, weil er bei der guten Sichtigkeit der Feuer die Schätzung für sicher hielt. Die Luft bezog sich jetzt jedoch, es wurde schmuttig, blieb aber feuersichtig. Sprenger ließ SOzO und bald darauf SO¾O steuern und gab dem ebenfalls auf der Commandobrücke befindlichen, ihm zur Unterstützung zugetheilten Zimmermann Barrs den Auftrag, gut nach der Heulboje auszuhorchen. Der Schall derselben wurde jedoch nicht gehört.

Vor dem Dampfer hatte sich schon seit einer Stunde ein anderer bewegt, in Sicht von dessen Hecklicht man gefahren war. Es fiel nun Steuermann Sprenger gegen 3 Uhr plötzlich auf, daß der vordere Dampfer nach Süden abbog. Er peilte nun rasch das Feuer von Marienleuchte und zwar in SW½W (unter Berücksichtigung der Deviation SW¾S) und begab sich zur Karte, um danach den Schiffsort zu bestimmen. Als er nach wenigen Minuten wieder oben erschien, es war 3 Uhr 10 Minuten, setzte das Schiff durch; Sprenger ließ sofort stoppen, rückwärts schlagen und das Ruder hart Backbord legen; das Schiff drehte auch bis Süden auf, blieb dann aber stehen. Sprenger rief dann den durch den starken Stoß wach gewordenen Schiffer, der ihn zunächst fragte, ob er schon gelothet habe. Das Loth ergab sodann überall 14 Fuß Wasser.

Das Schiff war auf steinigen Grund dicht bei Store Brundrag an der Südküste von Laaland gestrandet und hatte am Kiel und namentlich an der Backbordseite eine starke Beschädigung erhalten, durch welche das Wasser rasch in den Maschinen- und Hinterraum eindrang. Bei Tagwerden wurde der Steuermann an Land gesandt, um nach Hülfe zu telegraphiren.

Gegen 10 Uhr Vormittags erschien dann der Bergungsdampfer „Öresund"; der Wind und Seegang nahm aber im Laufe dieses und der nächsten Tage so zu, daß der „Oresund" erst am 3. September längsseits kommen und mit Pumpen beginnen konnte. Am 4. September erschien dann auch der Bergungsdampfer „Kattegatt" und nahm Ladung des „Eduard" über, mit welcher er nach Gjedser dampfte. Erst am 7. September gelang dann dem „Öresund" die Abschleppung, nachdem seine Taucher schon vorher möglichst die Leckage des „Eduard" gedichtet hatten. Im Laufe des 7. September kam auch der „Kattegat" zurück, und beide Bergungsdampfer brachten dann den „Eduard" nach Kroghaven, wo an der Dichtung weiter gearbeitet wurde, bis dann am 8. September vom Experten das Schiff wieder für seetüchtig zur Reise nach Stettin erklärt wurde. Am 10. September langte der „Eduard" unter Assistenz des „Öresund" im Stettiner Hafen an, wo er auf die Oderwerke in Reparatur gegeben wurde. Dabei wurden 3 Kielplatten, 33 Bodenplatten an der Backbordseite und 14 an der Steuerbordseite beschädigt vorgefunden, und hat die Reparatur über 30 000 M. gekostet.

Alles Vorstehende ist auf Grund der vor dem Seeamt abgegebenen Zeugenaussagen des Schiffers, Steuermanns und Zimmermanns sowie Einsicht des Journals und Karte, Auskunft der Seewarte Hamburg und der Oderwerke festgestellt erachtet. Die in der Karte noch jetzt sichtbare Bleifederlinie mit der Bezeichnung 1¾ und den Kreuzen darüber hat Schiffer Rasch nachträglich als Reconstruction des während der Sprenger'schen Wache angelegenen Curses eingetragen; eine Nachprüfung zeigt, daß sie auch den angegebenen Cursen unter Berücksichtigung der Deviation entspricht.

Der Reichscommissar hat Entziehung des Steuermannspatents gegen Sprenger beantragt.

Entscheidungsgründe. Diesem Antrage mußte stattgegeben werden. Wenn man die von Schiffer Rasch eingetragene Linie durch die weiteren Curse, welche das Schiff bis 3 Uhr 10 Minuten verfolgt hat, ergänzt, so ergiebt sich, daß der „Eduard" selbst unter Berücksichtigung der dort gewöhnlichen Stromversetzung mindestens 3 Seemeilen von Laaland freibleiben mußte, falls die Linie der wirklichen Fahrtlinie des Dampfers entsprach. Der Umstand, daß der Dampfer thatsächlich an der Küste von Laaland gestrandet ist, beweist, daß er bedeutend nördlicher gestanden hat, als Sprenger veranschlagt hat, und daß er sich speciell von der Küste von Fehmarn nicht nur 3 Seemeilen, sondern etwa 8—9 Seemeilen entfernt hat. Die Ursache dafür ist jedenfalls einmal einer ziemlich bedeutenden Stromversetzung, sodann aber dem Umstand zuzuschreiben, daß Sprenger in nicht controlirter längerer

Zeit dem entgegenkommenden Dampfer nach Backbord zu ausgewichen ist. Nebenbei bemerkt, hatte er dazu garkeine Veranlassung, da jener Dampfer nach der Kaiserlichen Verordnung auf der Backbordseite des „Eduard“ hätte passiren müssen. Sowohl das regelmäßige Eintreten einer Stromversetzung zumal bei südlichem Winde als das Ausweichen nach Backbord waren Factoren, welche dem Steuermann bekannt oder von ihm selbst angeordnet waren; er hatte an sich schon die größte Veranlassung, eine genaue Ortsbestimmung mindestens von dem Augenblick ab vorzunehmen, wo er den entgegenkommenden Dampfer passirt hatte. Das hat Sprenger nicht gethan, und das allein schon gereicht ihm zum Vorwurf. In dem vorliegenden Falle war aber sein Verhalten geradezu ein Ungehorsam gegen die Befehle des Schiffers, welcher ihm ausdrücklich gesagt hatte, er solle eine Vierstrichpeilung vom Markelsdorfer Feuer nehmen. Nicht nur durch diese, sondern auch durch eine Kreuzpeilung der Feuer von Markelsdorf und Marienleuchte hätte Sprenger bequem den Schiffsort bestimmen können; er hat Beides unterlassen, obgleich er durch das Nichthören der bei südlichem Winde gewiß auf weitere Entfernung hörbaren Heulboje doch auch darauf aufmerksam gemacht werden mußte, daß er sich von Fehmarn weiter entferne, als der Schiffer wünsche. Dieses nachlässige Verhalten des Steuermanns ist für den Dampfer verhängnißvoll geworden; denn es ist zweifellos, daß bei Vornahme einer Vierstrichpeilung oder Kreuzpeilung der wirkliche Schiffsort und die Größe der nördlichen Abweichung oder Abtrift rechtzeitig entdeckt worden wäre.

Sprenger hat durch sein Verhalten zu erkennen gegeben, daß er nicht diejenigen Eigenschaften besitzt, welche zur selbständigen Führung eines Schiffes erforderlich sind; denn auch als Steuermann muß er vertretungsweise für den Schiffer selbständig die Schiffsführung übernehmen; er hat aber auch die für einen Steuermann nothwendige Aufmerksamkeit und Pflichttreue vermissen lassen. Das Seeamt hat ihm daher die Befähigung zur weiteren Ausübung des Steuermannsgewerbes abgesprochen.

Den Schiffer selbst trifft kein Vorwurf; er hat, bevor er zur Ruhe ging, den Sprenger hinreichend instruirt, ihm auch nicht etwa verboten, ohne seine Genehmigung zu lothen. Daß der Schiffer nach der Anstrengung der letzten 24 Stunden zur Ruhe ging, obgleich der Fehmarn-Belt gefährlich ist, ist ihm nicht zu verdenken; es kamen am Ausgange des Fehmarn-Belts noch viel gefährlichere Stellen, welche mit mehr Recht die Anwesenheit des Schiffers auf Deck erforderlich machten.

Auffallend ist dem Seeamt und dem Reichscommissar gewesen, daß der Schiffer eine englische Karte benutzt hat. Er hat auf Befragen angegeben, daß der Druck der deutschen Karten zu fein und das Papier nicht haltbar genug sei; bei dem Ausreiben der zur Cursabsetzung gezogenen Bleifederlinie gehe der Druck schon nach einem Jahre mit weg. Das Seeamt hält diese Erklärung für nicht unbegründet und so wichtig, um hier ausdrücklich davon Notiz zu nehmen.

Die Entscheidung des Ober-Seeamts lautet:

Auf die Beschwerde des Steuermanns Sprenger gegen den Spruch des Königlich preußischen Seeamts zu Stettin vom 26. November 1898 über den Seeunfall des Dampfers „Eduard" von Stettin hat das Kaiserliche Ober-Seeamt in seiner zu Berlin am 2. Februar 1899 abgehaltenen öffentlichen Sitzung nach mündlicher Verhandlung der Sache entschieden,

> daß der Spruch des Königlichen Seeamts in Stettin vom 26. November 1898 dahin abzuändern, daß dem Steuermann Sprenger die Befugniß zur Ausübung des Steuermannsgewerbes zu belassen und die baaren Auslagen des Verfahrens außer Ansatz zu lassen.

Gründe. Die Strandung des Dampfers „Eduard" ist, wie das Seeamt in der Begründung seines Spruches zutreffend ausführt, in erster Linie auf Stromversetzung zurückzuführen. Dem Umstande, daß der wachhabende Steuermann Sprenger, um einem entgegenkommenden Dampfer auszuweichen, während einer nicht näher festzustellenden Zeitdauer nach Backbord abgehalten hat, kann ein wesentlicher Einfluß auf die Versetzung nicht beigemessen werden, da einmal dieses Abhalten nach Angabe des Steuermanns und entsprechend der Natur der Sache nur kurze Zeit gewährt hat, und andererseits durch Zeugenaussagen erwiesen ist, daß von dem gewählten, frei von Laaland führenden Curse jedenfalls nicht nach Osten abgewichen worden ist. Dieses Ausweichen verstößt an und für sich gegen die Kaiserliche Verordnung zur Verhütung des Zusammenstoßens von Schiffen auf See; indessen ist das Manöver nach der glaubwürdigen Darstellung des Steuermanns Sprenger nur zur Abwendung unmittelbarer Gefahr ausgeführt, weil der zum Ausweichen verpflichtete begegnende Dampfer keinerlei Anstalten machte, seinerseits den Weg freizugeben. Das Manöver erscheint somit durch Artikel 23 der Kaiserlichen Verordnung gerechtfertigt.

Was die in jenen Gegenden auftretenden Strömungen anbelangt, so sind sie nach Angabe des Segelhandbuchs für die Ostsee sehr unregelmäßig und unberechenbar. Daß dies insbesondere auch an dem Unfallstage der Fall gewesen ist, erhellt aus der durch Auskunft der Seewarte in Hamburg festgestellten Wetterlage und aus dem Berichte des Strandvogts zu Rodby, welcher als wahrscheinliche Ursache für die Strandung Südweststurm mit Regen und starken Strom anführt. Das Ober-Seeamt ist indessen zu der Ansicht gelangt, daß die Stromversetzung allein nicht genügt, um zu erklären, wie das Schiff mit den gesteuerten Cursen an die Strandungsstelle hat gelangen können. Daneben muß vielmehr auch die Fehlerhaftigkeit der Compasse zu der Strandung beigetragen haben. Steuermann Sprenger behauptet zwar, daß Deviationsbestimmungen stattgefunden hätten; eine Deviationstabelle oder ein Deviationsjournal ist an Bord aber nicht geführt worden. Im Schiffsjournale befindet sich für die Fahrt durch die Nordsee für die hier in Frage kommenden Curse als Deviation bei OzS 1 Strich West, bei OSO ebenso und bei SOzO als höchstes Maß 1 1/4 Strich Westdeviation. Für die Fahrt durch die Ostsee enthält das Journal keinerlei Deviationsangaben. Es ist daher nicht ersichtlich, auf welcher Grundlage seitens des Seeamts für die bei dem Unfall in Frage kommenden Curse durchweg eine Deviation von 1 3/4 Strich West in Anrechnung gebracht worden ist.

Nach dem Vorstehenden ist der Grund für die stattgehabte Versetzung nicht einwandsfrei ermittelt worden. Ungeachtet der Lücken in der Aufklärung der thatsächlichen Vorgänge kann aber nach der gesammten Sachlage unbedenklich davon ausgegangen werden, daß die Strandung hätte vermieden werden können und müssen, wenn die Navigirung auf dem „Eduard" in gehöriger Weise gehandhabt worden wäre. Dies ist indessen nicht geschehen, und es ist daher zu untersuchen, welche Verfehlungen vorgekommen sind und wen die Verantwortung hierfür in erster Reihe trifft.

Der Schiffer hat dem Steuermann die selbständige Führung des Schiffes durch ein anerkannt gefährliches Fahrwasser bei Sturm und unsichtigem Wetter überlassen; dies muß als ein unrichtiges Verhalten bezeichnet werden; mochte immerhin der Steuermann ein erfahrener Schiffsofficier sein und den Ruf der Tüchtigkeit und Zuverlässigkeit haben, so war es doch die erste Reise, welche er unter diesem Schiffer machte, und der letztere hatte mithin noch nicht Gelegenheit gehabt, ihn zu erproben. Es war dies um so fehlsamer, als der Schiffsort zur Zeit der Wacheübergabe nicht sicher bekannt war. Schiffer Rasch mußte sogar aus dem Umstande, daß das Fjakebjergfeuer, in dessen Feuerkreis man vermeintlich bereits eingetreten war, nicht gesichtet wurde, erkennen, daß sein Schiff nicht da stand, wo er glaubte. Es wäre daher seine Pflicht gewesen, so lange auf Deck zu bleiben, bis er Gelegenheit fand, seinen Schiffsort zu bestimmen, zumal dies beim Insichtkommen des Markelsdorfer Feuers, welches durch seine Charakteristik als festes und als Blitzfeuer eine sichere Grundlage für die Ortsbestimmung abgiebt, schon nach spätestens 20 Minuten hätte erreicht werden können. Den vom Seeamt für stichhaltig erachteten Entschuldigungsgrund, daß der Schiffer, weil er 24 Stunden vorher anstrengenden Dienst gehabt, berechtigt gewesen sei, die Wache abzugeben, vermag das Ober-Seeamt als entlastend nicht anzuerkennen. Der Schiffer hätte sehr gut vom Auslauf aus dem Kieler Hafen an bis zum Insichtkommen der Feuer für die Einsegelung in den Fehmarn-Belt der Ruhe pflegen können. Es kommt hinzu, daß die dem Steuermann bei Uebergabe des Commandos ertheilte Instruction nicht hinreichend bestimmt war. Die vom Schiffer ertheilte Weisung, den Curs beizubehalten und ungefähr drei Seemeilen von Fehmarn abzubleiben, sowie eine Vierstrichpeilung von Markelsdorf zu nehmen, war mit Rücksicht auf die Unsicherheit des Schiffsorts, auf die Wetterlage und die Thatsache, daß er den Steuermann noch nicht genügend erprobt hatte, nicht ausreichend. Wenn das Seeamt darauf hinweist, daß der Schiffer dem Steuermann nicht etwa verboten hätte, ohne seine Genehmigung zu lothen, so ist kaum verständlich, inwiefern dieser Hinweis zur Entlastung des Schiffers dienlich erscheinen kann. Denn es wäre unzweifelhaft Pflicht des Schiffers gewesen, seinem Steuermann unter den obwaltenden Umständen ganz besonders den Gebrauch des Lothes anzubefehlen.

Erwägt man nun, daß, wie vom Ober-Seeamt in zahlreichen einschlägigen Fällen ausgesprochen ist, dem Schiffer als erste Berufspflicht die Navigirung seines Schiffes obliegt, und daß er dieser Pflicht nicht schon gerecht wird, indem er seinem Steuermann die selbständige Führung des Schiffes überträgt, so muß auch im vorliegenden Falle mit Nachdruck hervorgehoben werden, daß der Schiffer Rasch für die Fehler, welche der Steuermann Sprenger in Bezug auf die Navigirung des Schiffes begangen hat, die Verantwortung trägt. Auch für die Unterlassung der gehörigen Regulirung der Compasse ist Schiffer Rasch verantwortlich.

Das Verschulden des Schiffers entlastet aber den Steuermann nicht. Dieser hat zunächst darin gefehlt, daß er die ihm befohlene

Vierstrichpeilung zur Ortsbestimmung nicht genommen hat. Jedoch hat er vor dem Ober-Seeamt in glaubwürdiger Weise geltend gemacht, daß er an der Ausführung dieses Befehls durch die eingetretenen Verhältnisse verhindert worden ist, indem er nämlich einem begegnenden Dampfer auszuweichen hatte, und deshalb die durch Nehmen der ersten Peilung eingeleitete Ortsbestimmung nicht weiter fortzuführen vermochte. Später ließ die Richtung, in der das Wester-Markelsdorf-Feuer gesichtet wurde, eine Vierstrichpeilung nicht mehr zu. Wenn hiernach davon abgesehen werden kann, den im Spruche des Seeamts erhobenen Vorwurf des Ungehorsams gegen den ausdrücklichen Befehl des Schiffers aufrecht zu erhalten, so fehlt es doch an jeder Entschuldigung dafür, daß Steuermann Sprenger auch jede weitere Ortsbestimmung unterlassen hat. Hierzu bot sich Gelegenheit durch Kreuzpeilungen der Feuer von Marienleuchte und Markelsdorf. Sprenger will sie unterlassen haben, weil des Regens wegen nicht beide Feuer zugleich von ihm gesichtet wurden. Dagegen will er Markelsdorfer Feuer unausgesetzt in Peilung gehalten haben. Schon aus diesem Umstande hätte er erkennen müssen, da er sich nicht da befand, wo er zu stehen glaubte, sondern nördlicher, und es wäre seine Pflicht gewesen, nunmehr zu lothen. Er will hiervon abgesehen haben, weil er darauf rechnete, daß das Marienleuchte-Feuer bald in Sicht kommen würde, und er sich dann nach den Peilungen dieses Feuers würde haben orientiren können. Dieses sei dann nach 20 Minuten in Sicht gekommen, er habe aber des unsichtigen Wetters wegen seinen Abstand von dem Feuer unterschätzt. Diese Entschuldigung kann nicht gelten; gerade des unsichtigen Wetters wegen wäre die Controle des Schiffsorts durch das Loth unerläßlich gewesen. Wenn der Steuermann aus der Thatsache, daß die Heulboje nicht gehört wurde, nicht zu der Ansicht gelangte, daß sein Schiff weiter ab von Fehmarn stand, als er annahm, so kann ihm hieraus ein Vorwurf mit Rücksicht darauf nicht gemacht werden, weil bei dem südlichen ablandigen Winde diese Boje, deren Heulwerk durch die Bewegung der See in Thätigkeit gesetzt wird, voraussichtlich auch in nächster Nähe nicht zu hören gewesen sein wird. Unter diesen Verhältnissen hätte Steuermann Sprenger unter allen Umständen richtiger gehandelt, den Schiffer zu rufen, der dann sicherlich die Führung des Schiffes selbst übernommen haben würde; die Strandung wäre dann voraussichtlich vermieden worden.

Trifft nach Vorstehendem den Steuermann Sprenger der schwere Vorwurf mangelhafter Ortsbestimmung, deren Vornahme durch die

Umstände besonders geboten war, so muß ihm die unmittelbare Schuld an der Herbeiführung der Strandung zugesprochen werden. Er hat durch diese Unterlassungen bewiesen, daß ihm die Eigenschaften, welche zur selbständigen Führung eines Schiffes erforderlich sind, mangeln. Es ist jedoch zu berücksichtigen, daß Sprenger nicht Schiffer, sondern nur geprüfter Steuermann ist, und wenn auch der Steuermann unter Umständen den Schiffer zu vertreten hat, so besteht doch ein Unterschied zwischen der Verantwortlichkeit beider, wie schon daraus zu folgern ist, daß der geprüfte Steuermann erst nach längerer Fahrzeit und nach abermaliger Prüfung zur Ausübung des Schiffergewerbes zugelassen wird. Der Steuermann hat im Allgemeinen nach der Anweisung des Schiffers zu handeln, und hierdurch wird in gewissem Maße seine Verantwortlichkeit verringert, wenn auch jeder Fehler und jede Unterlassung bei der Ausführung solcher Anweisungen, sowie jeder sonstige Verstoß gegen seemännische Regeln, den er auf seiner Wache begeht, ihm als Verschulden anzurechnen ist (Entscheidung des Ober-Seeamts, Band IX S. 401).

Unter diesem Gesichtspunkt erscheint eine mildere Beurtheilung des Verschuldens des Steuermanns Sprenger, welches hauptsächlich auf dem Gebiete der Navigirung, also im Bereiche der eigentlichen Schifferpflicht, liegt, statthaft, und da der Vorwurf des Ungehorsams gegen einen vom Schiffer ertheilten Befehl hat fallen gelassen werden können, so hat das Ober-Seeamt in Rücksicht auf die langjährige vorwurfsfreie Dienstzeit des Steuermanns Sprenger, auf den guten Leumund, dessen er sich erfreut, sowie auf den guten Eindruck, den er durch sein offenes Auftreten vor dem Ober-Seeamt gemacht hat, sowie ferner in der Ueberzeugung, daß es sich bei ihm nicht um seinen dauernden Mangel an den zur Erfüllung der Obliegenheiten seines Berufs erforderlichen Eigenschaften handelt, sondern daß nur ein einmaliges Versehen vorliegt, aus dessen verhängnißvollen Folgen der Steuermann Sprenger für die Zukunft sicherlich heilsame Lehren ziehen wird, von einer Patententziehung abgesehen. Unter Abänderung des seeamtlichen Spruches ist daher dem Steuermann Sprenger die Befugniß zur Ausübung des Steuermannsgewerbes belassen.

Die Kosten des Beschwerdeverfahrens bleiben außer Ansatz, weil die Beschwerde vom Steuermann mit Erfolg eingelegt ist.

Schließlich sieht sich das Ober-Seeamt im Hinblick auf die bei seinen Verhandlungen neuerdings mehrfach gemachten Beobachtungen veranlaßt, darauf hinzuweisen, daß bei den häufigen im Fehmarn-Belt sich ereignenden Seeunfällen Bedenken entstanden sind, ob die zur

Sicherung der Schiffahrt an dieser Schiffahrtstraße errichteten Leuchtfeuer den zu stellenden Ansprüchen genügen. Die Sicherheit würde besonders gefördert werden, wenn an der Südküste Laalands ein wirksames Feuer errichtet und an Stelle der Heulboje am Puttgardener Riff, deren Wirksamkeit nur bei bewegtem Wasser in Erscheinung tritt, ein Feuerschiff ausgelegt würde.

46. Spruch des Seeamts zu Bremerhaven vom 7. Februar 1899, betreffend den Seeunfall des Schraubendampfers „Nord" von Geestemünde.

Der Spruch des Seeamts lautet:

Am 15. December 1898 1 Uhr 20 Minuten Morgens auf der Reise von Geestemünde nach Skutskär ist der Schraubendampfer „Nord" auf den Halsarn-Klippen in der Nähe von Understen gestrandet und verloren gegangen. Die aus 13 Mann bestehende Besatzung ist am 17. December durch den schwedischen Dampfer „Saga" gerettet und in Gefle gelandet.

Die Schiffsleitung trifft an dem Unfalle, welcher auf Stromversetzung und unsichtiges Wetter zurückzuführen ist, ein Verschulden nicht.

Der Schiffer Becker verdient für sein umsichtiges und energisches Verhalten nach der Strandung höchste Anerkennung. Die Haltung der Mannschaft in ihrer äußerst schwierigen Lage bis zur Rettung ist lobenswerth.

Das von dem Dampfer „Saga" vollführte Rettungswerk, welches mit Gefahr für Schiff und Bootsbesatzung verbunden war, verdient ebenfalls besonderes Lob.

Gründe. Der Schraubendampfer „Nord" führte das Unterscheidungs-Signal KRCW, war in Geestemünde beheimathet und gehörte der Rhederei-Gesellschaft „Germania" in Geestemünde. Der Netto-Raumgehalt des Schiffes betrug 914,4 cbm = 322,77 britischen Register-Tons. Der Dampfer war im Jahre 1889 aus Stahl erbaut worden und hatte eine 325 Pferdestärken indicirende zweicylindrige Compoundmaschine. Die Besatzung bestand, einschließlich des Schiffers R. Becker aus Hammelwarden, aus 13 Mann. Der Dampfer war beim

Germanischen Lloyd mit + 100. A 4 K. classificirt. Die specielle Besichtigung hatte im April 1897 zu Bremerhaven im Dock stattgefunden; das Schiff war hierbei in Ordnung befunden und die Fortdauer der Classe bestätigt worden.

Am 11. December 1898 trat der Dampfer „Nord" in Ballast von Geestemünde aus eine Reise nach Skutskär an. Nach einer ziemlich stürmischen Reise, auf der aber nichts Besonderes passirte, wurde am 14. December 8 Uhr 45 Minuten Abends Svenska Björn-Feuerschiff erreicht. Es wehte eine steife bis stürmische Briese aus SSO. Um 10 Uhr 20 Minuten Nachts wurde Söderarm, dessen Entfernung vom Steuermann Kück durch die Vierstrichpeilung bestimmt war, in 6 Seemeilen Distanz passirt und von hier ab der Curs NNW gesetzt, welcher etwa 3 Seemeilen östlich von Understen freiführen mußte. Gegen 10 Uhr 30 Minuten Nachts trat leichter Schneefall ein; der Wind wuchs zum Sturme an. Obgleich die Wache des Schiffers Becker erst um 12 Uhr anfing, war er wegen des unsichtigen Wetters schon seit 10 Uhr 30 Minuten auf der Brücke; an Deck waren außerdem der Steuermann, der Bootsmann, ein Matrose am Ruder und ein Matrose auf dem Ausguck. Der Sturm nahm um Mitternacht die Stärke 9—10 an; es schneite unaufhörlich, doch war der Schnee so fein, daß man nach der Annahme des Schiffers Becker 4—5 Seemeilen weit sehen konnte. Nach Berathung mit dem Steuermann ließ der mit dem Fahrwasser nach seinen vielen früheren Reise genau bekannte Schiffer Becker Volldampf, womit etwa 10 Knoten Fahrt gemacht wurden, weiter fahren, weil bei dem herrschenden Sturme mit reducirter Fahrt Abtrifft zu befürchten und ein genaues Besteck nicht zu halten war. Die Absicht des Schiffers war, bis auf etwa 4 Seemeilen von Understen NNWCurs zu halten und dann Nord oder N½W zu steuern in der Hoffnung, entweder Understen im Westen oder Degerskär im Osten in Sicht zu bekommen. Seit Söderarm war kein Landfeuer mehr gesehen, worauf der Schiffer bei dem Schneewetter auch nicht gerechnet hatte, weil das Festland auf der durchlaufenen Strecke in einer Bucht zurücktritt. Gleich nach 1 Uhr Morgens am 15. December ließ der Schiffer durch den Bootsmann das Patentlogg ablesen und schätzte sich, nachdem er das Besteck abgesetzt hatte, 7 Seemeilen ab von Understen. Bald nachher kam ein weißes Licht in Sicht, welches NzO peilte. Der Schiffer ließ das Ruder Backbord legen, schickte den Bootsmann nochmals zum Logg, warf noch einen Blick auf die Karte und eilte die Treppe zur Brücke hinauf, wo ihm der Steuermann „Brandung voraus" zurief.

Sofort sprang der Schiffer zum Steuerrad und riß zusammen mit dem Rudersmann das Ruder hart Backbord über. Kaum lag das Ruder hart an Bord, als auch schon die Brandung dicht vor dem Vordersteven stand und das Schiff hart aufsetzte, eine Klippe entlang lief und nach einigen kurzen schweren Stößen auf der Klippe festsaß. Die Maschine wurde sofort gestoppt und der Dampf abgelassen, da in Folge des durch den aufgerissenen Boden schnell eindringenden Wassers eine Explosion des Kessels zu befürchten war. Alle Mann wurden an Deck beordert, um die Boote klar zu machen, da das Schiff, welches fortwährend schwer stieß, jeden Augenblick von der Klippe abrutschen und in den Abgrund verschwinden konnte. Doch schon bald brachen die Seeen über das Deck weg und mußte das Klarmachen der Boote aufgegeben werden, da dieselben in der Brandung doch nur zerschlagen wären. Als der Schiffer darauf das Commando „in die Wanten" gegeben hatte, machte der Steuermann denselben darauf aufmerksam, daß man beim Großwant an Backbord wohl über einige aus dem Wasser herausragende Felsspitzen auf die Klippen kommen könnte. Der Schiffer ließ daher beim Großwant die Sturmleiter überhängen und davor eine an einem Tau gehaltene Leiter stellen, welche bis auf eine aus dem Wasser hervorragende Spitze reichte. Es kletterte nun einer nach dem andern von der Mannschaft die Sturmleiter hinunter, kroch über die Leiter bis zur ersten Felsspitze, sprang von dieser zur weiteren, bis er die Klippe erreichte und kletterte hier an den überfrorenen scharfen Zacken in die Höhe.

Nachdem auf diese Weise, von den zwischen Klippe und Schiff durchgehenden Brechern völlig durchnäßt, alle Leute bis auf den Schiffer die Klippe erreicht hatten, befestigte dieser, bevor er das Schiff verließ, ein Jolltau an der Regeling und warf das andere Ende, um eine Verbindung mit dem Schiffe herzustellen, der auf der Klippe befindlichen Mannschaft zu. Als letzter gelangte der Schiffer oben auf der Klippe an, nachdem er auf dem Wege dahin 3 mal bis an den Hals im Wasser gelegen und sich an den scharfen Eiskanten die Strümpfe zerrissen hatte. Die Klippe war oben abgeplattet, aber mit einer dicken Eiskruste überzogen. Hier standen die 13 Schiffbrüchigen in völlig durchnäßter, theils gänzlich ungenügender Kleidung ohne den geringsten Schutz gegen den eisigen Wintersturm. Sie drehten dem heulenden Sturme den Rücken zu, zogen die Hände in die Aermel und trampelten unaufhörlich mit den Füßen, um das Blut in Umlauf zu halten. Der Heizer Echte war, abgesehen von seinem Fußzeuge, nur mit Hose und Hemd bekleidet; der Steuermann hatte seine Kopfbedeckung, der Schiffer seine Holzschuhe verloren und der Heizer Donath hatte seine Stiefel direct über die bloßen Füße gezogen, weil er bei der Eile vor dem Verlassen des Schiffes seine Strümpfe nicht hatte finden können. Der Leichtmatrose Hagen gab dem Schiffer Becker seine Oelhose, von welcher dieser sich um jeden Fuß ein Bein wickelte. Das vorher gesichtete Feuer war jetzt von der Klippe aus klar und hell zu sehen; der Schiffer erkannte es als das Understen-Feuer und mußte der Dampfer „Nord“ auf der Halsern-Klippe, etwa 2 Seemeilen SzW von Understen, aufgelaufen sein. Schneeböe folgte auf Schneeböe; der Sturm ging nach NO und wurde heftiger; bei der grimmigen Kälte fror das durchnäßte Zeug so steif, daß die Schiffbrüchigen Arme und Beine kaum noch biegen konnten; der Sturm thürmte die Wellen so hoch auf, daß sie über die Klippe hinweggingen und die Schiffbrüchigen bis an die Knie im Wasser standen. Als der Tag anbrach, wurde die Luft klar und rein, so daß man an Land deutlich die Häuser erkennen und auf Understen die Fenster in den Häusern unterscheiden konnte.

Am Vormittag des 15. December, nachdem der erste Maschinist, ohne etwas zu finden, an Bord gewesen war, erboten sich der Matrose Scheffler und der Koch Framme an Bord zu gehen, um womöglich etwas Proviant zu holen; sie sollten auch das ganze trockene Unterzeug des Schiffers mitbringen. Nachdem beide, von Neuem völlig durchnäßt, glücklich an Deck gekommen waren, gelang es denselben nach großen Mühen einige trockene Brode und ein Stück geräucherten Speck sowie trockene Anzüge und Ueberzieher des Schiffers zu finden, während das Unterzeug desselben völlig durchnäßt war und deshalb an Bord zurückgelassen wurde. Die übrigen Sachen wurden, wie der Schiffer Becker angeordnet hatte, in einen Zeugsack gesteckt, um in diesem vermittelst der Lothleine an Land gezogen zu werden. Bevor beide das Schiff wieder verließen, setzten sie im Großwant eine Nothflagge, um hierdurch die Aufmerksamkeit von vorüberfahrenden Schiffen und von Understen auf sich zu lenken. Nachdem Scheffler und Framme wieder auf der Klippe angelangt waren, vertheilte der Schiffer seine Kleidungsstücke unter die Mannschaft; auch erhielt jeder ein Stück Speck und ein Stück Brod; der Durst wurde mit dem in den Eis- und Felsritzen zusammengekratzten Schnee gelöscht. Der 15. December ging zu Ende ohne das geringste Zeichen von Hülfe oder Rettung. Das Unwetter hielt an. Die Mannschaft zitterte an allen Gliedern bei der bitteren Kälte und konnte sich vor Müdigkeit und Schmerzen in den Füßen kaum noch auf den Beinen halten.

Unaufhörlich feuerte der Schiffer seine Mannschaft an, auszuhalten und sich nicht hinzusetzen und einzuschlafen. Einige hielten das Stehen nicht lange mehr aus; sie legten und setzten sich hin, wurden aber trotzdem durch das Zureden des Schiffers Becker wachgehalten.

Trotz der Vorstellungen des Schiffers, bis zum Tagesanbruch zu warten, entschlossen sich um Mitternacht 8 Mann, darunter der Steuermann, an Bord zu gehen. Der Steuermann ließ alle Viertelstunde eine Rakete steigen; die Nacht war klar und sichtig; aber von dem nahen Undersiten wurde auch dieses Nothsignal nicht bemerkt. Das Wetter besserte sich gegen Morgen. Am 16. December bei Tagesanbruch gelangten auch die 5 auf der Klippe Zurückgebliebenen mit dem Schiffer glücklich an Bord zurück, wo sie, trotzdem alles dick übereist war, doch mehr Schutz fanden, als auf der kahlen Klippe. Zunächst wurde nach trockenen Kleidern gesucht; Alles, was aufgetrieben werden konnte, ob schmutzig oder zerrissen, wurde vertheilt; jeder erhielt etwas. Brod und Corned Beef wurden noch gefunden, außerdem einige Flaschen Bier, welche in der unter Wasser stehenden Proviantkammer schwammen, während die Wein- und Cognacflaschen sowie der Schnapsdemijon zertrümmert waren. Obgleich die Combüse halb unter Wasser stand, mußte der Koch Thee kochen; als Brennmaterial dienten die zerschlagenen Kammerwände, als Wasser wurde Schnee in den Kessel gethan. Nach einigen Stunden gelang es mit vieler Mühe, jeden mit einer Tasse warmen Thee zu erquicken, während der Hunger schon vorher etwas gestillt war. Inzwischen war das Nothsignal NC gesetzt. Da das Rettungsboot sammt Davits bereits am 15. December durch Brechseen über Bord geschlagen und das Backbordboot bei der starken Schlagseite des Schiffes nicht über Bord zu bringen war, wurde versucht, das kleine Jollboot, welches noch unversehrt unter dem Vorder-Schildkröten-Deck stand, durch die Steuerbord-Ladepforte, welche über Bord geschlagen war, zu Wasser zu bringen. Jedoch mußte dieser Versuch wegen Entkräftung der Mannschaft aufgegeben werden, und konnte daher auch der Plan, den Steuermann mit 3 Mann im Boot nach Svartklubben zu schicken, um Hülfe zu holen, nicht ausgeführt werden. So brach mit heulendem Sturme die dritte Nacht an ohne jede Aussicht auf Rettung. Beide Petroleumkannen waren gefüllt in der Kajüte festgestaut, das Flackerfeuer und die Kanonenschläge zum Gebrauche fertig gemacht. Nachts wurde Wache gehalten, um bei Annäherung eines Dampfers sofort Signale geben zu können. Diejenigen von der Mannschaft, welche keine Wache hatten, hockten in der Messe und in der Steuermannskammer zusammen. Am 17. December 3 Uhr 30 Minuten Morgens erscholl der Ruf: „Dampfer in Sicht!“ Schleunigst wurden Flackerfeuer abgebrannt und Kanonenschläge gelöst als der Dampfer näher kam. Durch Gegensignale gab er zu erkennen, daß er die Nothsignale verstanden hatte. Der Dampfer, welcher zunächst in der Nähe des gestrandeten „Nord“ blieb, mußte wegen eingetretenen Schneegestöbers wieder nach See zu halten, um die gefährliche Nähe der Klippen zu meiden. Bei Tagesanbruch näherte sich der Dampfer wieder und ließ ein Boot zu Wasser. Trotzdem die Mannschaft sich kräftig in die Riemen legte, kam das Boot bei dem hohen Seegange nur langsam vorwärts, so daß der Dampfer sich demselben näherte und dasselbe mehr luvwärts schleppte. Bald hatte das Boot den „Nord“ erreicht und wurden, nachdem die Verbindung durch die Lothleine hergestellt war, zunächst die 6 am schwersten Leidenden aufgenommen. Das Boot erreichte glücklich den Dampfer, wurde aber beim Absetzen der Geretteten leck geschlagen und unbrauchbar, so daß ein zweites Boot zu Wasser gelassen werden mußte, welches dann die auf dem „Nord“ noch zurückgebliebenen 7 Schiffbrüchigen, darunter den Schiffer Becker, welcher sein Schiff als letzter verließ, ebenfalls glücklich an Bord brachte. Das Rettungswerk war von dem schwedischen Dampfer „Saga“, Schiffer E. Möller, Heimathshafen Gefle, vollbracht. Dasselbe verdient umsomehr Anerkennung, als bei dem schweren Wetter und hohen Seegange nicht nur die Boote mit der Rettungsmannschaft, sondern der Dampfer „Saga“ selbst bei der Nähe der Klippen der größten Gefahr ausgesetzt war. Die Aufnahme und Pflege der Schiffbrüchigen an Bord des „Saga“ war eine vorzügliche; vom Schiffer bis zum Leichtmatrosen wetteiferte die Mannschaft des „Saga“, um den Schiffbrüchigen die Schmerzen zu lindern und jede in ihren Kräften stehende Erleichterung zu verschaffen. Auf Wunsch des Schiffers Becker ankerte der „Saga“ bei Oeregrund, um ärztliche Hülfe zu requiriren. Der dortige Arzt erklärte, daß die ganze Mannschaft ins Hospital nach Gefle geschickt werden müßte und verbot auch dem Schiffer Becker, am andern Morgen mit einem Bergungsdampfer nach der Strandungsstelle zurückzufahren, wenn er nicht Gefahr laufen wolle, seine beiden Füße zu verlieren. Der „Saga“ fuhr daher nach Gefle weiter und ankerte um 2 Uhr Nachmittags bei Bönau, wo ein telegraphisch bestellter Schleppdampfer die Schiffbrüchigen aufnahm und gegen 4 Uhr 30 Minuten Nachmittags glücklich in Gefle landete. Bereit gehaltene Droschken, in welche die meisten der Geretteten wegen ihrer Hülflosigkeit getragen werden mußten, führten dieselben ins Hospital, wo sie sogleich vom Chefarzt und dessen Assistenten empfangen und gut untergebracht wurden. Der Heizer Kaschke ist am 23. December seinen Leiden im Hospital zu Gefle erlegen, während die übrigen Schiffbrüchigen nach theilweise mehr oder weniger umfangreichen Amputationen außer Lebensgefahr sind, theilweise gänzlich wieder hergestellt sind, ohne durch die volle 3 Nächte und 2 Tage ausgehaltenen Strapazen und Leiden an ihrer Gesundheit dauernden Schaden gelitten zu haben.

Was die Ursache der Strandung anlangt, so ist dieselbe auf Stromversetzung und in Folge von Schneefall unsichtiges Wetter zurückzuführen. Die Schiffsleitung trifft ein Verschulden an der Strandung nicht, da der Strom, welcher erst nach der Strandung seitens des Schiffers von der Klippe aus bemerkt wurde, beim Peilen von Söderarm nicht festgestellt war und im Uebrigen die Navigirung in dem engen Fahrwasser, welches der Schiffer von seinen früheren Fahrten her genau kannte, in richtiger Weise den obwaltenden Umständen angepaßt war.

Nach vorstehendem Thatbestande verdient die Ruhe, Umsicht und Energie des Schiffers Becker nach der Strandung besondere Anerkennung; diese wird ihm auch von der Mannschaft, welche ihre Rettung hauptsächlich seiner unausgesetzten Aufmunterung zum Ausharren zu verdanken haben wird, bereitwilligst zu Theil. Ebenso ist das Verhalten der Mannschaft, welche bis zum letzten Augenblick ohne Murren gute Disziplin hielt, zu loben. Nicht minder lobenswerth ist das Rettungswerk des Dampfers „Saga", wie solches bereits oben hervorgehoben ist.

47. Spruch des Seeamts zu Hamburg vom 8. Februar 1899, betreffend die Unfälle an Bord der Bark „Olga" von Hamburg.

Der Spruch des Seeamts lautet:

Die Erkrankungen der Besatzung der Bark „Olga" auf der Reise des Schiffes von Samarang nach Nord-Amerika, denen am 26. Juni 1898 der zweite Steuermann Hans August Ferdinand Stehr, am 6. Juli Morgens Leichtmatrose Samuel

Gerdin, am 6. Juli Nachmittags der Schiffer Heinrich Dreyer, am 9. Juli der Leichtmatrose Christian Alfred Halvorsen, am 16. Juli der Segelmacher Jörgen Hansen, am 24. Juli Morgens der erste Steuermann Hermann Julius Robert Rodebarth, am 24. Juli Abends der Matrose Johann Jensen erlagen, und von denen auch noch weitere acht Schiffsleute ergriffen wurden, ist nach ärztlichem Ausspruch Beri-Beri gewesen.

Als Ursache der Krankheit ist das Verderben eines Theiles des in Samarang eingenommenen Trinkwassers anzusehen. Es ist bedauerlich, daß Schiffer Dreyer am 14. Juni nicht die Insel Ascension anlief, in deren Sichtweite man mit bereits erkrankter Mannschaft passirte.

Die von dem Koch Heinrich Wilhelm Ludwig Hildebrandt bewiesene Energie bei der späteren Führung und schließlichen Einbringung des Schiffes in Ponta Delgada verdient volle Anerkennung.

Thatbestand und Gründe. Die Bark „Olga", Unterscheidungs-Signal RHFC, ist in Hamburg beheimathet und seit 1896 Eigenthum der Rhederei Actiengesellschaft von 1896. Das Schiff ist im Jahre 1875 aus Eisen erbaut, führte früher unter britischer Flagge den Namen „Lactura" und hat einen Netto-Raumgehalt von 3796,5 cbm = 1340,17 britischen Register-Tons.

Unter Führung des Schiffers Heinrich Dreyer war die „Olga" von Rotterdam nach Samarang gesegelt, hatte dort, nachdem sie 90 Tage in Samarang gelegen, mit einer Zuckerladung am 3. April 1898 eine Reise nach Amerika angetreten. Das Schiff befand sich in jeder Beziehung in seetüchtigem Zustand und war mit Lebensmitteln und Wasser für jene Reise ausreichend versehen. Bis zum 8. Juni verlief diese ohne besondere Begebenheiten, man war bereits St. Helena passirt und 66 Tage in See, als sich der zweite Steuermann Stehr und der Leichtmatrose Gerdin nach voraufgegangenem, langem Unwohlsein krank meldeten. Beide litten an angeschwollenen Beinen. Am 9. Juni wurde auch der Schiffer Dreyer krank, der sich schon in Samarang nicht wohl gefühlt hatte und an Leberkrankheit gelitten hatte. Am 10. Juni mußte der Segelmacher Jörgen Hansen die Arbeit niederlegen wegen angeschwollener Beine. Im Journal ist darüber verzeichnet, daß den Kranken, dem zweiten Steuermann, dem Segelmacher und dem Matrosen Gerdin die vorschriftsmäßige Medicin nach dem Arzneibuch verabreicht sei. Am 14. Juni wurde bei Tagesanbruch Ascension-Insel gesichtet, und meldete sich an diesem Tage auch der erste Steuermann krank mit Schwellungen an den Beinen. Der Zustand des zweiten Steuermanns hatte sich bedenklich verschlimmert, und bat dieser daher, da doch nun alle drei Führer des Schiffes krank seien, Ascension-Insel anzulaufen und ärztliche Hülfe in Anspruch zu nehmen. Schiffer Dreyer erklärte indeß, dies seiner Rhederei gegenüber nicht verantworten zu können, sprach die Hoffnung aus, bald nach den Azoren zu gelangen und in Ponta Delgada einlaufen zu können. Am 15. Juni wurden der Matrose Johanssen und der Leichtmatrose Halvorsen krank. Am 17. Juni glaubte man beim Peilen der Pumpen die Ursache der Erkrankungen gefunden zu haben, und zwar in dem Geruch und Dunst, der aus den Bilgen und zwischen den Füllungen der Schiffswände hervordrang. Man pumpte deshalb von außen reines Wasser in den Schiffsraum und desinficirte die Bilgen und Füllungen, so gut es ging, mit Carbolsäure. Am 20. Juni wurden Schiffer Dreyer und der zweite Steuermann sehr schwach. Man wandte nach dem Arzneibuch alle nur einigermaßen passenden Mittel an und verabreichte ihnen möglichst frische, leichte und nahrhafte Speisen. Am 26. Juni Morgens 4 Uhr erlag Steuermann Hans August Ferdinand Stehr, geboren den 8. September 1873 zu Blankenese, auf 7° 59' Nordbreite und 25° 4' Westlänge seinen Leiden. Um 8 Uhr 30 Minuten wurde die Leiche über Bord gesetzt. Am 27. Juni signalisirte man mit einem französischen Dampfer und bat diesen, die Lage des Schiffes im nächsten Hafen zu rapportiren. Am 4. Juli erkrankten noch weitere drei Leute, am 6. Juli 1 Uhr 30 Minuten Morgens starb Matrose Samuel Gerdin (geboren den 21. August 1878 zu Christiania) auf 22° 39' Nordbreite und 35° 48' Westlänge. Um 8 Uhr wurde die Leiche über Bord gesetzt. Um 1 Uhr 15 Minuten Nachmittags starb Schiffer Heinrich Dreyer aus Blankenese (geboren den 18. März 1841 zu Cuxhaven) auf 23° 13' Nordbreite und 36° 6' Westlänge. Kurz nach dem Ableben des Schiffers traf man die norwegische Bark „Peter Ugland" und sprach diese um frischen Proviant an. Da man von der „Olga" kein Boot nach dem Schiff hinsenden konnte, kam der erste Steuermann jener Bark mit Proviant und Medicin an Bord der „Olga" und erklärte, daß auch an Bord des „Peter Ugland" Beri-Beri-Krankheit ausgebrochen sei. Am 9. Juli 2 Uhr Morgens starb der Leichtmatrose Christian Alfred Halvorsen aus Bergen (geboren den 24. Juni 1878) auf 24° 38' Nordbreite und 37° 24' Westlänge; um 8 Uhr wurde dessen Leiche über Bord gesetzt. Am 16. Juli 9 Uhr Morgens starb der Segelmacher Jörgen Hansen aus Ebberup (geboren den 23. Mai 1858) auf 28° 54′ Nordbreite und 38° 58′ Westlänge. Am 18. Juli übernahm Koch Heinrich Wilhelm Ludwig Hildebrandt aus Lübeck die Führung des Schiffes nach Anleitung des schwer erkrankten ersten Steuermanns. Am 24. Juli Morgens 9 Uhr starb der erste Steuermann Hermann Julius Robert Rodebarth aus Wieck auf Rügen (geboren den 21. April 1864) und wurde um 11 Uhr über Bord gesetzt. Abends 10 Uhr starb Matrose Johann Jensen aus Bergen (geboren den 13. April 1878) und wurde am folgenden Morgen über Bord gesetzt. Am 27. Juli bemerkte man Nachts 2 Uhr die Lichter eines entgegenkommenden Dampfers, den man durch Nothsignale herbeirief. Man setzte nun von der „Olga" aus ein Boot zu Wasser, und erbat sich Koch Hildebrandt von dem Dampfer einen Steuermann, um das Schiff nach den Azoren zu bringen. Der Führer jenes englischen Dampfers lehnte dies indeß ab, erbot sich aber, das Schiff nach dem nächsten Hafen, Ponta Delgada, einzuschleppen. In Anbetracht des trostlosen Zustandes an Bord und der Unmöglichkeit, das Schiff ohne Navigateur nach den Azoren zu bringen, nahm Koch Hildebrandt das Anerbieten an, und schleppte der Dampfer „Sibun" die „Olga" von Morgens 5 Uhr am 27. Juli bis Abends 6 Uhr am 29. Juli nach Ponta Delgada. Durch die Vermittelung des deutschen Consulats wurden nun sieben erkrankte Schiffsleute der „Olga" sofort ins Hospital gebracht und genasen alle, einige indeß erst nach monatelanger ärztlicher Behandlung. Nach Verlauf von 14 Tagen traf von Hamburg aus ein neuer Schiffsführer und die nöthige Ersatzmannschaft ein, und setzte die „Olga" dann, nachdem frischer Proviant an Bord genommen und der Wasservorrath zum Theil erneuert worden waren, die Reise nach Delaware Breakwater fort. Auf der Weiterreise kamen keine weiteren Erkrankungen vor.

Vor dem Seeamt ist ein Theil der erkrankten Schiffsleute, sowie nach Rückkehr des Schiffes auch der restliche Theil der Besatznng in Gegenwart des als Sachverständiger anwesenden Oberarztes des Seemannskrankenhauses zu Hamburg, Dr. med. Lauenstein, über die Unfälle gehört worden, und hat insbesondere Koch Hildebrandt eine eingehende Darstellung der Vorgänge an Bord gegeben. Darnach ist es nicht zweifelhaft, daß zunächst schon die sehr lange Liegezeit in Samarang im feuchten Tropenklima die Widerstandsfähigkeit der Mannschaft ganz erheblich reducirt haben muß. Sodann ist als directe Ursache der Erkrankungen der Genuß des schlechten Trinkwassers anzusehen. Nach den Aussagen der Mannschaft ist die

Krankheit erst zum Ausbruch gekommen, nachdem man den Steuerbord-Wassertank in Benutzung genommen hat. Als dies geschehen, war St. Helena noch nicht passirt. Der Backbord-Tank hatte klares, gutes Wasser enthalten, während der Steuerbord-Tank schwarzes, übelriechendes Wasser enthielt. Die Nachforschungen, die über den Bezug des Wassers in Samarang durch das deutsche Consulat angestellt worden sind, haben ergeben, daß dasselbe durch ein Wasserboot an Bord gebracht worden ist, und dasselbe aus einem in der Nähe des Ankerplatzes der „Olga" gelegenen artesischen Brunnen entnommen worden ist, welcher seit einer langen Reihe von Jahren fast ausschließlich für alle in Samarang verkehrenden Seeschiffe liefert. Der Consul hält es für ausgeschlossen, daß das Trinkwasser von einem anderen Brunnen herstammen sollte, da solches mehr Kosten verursacht haben würde, als bei Entnahme aus dem artesischen Brunnen entstehen. Die Einnahme des Wassers ist unter Leitung des zweiten Steuermanns an Bord erfolgt, und sind allerdings nicht sofort nach der Einnahme die Mannlochdeckel geschlossen, sondern erst am folgenden Tage. Es ist daher immerhin möglich, daß unreine Substanzen während dieser Zeit in das Wasser gerathen sind. Thatsache ist, daß man bei der Reinigung der Tanks in Ponta Delgada am Boden jenes Steuerbord-Wassertanks mehrere Eimer voll Schmutz gefunden hat und diese erst hat entfernen müssen. Nach den Angaben des späteren Schiffsführers hat dieser Tank auch auf der Weiterreise nicht gerade verdorbenes, aber bläulich gefärbtes Wasser ergeben. Selbstverständlich ist bei der jetzt in Hamburg stattgehabten Ueberholung des Schiffes auf eine neue Instandsetzung jener Tanks besonders Rücksicht genommen. Es ergeben aber diese Umstände, daß die Ursache der Erkrankungen auf den Genuß jenes unreinen Wassers zurückzuführen ist. Die vernommenen Zeugen haben noch bekundet, daß man sich an Bord alle erdenkliche Mühe gegeben hat, das Wasser vor dem Genusse durch Filtriren und durch Kochen zu reinigen. Das Wasser habe aber stets den übeln Geruch behalten. Die für die ordnungsmäßige Reinhaltung jenes Tanks verantwortlichen Personen haben durch jene Krankheit ihren Tod gefunden. Der Proviant war nach Ausspruch des Kochs Hildebrandt und auch nach dem Zeugniß der übrigen Schiffsleute durchweg gut.

Die Art der Krankheit ist nach dem ärztlichen Ausspruch Beri-Beri gewesen, die durch die Verschlechterung der Lebensverhältnisse an Bord hervorgerufen ist.

Mit der gutachtlichen Aeußerung des vom Seeamt hinzugezogenen

Sachverständigen stimmt auch der Bericht des die Erkrankten in Ponta Delgada behandelnden Arztes überein.

Im höchsten Grade bedauerlich ist es, daß Schiffer Dreyer nicht am 14. Juni die Insel Ascension anlief, dann wären höchstwahrscheinlich er selbst wie alle übrigen Schiffsleute noch am Leben.

Es erübrigt noch, dem Koch Hildebrandt die volle Anerkennung auszusprechen für die Umsicht und Sorgfalt, mit welcher er nach übereinstimmendem Ausspruche der Zeugen nicht nur die Kranken gepflegt, sondern auch das Schiff nach dem Ableben der Steuerleute geleitet hat. Nur seinen verständigen Anordnungen ist es zu danken, daß das Schiff schließlich eingeschleppt werden konnte.

48. Spruch des Seeamts zu Danzig vom 4. März 1899, betreffend den Seeunfall der Bark „Atlantic" von Danzig.

Der Spruch des Seeamts lautet:

Der Untergang der Bark „Atlantic", Schiffer Madsen, mit der gesammten Mannschaft ist, wie mit hoher Wahrscheinlichkeit anzunehmen ist, dadurch verursacht, daß die Bark am frühen Morgen des 24. October 1894 von dem nordamerikanischen Dampfer „Paris" durchschnitten ist.

Die näheren Umstände sind nicht festzustellen, weil die amerikanischen Gerichte Rechtshülfe verweigert haben.

Es ist anzunehmen, daß bei genügender Aufmerksamkeit auf Seiten des amerikanischen Schiffes der Zusammenstoß hätte vermieden werden können.

Gründe. Die zur Rhederei des Kaufmanns Ernst Wendt zu Danzig gehörende, daselbst beheimathete Bark „Atlantic", Unterscheidungs-Signal JCSK, ein im Jahre 1866 zu Danzig aus Holz erbautes Schiff von 1374,4 cbm = 485,16 britischen Register-Tons Netto-Raumgehalt, verließ am 20. October 1894 den Hafen von Newport am Bristol-Canal, um eine volle Ladung Kohlen nach Martinique zu bringen. Die Bark war unmittelbar vorher zu Swansea im Dock gewesen und mit einem Kostenaufwande von 2400 M. reparirt, worauf sie für vier Jahre die Classe A des Germanischen Lloyd's erhalten hatte. An Bord befanden sich beim Ausgehen der Schiffer Albert Madsen aus Rügenwaldermünde, der Steuermann Ad. Lübke daher, der Steward Strick aus Gr. Katz, der Zimmermann Kreft aus Rewa, der Segelmacher Undeutsch aus Danzig, die Matrosen Voigt aus Gelingen, Schroeder aus Vitzlin, Gundersen aus Bergen i. Norwegen und Fausto Rodriguez aus Brasilien, der Leichtmatrose Kruggel aus Hohenstein b. Stolp und der Halbmann Grahmann aus Bromberg.

Seitdem ist das Schiff verschollen. Die letzte Nachricht von ihm giebt ein vom Schiffer an den Rheder geschriebener Brief, datirt: „in See den 20. October 1894" und zur Beförderung dem Lootsen mitgegeben, der um 2 Uhr Nachmittags das Schiff verließ. In diesem Briefe heißt es: „Der Wind ist östlich leicht, das Barometer sehr niedrig und macht noch Minen zu fallen. Jedoch hoffe, weil die Luft kalt ist und bleibt, daß der Ostwind auffrischen wird".

Ein stummer Zeuge des Unterganges des Schiffes wurde am 24. November 1894 auf den Sandbänken von Tenby, South Wales, aufgefunden: eine 14 Fuß lange Schiffsplanke, welche mit schwarzer Schrift auf weißem Grunde die Namen

›Atlantic. Danzig‹

trug, welche Aufschrift das verlorene Schiff nach dem Zeugnisse des Rheders Wendt in der angegebenen Weise am Heck getragen hat.

Nach einer am 25. October 1894 dem Receiver of wreck zu Southampton vom Schiffer Madsen gemachten Anzeige, von welcher der britische Board of Trade Abschrift gegeben hat, ist der der International Navigation Company of Newyork gehörende Schraubendampfer „Paris", Schiffer J. Watkins, ein Schiff von 5569 britischen Register-Tons, welches mit 420 Mann Besatzung und 700 bis 800 Passagieren auf der Fahrt von New-York nach Southampton war, etwa 80 Seemeilen westlich von Bishop Rock-Leuchtfeuer am frühen Morgen des 24. October 1894 um 1 Uhr 45 Minuten bei schönem klaren Wetter und frischem Winde aus SSO mit einem Segelschiffe in Collision gewesen, wobei dem Dampfer Theile der Schanzbekleidung gebrochen bezw. verbogen und zwei Topmast-Stagen und die Bram-Pardunen weggerissen sind.

Die Anzeige erwähnt, daß zur Zeit des Zusammenstoßes der Dampfer mit OSOCurs und 18 Knoten Geschwindigkeit gedampft ist, daß ein Extra Officer die Wache gehabt hat und 25 Mann an Deck gewesen sind, daß man das weiße Licht des entgegenkommenden Schiffes 3 bis 4 Minuten vor dem Zusammenstoße gesehen hat und schildert die Vorgänge nach dem Zusammenstoße wörtlich wie folgt:

»About 2 minutes after collision master was called; he gave order to get a boat ready and to turn ship round and go towards the other vessel, but finding the other ship was right ahead and had no lights showing and being afraid of striking her again, the engines of the »Paris« were reversed, and other ship was then lost sight off. The other vessel at time of collision was appearently close hauled on port tack, heading some where about SW, only showing a white light, until the vessels struck, and then a very dim green light was seen. Name, nationality and damage to other vessel not known«.

Eine Feststellung der hier angegebenen Umstände durch eidliche Vernehmung der Betheiligten ist nicht möglich gewesen. Von den amerikanischen Behörden ist eine Untersuchung betreffs des Vorganges nicht eingeleitet und die International Navigation Company hat sich dem deutschen General-Consul zu New-York gegenüber geweigert, Namen und Adressen von Augenzeugen zu nennen, auch erklärt, daß ihre Angestellten der Ladung eines commissioner nicht Folge leisten würden. Die Gerichte des Staates New-York haben die Rechtshülfe verweigert, und es ist trotz diplomatischer Bemühungen und trotzdem die Beschwerde gegen ihre Weigerung bis in die höchste Instanz getrieben ist, nicht gelungen, ihren Widerstand zu brechen.

Trotzdem ist es möglich gewesen, wenigstens eine unparteiische Aussage über die Vorgänge in jener Nacht zu erhalten, da die englischen Behörden ihre Mitwirkung zur Aufklärung des Sachverhalts bereitwillig zur Verfügung stellten. Nachdem ermittelt war, daß ein englischer Kaufmann Namens Percy Charles Roberts aus der Grafschaft Moumouth Passagier an Bord der „Paris" gewesen war, ist dieser zu Newport am Bristol-Canal eidlich vernommen und hat dabei ausgesagt:

„Am 24. October 1894, etwas nach 1 Uhr Morgens unterhielt ich mich unten mit anderen Passagieren, als ich einen Stoß fühlte, als wenn das Schiff einen Felsen streife. Ich eilte sofort an Deck, wo erzählt wurde, daß wir in Collision mit einer Bark gewesen seien, die sogleich gesunken sei. Man sprach davon, daß über ihre Nationalität nichts bekannt sei. Es war eine klare, dunkle Nacht mit etwas bewegter See. Als ich an Deck kam, konnte ich nichts von dem Schiffe sehen, mit dem wir zusammengestoßen waren. Mir wurde von der Mannschaft erzählt, daß der Dampfer die Bark geradezu durchschnitten habe (that the steamer had cut the barque right through). Der in mir selbst hervorgerufene Eindruck war der eines schweren Stoßes, gefolgt von einem schurrenden Gefühle (grinding sensation), als wenn wir über einen von uns berührten Gegenstand hinweggingen. Die „Paris" wurde sogleich gestoppt und unter ziemlicher Verwirrung (some confusion) und folglich auch Zeitverlust, wurde ein Boot herabgelassen, endlich auch der elektrische Scheinwerfer in Anwendung gebracht. Ich muß sagen, daß es fast eine Stunde dauerte, bis dieser Scheinwerfer functionirte, und ich habe den Eindruck gewonnen, daß das ausgesetzte Boot die Schiffsseite nicht verlassen hat. Als der Scheinwerfer in Stand gesetzt war, wurde ringsherum alles abgeleuchtet, ohne daß irgend etwas von der Bark oder ihrer Besatzung zu bemerken war. Die „Paris" blieb bis Tagesanbruch liegen und setzte dann ihre Reise nach Southampton fort, wo sie am 24. October gegen Mitternacht eintraf. Der Zusammenstoß fand nach meiner Schätzung etwa 80 Seemeilen westlich der Scilly-Insel statt". Ingleichen sind in Newport eidlich als Zeugen vernommen der Lootse Goldsworthy, der die „Atlantic" am 20. October 1894 in See gebracht hat, und der Schiffsagent Hermesser, der sie abgefertigt hat. Sie haben ausgesagt, daß die Bark in durchaus seetüchtigem Zustande und nicht überladen gewesen ist.

Der Principal officer of Customs zu Newport hat in einem am 6. December 1894 an den Board of Trade zu London erstatteten Berichte sich gutachtlich dahin geäußert, daß die „Atlantic" am Morgen des 24. October 1894 etwa 80 Seemeilen westlich der Scilly-Insel gewesen sein werde, und die Vermuthung ausgesprochen, daß in ihr die von der „Paris" „niedergerannte" Bark zu sehen sei.

Bei diesem dürftigen Materiale, welches nicht weiter ergänzt werden kann, ist mit Sicherheit nur so viel festzustellen, daß die „Atlantic" einige Zeit nach ihrem Ausgange von Newport im Atlantischen Ocean mit Mann und Maus untergegangen ist. Daran gestatten das Ausbleiben jeglicher Nachricht und das Antreiben der obenerwähnten Schiffsplanke nicht den leisesten Zweifel. Darüber hinaus kann nur von Wahrscheinlichkeiten die Rede sein. Eine hohe Wahrscheinlichkeit spricht aber allerdings dafür, daß die „Atlantic" ihren Untergang durch die „Paris" gefunden hat, denn:

1. ist das durch die „Paris" zertrümmerte Schiff eine Bark gewesen;
2. liegt der Collisionsort auf dem Wege, den die „Atlantic" eingeschlagen hat;

3. mußte die „Atlantic" nach der Zeit ihres Ausganges am frühen Morgen des 24. October 1894 in der Nähe des Collisionsortes sein;
4. stimmt der Curs, den das getroffene Segelschiff gehabt hat — SW bei Wind SSO — mit dem Curse überein, den die „Atlantic" steuern mußte;
5. spricht der Ort der Auffindung der unzweifelhaft von der „Atlantic" herrührenden Schiffsplanke dafür, daß dies Schiff nicht allzuweit von der englischen Küste vom Untergang ereilt ist;
6. sind keinerlei Nachrichten eingegangen, welche die Nachforschungen nach Namen und Nationalität des von der „Paris" zertrümmerten Schiffes auf irgend welche andere Spur leiten könnten.

Nimmt man hiernach an, daß die von der „Paris" getroffene Bark die „Atlantic" gewesen ist, und prüft man die beiden vorliegenden Berichte über die näheren Umstände, wobei, soweit Widersprüche vorliegen, offenbar die Angaben des ganz unbetheiligten Mr. Roberts den Vorzug verdienen, so erhält man folgendes Bild des Vorganges:

Die „Atlantic" wird bei dem frischen SOWinde unter vollen Segeln mit etwa 4 Knoten Geschwindigkeit gelaufen sein und etwa 6 Striche vom Winde SW mit Backbordhalsen angelegen haben. Der ihr mit OSOCurs und einer Geschwindigkeit von 18 Knoten entgegenkommende Dampfer hat sie unter einem Winkel von etwa 70 Grad getroffen und glatt durchschnitten, so daß sie sofort gesunken ist. Ihre Lichter haben gebrannt und mindestens ihr weißes Licht ist mehrere Minuten vor dem Zusammenstoße auf dem Dampfer bemerkt, ohne daß dieser Veranlassung genommen hat, seinen Curs zu ändern oder seine Fahrt zu verlangsamen. Der Dampfer hat nach dem Zusammenstoße zwar beigedreht, aber keine wirksamen Versuche zur Rettung der verunglückten Schiffsbesatzung trotz des schönen klaren Wetters gemacht, entweder weil die Vorkehrungen dazu nicht in Ordnung gewesen oder weil es dem Schiffer nicht Ernst damit gewesen ist.

Eine Schuld bei diesem Sachverhalt ist nur auf Seiten des amerikanischen Schiffes zu finden. Der Dampfer hatte dem Segler auszuweichen; dieser hatte nur seinen Curs beizubehalten und seine Lichter in Ordnung zu halten. Daß in diesen Beziehungen etwas von der Bark verfehlt sei, ist nicht ersichtlich. Es kann ja sein, daß, wie Schiffer Watkins angiebt, das grüne Licht der Bark nicht hell gebrannt hat, aber gebrannt hat es jedenfalls, und es ist nicht anzunehmen, daß es bei genügender Aufmerksamkeit auf dem Dampfer zu einer Zeit hätte bemerkt werden können, zu welcher ein Ausweichen noch möglich war.

Für ein Schuldbewußtsein auf Seiten der Amerikaner spricht auch einerseits der Umstand, daß Schiffer Watkins zu Southampton auf die Frage des Receiver of wreck, ob nicht der Unfall habe vermieden werden können, nur mit »submitted« geantwortet hat und andererseits das seltsame, nur mit der Furcht vor Regreßansprüchen erklärliche Verfahren der International Navigation Company zu New-York, ihren Angestellten jede weitere Auskunft über den fraglichen Vorfall zu untersagen.

49. Spruch des Seeamts zu Brake vom 29. März 1899, betreffend den Zusammenstoß des Schraubendampfers „Oldenburg" von Oldenburg mit dem britischen Schraubendampfer „Cairnross" auf dem Guadianaflusse.

Der Spruch des Seeamts lautet:

Der Schraubendampfer „Oldenburg", Schiffer Warncke, ist am 11. November 1898 auf dem Guadianaflusse bei Villa Real beim Versuche vor Anker zu gehen, mit der Breitseite vor den Bug des vor Anker liegenden englischen Dampfers „Cairnross" getrieben und innerhalb 15 Minuten gesunken. Auf dem „Oldenburg" ließ man in einer Entfernung von etwa 300 Faden von dem „Cairnross" den Steuerbordanker fallen, dieser hielt aber zuerst nicht, und beim Herumdrehen des Schiffes bewirkte der starke Ebbestrom in Verbindung mit dem zu langen Mitschleppen des Ankers, daß es mit dem Bug nicht in den Strom aufdrehte.

Die Schiffsführung trifft an dem Unfalle kein Verschulden.

Gründe. Der Schraubendampfer „Oldenburg", Heimathshafen Oldenburg, Unterscheidungs-Signal NFCJ, 1881 aus Eisen erbaut, Eigenthum der Oldenburg-Portugiesischen Dampfschiffs-Rhederei, vermessen zu einem Netto-Raumgehalt von 1075,1 cbm = 379,62 britischen

Register-Tons, nahm am 10. November 1898 in Pomaron eine Erzladung von 521 Tonnen und fuhr am 11. November Vormittags 11 Uhr unter der Führung eines staatlich angestellten Lootsen — auf dem Guadiana ist Lootsenzwang — flußabwärts. Der Schiffer Warncke führte das Schiff seit dem 24. Januar 1898; auf dem Guadiana war er häufig gewesen, im Jahre wohl acht mal; der Steuermann Koschel, der jetzt den oldenburgischen Dampfer „Bremen" führt, besaß Patent auf große Fahrt vom 24. Juni 1885, ausgestellt in Stade.

Der Dampfer „Oldenburg" war beim Verlassen von Pomaron in durchaus seetüchtigem Zustande, die Bemannung des Schiffes betrug 14 Köpfe; das Schiff hatte bei einer Länge von 170 Fuß einen Tiefgang von 13 Fuß 4 Zoll vorn, 14 Fuß hinten; die Buganker hingen vor den Klüsen. Das Wetter war schön.

In Villa Real an der Mündung des Guadiana hatte der Dampfer zu ankern. Hier ist kein Hafen oder Pier, die Schiffe ankern in Kiellinie hintereinander mitten im Fahrwasser, weil das letztere nur schmal ist und für passirende Schiffe auf beiden Seiten Platz gelassen werden muß. Zur Zeit lagen bei Villa Real von oben nach der Mündung des Flusses gesehen 3 Dampfer hintereinander, der englische Dampfer „Cairnross" und die deutschen Dampfer „H. A. Nolze" und „Stahleck" vor beiden Ankern. Hinter dem „Stahleck" lagen Leichter und Fischerfahrzeuge. Ein hinter diesen vor Anker gehender Dampfer wäre der See zu nahe gekommen, deshalb waren Schiffer und Lootse des „Oldenburg" einig, daß man oberhalb des „Cairnross" vor Anker gehen müsse. Kurz nach 2 Uhr kam der Dampfer „Oldenburg" vor Villa Real an. Es lief damals ein starker Ebbestrom von etwa 6 Seemeilen Geschwindigkeit in der Stunde. In Entfernung von mindestens 300 Faden (Aussage des Schiffers), 8—10 Schiffslängen (Aussage des Steuermanns Koschel) nach Schätzung ließ letzterer auf Befehl des ersteren den Steuerbordanker fallen, welcher zuerst in dem sandigen Grunde nicht festhielt, mit 25 Faden Kette. Als dann der Anker hielt, mußte nach und nach, weil sonst die Kette gebrochen wäre, mehr Kette ausgesteckt werden, bis zu 75 Faden. Das Schiff ging an dem linken Ufer herunter und drehte dann mit hart Backbordruder nach dem rechten Ufer Volldampf voraus. Es konnte aber gegen den Strom nicht aufkommen und trieb quer im Flusse liegend abwärts. Die Ankerkette stand fast zum Brechen, es flogen Funken heraus. Das Fallenlassen des Backbordankers war nicht möglich, weil man bei dem niedrigen Wasserstand (etwa 15 Fuß) auf denselben gestoßen hätte. Zunächst sah man auf dem „Oldenburg" keine Gefahr eines Zusammenstoßes mit den ankernden Dampfern, weil der „Oldenburg" sich außerhalb der Kiellinie des „Cairnross" befand, dieser schor aber in Folge der starken Stromwirbelung und dadurch, daß er an Steuerbord noch mehr Kette aussteckte, nach Backbord aus und der „Oldenburg" trieb — 2 Uhr 45 Minuten — mit der Backbordbreitseite über seine Kette hin gegen seinen Bug. Der „Oldenburg" bekam, trotzdem der Anprall dadurch, daß er zuerst auf die Kette des „Cairnross" getrieben war, verringert wurde, in der Bunkergegend ein Leck von 14 Fuß Länge und 4 Zoll Breite, beide Schiffe trieben dann vor ihren Ankern abwärts und nahmen auch den Dampfer „H. A. Nolze", an dessen Längsseite der „Cairnross" trieb, noch eine Strecke mit. Der „Cairnross" verlor den Anker und 45 Faden Kette, am Heck wurde ihm eine Platte eingedrückt. „H. A. Nolze" erlitt keinen Schaden. Im Verlaufe von 10—15 Minuten lief der Dampfer „Oldenburg" voll Wasser und stand auf Grund fest.

Die Leute vom „H. A. Nolze" und Boote vom Lande waren sofort zur Stelle und nahmen einen Theil der Mannschaft mit den wenigen Effecten, die noch zu retten waren, von Bord. Bis Mitternacht blieb der Schiffer Warncke mit mehreren Leuten auf der Commandobrücke, ließ sich dann aber vom Boote des „H. A. Nolze" abholen, weil ein längeres Verweilen an Bord wegen des starken Stromes und schlechten Wetters gefährlich und auch nutzlos war. Am nächsten Tage wurden die Boote und noch einiges Inventar geborgen, Schiffer und Steuerleute blieben, um jederzeit in der Nähe zu sein, auf dem „H. A. Nolze", die Mannschaft wurde an Land einquartirt. Versuche den Dampfer zu heben, waren erfolglos und wurden aufgegeben.

Das Seeamt schreibt die Ursache an dem Unfalle des Dampfers „Oldenburg", der seinen Verlust herbeiführte, lediglich dem Umstande zu, daß das Schiff, trotzdem es mit hart Backborduder und voller Kraft voraus in genügender Entfernung von dem ankernden Dampfer „Cairnross" herumdrehte, um mit dem Bug auf den Strom zu kommen, in Folge des starken Ebbestroms in Verbindung mit dem zu langen Mitschleppen des Ankers in den Strom nicht aufdrehen konnte und im Strome querliegend auf Kette und Bug des nach Backbord ausscheerenden „Cairnross" trieb. Es wird auch mitgewirkt haben, daß das Schiff dadurch weniger manövrirfähig war, daß es nur wenig Wasser unter dem Kiel hatte. Der Reichscommissar führte aus, daß der Schiffer den Anker zu spät habe fallen lassen, und beantragte, ihn deshalb zu tadeln. Das Seeamt kann sich dieser Auffassung nicht anschließen, weil der Schiffer mit dem Zwangslootsen, den er an Bord hatte, sich darüber besprochen hatte, wann der Anker fallen zu lassen sei, und aus der Aussage des Steuermanns Koschel, deren Beeidigung das Seeamt wegen ihrer besonderen Erheblichkeit in Bezug auf die Entfernung, in welcher der Anker fiel, beschlossen und ausgeführt hat, hervorgeht, daß der Anker auf Commando des Schiffers vom Steuermann in einer Entfernung von 8—10 Schiffslängen nach Schätzung, was mit der vom Schiffer angegebenen Entfernung von 300 Faden übereinstimmt, fallen gelassen worden ist, also in durchaus genügender Entfernung. Der verantwortliche Führer des Schiffes war übrigens zur Zeit auch der Lootse. Von vornherein hätte es als richtiger angesehen werden müssen, wenn der „Oldenburg" bei dem starken Ebbestrom hinter den ankernden Dampfern geankert hätte, das war aber durch die hier liegenden kleinen Fahrzeuge und dadurch, daß er zu weit an die See herangekommen wäre, ausgeschlossen. Ohne das successive Ausstecken von mehr Kette wäre diese jedenfalls gebrochen und der Zusammenstoß unvermeidlich gewesen. Bei dem Verhältnisse zwischen dem Wasserstand und dem Tiefgange des Schiffes war es ausgeschlossen, den Backbordanker ebenfalls fallen zu lassen, da das Schiff auf diesen gestoßen hätte und dadurch leck geworden wäre.

50. Spruch des Seeamts zu Hamburg vom 7. April 1899, betreffend den Seeunfall des Viermastschooners „Sachsen" von Hamburg.

Der Spruch des Seeamts lautet:

Die am 18. November 1898 Morgens 7 Uhr 30 Minuten im East Dock von Cardiff stattgehabte Explosion an Bord des Viermastschooners „Sachsen", durch welche drei Schiffsleute des „Sachsen" erhebliche Verletzungen erlitten, und das Schiff selbst so schwere Beschädigungen erhielt, daß es öffentlich verkauft werden mußte, ist dadurch entstanden, daß sich in den geschlossenen Schiffsräumen Kohlengase angesammelt haben, die bei dem Betreten der im Raum liegenden Segelkoje durch den zweiten Steuermann Weiß und den Leichtmatrosen van Zon mit offenem Lichte sich sofort entzündeten.

Dies Verhalten des zweiten Steuermanns Weiß ist auf das schärfste zu tadeln.

Es muß auch als eine ernstlich zu rügende Unvorsichtigkeit des ersten Steuermanns Schnieders bezeichnet werden, daß er das Betreten jener Räume mit Licht anordnete, obwohl er wußte, daß keine Sicherheitslampen an Bord waren.

Den Schiffer Bollen trifft der Vorwurf für das Fehlen jeglicher Ventilationsvorrichtungen an Bord für den Abzug der sich sammelnden Gase und für das Außerachtlassen aller Vorsichtsmaßregeln.

Thatbestand und Gründe. Der Viermastschooner „Sachsen", Unterscheidungs-Signal RKTP, war im Jahre 1894 in Stavanger in Norwegen als Segler mit einer Hülfsmaschine erbaut und führte unter norwegischer Flagge den Namen „Reform". Das Schiff war im Auslande vermessen zu 1515 cbm = 535 britischen Register-Tons Netto-Raumgehalt, hatte beim Norwegischen Veritas die höchste Classe I. A. 1. und gehörte der Rhederei-Firma J. Wimmer & Co. in Lissabon. Als Heimathshafen hatten die Rheder Hamburg erwählt.

Versichert war das Casco zu 75000 M., die Besatzung bestand aus 11 Personen, einschließlich des Schiffers Johannes Henricus Bollen.

Das Schiff war seit einem Jahre im Besitze der Wimmerschen Rhederei und hatte bereits einmal eine Kohlenladung von Liverpool nach Brasilien befördert. Im Herbst 1898 war das Schiff zum Transport einer Ladung Kohlen von Cardiff nach Pernambuco von der Firma Carl Evans in Cardiff gechartert worden.

Am 2. November verholte der „Sachsen" im East Dock unter eine Kohlentip und nahm zunächst etwa 80 Tons Kohlen als Ballast ein, mußte dann wieder verholen und bis zum 15. November auf die weitere Einnahme der Ladung warten. Am 15. November wurde die Beladung früh Morgens 9 Uhr begonnen und bis zum nächsten Morgen fortgeführt. Am Morgen des 16. November verholte der „Sachsen" dann nach einem andern Liegeplatz, und da sich während des Tages herausstellte, daß das Schiff eines weiteren Trimmens bedurfte, veranlaßte Schiffer Bollen, daß ihm am Abend des 16. November noch weitere 25 Tons Kohlen geliefert wurden, die er durch die Vorderluke einnahm. Die Gesammtladung des Schiffes betrug demnach 787 Tons Kohlen. Während des 17. November wurde das Schiff dann seeklar gemacht und Abends halb 5 Uhr alle Luken, die bis dahin offen gestanden, angelegt. Verschalkt wurden die Luken einstweilen nicht, weil dies erst kurz vor der Abreise geschehen sollte. Schiffer Bollen kam Abends 7 Uhr an Bord, ordnete dann seine Schiffspapiere und legte sich schlafen. Morgens 6 Uhr am 18. November wurde die Mannschaft gepurrt und um 7 Uhr auf Anordnung des ersten Steuermanns Schnieders die Luken geschalkt, da man noch im Laufe des Tages in See gehen wollte. Um halb 8 Uhr gab Steuermann Schnieders dem zweiten Steuermann Weiß und dem Leichtmatrosen van Zon den Befehl, aus der unter der Kajüte befindlichen Segelkoje Segel herauszuholen, die von der Mannschaft noch angeschlagen werden sollten, hieß den Steuermann Weiß ein Licht mitzunehmen, um besser sehen zu können, und begaben sich beide Leute mit offenem Lichte durch die kleine Hinterluke nach der Segelkoje. Das Licht des van Zon ging diesem schon aus, als er sich noch in der Lukenöffnung befand, während Steuermann Weiß mit seinem Lichte bis zur Segelkoje kam. Plötzlich wurde nach den Angaben jener beiden alles um sie herum blau und beide durch den Luftdruck wieder an Deck geschleudert. Einen Knall wollen beide nicht vernommen haben. Steuermann Weiß bemerkte sofort, daß sein Zeug an verschiedenen Stellen brannte, sein Haar und Bart weggebrannt waren und er im Gesicht und an den Händen erhebliche Brandwunden verspürte. Van Zon war ebenfalls im Gesicht, am Halse, an den beiden Beinen und am rechten Unterarme verbrannt, auch war ihm das Haar am Hinterkopfe weggesengt. Van Zon war so erschrocken, daß er sofort über Bord in ein Boot sprang, von dem aus er durch herbeigeeilte Kohlentrimmer an Land und nach dem Hospital geschafft wurde. Steuermann Weiß hatte außer den bemerkten Verwundungen noch das rechte Wadenbein gebrochen und mußte ebenfalls ins Hospital gebracht werden. Schiffer Bollen war, im Schlafe liegend, durch die Explosion erwacht, sah dann rings um sich Flammen und stürzte an Deck, ohne Schaden erlitten zu haben. Der Koch Blanche sah sich in der Kajütspantry, die sich am Vorderende der Kajüte befand, plötzlich ringsum von Flammen umgeben und wurde gegen die Decke geschleudert. Durch den Stoß verlor er die Besinnung; als er aus der Betäubung erwachte, lag er am Boden und auf seinen Beinen ein schweres Mehlfaß und alles um ihn her in Trümmern. Er trug eine Verletzung am Kopfe, eine Wunde an der linken Schulter, eine starke Quetschung am rechten Knie und eine Verstauchung des rechten Knöchelgelenks davon. Auch er mußte ins Hospital geschafft werden. Am Schiffe selbst zeigten sich große Verwüstungen. Das Deck war an mehreren Stellen aufgeflogen, sämmtliche Luken fehlten, auch hatte sich der gesammte Deckverband des Schiffes gelockert, und war die an Deck befindliche Kajüte vollständig zertrümmert, ebenso die Combüse und der Proviantraum. Durch die emporzüngelnden Flammen war die Takelage in Brand gerathen, der durch die mittelst Dampfer herbeigeeilte Feuerwehr rasch gelöscht wurde.

Die Besichtiger erklärten nach Entlöschung der Ladung das Schiff für reparaturunwürdig, und wurde das Schiff auf Anordnung der Rheder alsdann öffentlich verkauft. Der größte Theil der Besatzung war alsbald nach dem Unfall abgemustert worden.

Die Darstellung des obigen Unfalls ist den Angaben des Schiffers Bollen, der Steuerleute Schnieders und Weiß, des Kochs Blanche und des Matrosen van Zon entnommen, welche vor dem Kaiserlich deutschen Consul in Cardiff, die Verletzten erst nach ihrer Wiederherstellung, vernommen wurden.

Vor dem Seeamt wurden nur Schiffer Bollen und Steuermann Schnieders gehört, da nur diese in Deutschland erreichbar waren Steuermann Weiß nahm von Cardiff aus weitere Schiffsdienste.

Bezüglich der Beladung des Schiffes wurde durch die seeamtlichen Verhandlungen und durch einen Bericht des Board of Trade Surveyors aus Cardiff festgestellt, daß die eingenommenen Kohlen aus »Partridge Jones Western Valley Black Vein steam coals« bestanden, und daß diese Kohlensorte nach den Mittheilungen des deutschen Consuls in Cardiff nicht für feuer- und explosionsgefährlicher gelte, als andere in Cardiff zur Verladung kommende Kohlengattungen, doch werde in Cardiff eine Oberflächenventilation für Kohlenladungen aller Art für dringend erforderlich gehalten, wohingegen das Schiff „Sachsen" Ventilatoren nicht besessen habe.

Schiffer Bollen und Steuermann Schnieders bestätigten diesen Umstand und erklärten, daß nur die Masten hohl gewesen wären und oben Oeffnungen gehabt hätten. Schiffer Bollen hob hervor, daß er auch auf seiner letzten Reise, auf welcher er Kohlen von Liverpool aus nach Brasilien gebracht hatte, das Schiff gleichfalls ohne Ventilatoren gefahren sei, und daß er auf jener Reise durch Oeffnung der Luken hinreichend für Ventilation gesorgt zu haben glaube. Vor der Abreise sei in Liverpool ein englischer Surveyor an Bord gekommen, der diesen Umstand nicht weiter monirt habe. Er habe sich in Cardiff vor Einnahme der jetzigen Ladung nach der

Gefährlichkeit der eingenommenen Kohlensorte erkundigt und die beruhigendsten Auskünfte erhalten. Bei Einnahme der Ladung hätten die Kohlentrimmer mit offenem Licht im Raum gearbeitet, und habe er sich selbst mehrfach von der ordnungsmäßigen Stauung der Ladung überzeugt. Sein Schiff habe kein Zwischendeck, sondern nur einen über das ganze Schiff gehenden Laderaum. Es führten vier Luken zum Laderaum; zwei derselben seien 15 Fuß, die größte 19 Fuß, die kleine Vorderluke habe 5 Fuß Länge. Die letzte Ladung sei durch diese eingenommen, um das Schiff zu trimmen. Die Ladung habe mittschiffs bis unter die Luken gelegen, nach vorn und hinten abgeschrägt. Im Raum seien Längsschotten angebracht gewesen, die jedoch bei der Einnahme der Kohlenladung unter den Luken von den Trimmern weggenommen worden wären, um ein leichteres Verstauen der Ladung zu ermöglichen. Röhren für Temperaturmessungen seien nicht vorhanden gewesen.

Besondere Anweisungen von den Angestellten der Dockgesellschaft über Vorsichtsmaßregeln bei Kohlenladungen seien nicht an Bord seines Schiffes gesandt worden, und habe weder er, noch sein Steuermann Schnieders, was dieser bestätigte, seinen Leuten Vorsichtsmaßregeln über den Gebrauch von Licht oder über besondere Ventilation der Ladung gegeben. Die Luken seien nach dem Verholen des Schiffes offen geblieben bis zum 17. November Abends halb 5 Uhr, dann seien sie auch nur angelegt, nicht verschalkt, und sei dadurch genügende Ventilation für Ausdünstung der Ladung vorhanden gewesen. Erst eine Stunde vor der Explosion seien die Luken verschalkt worden. Die Segelkoje, in die sich Steuermann Weiß und Matrose van Zon begeben hatten, sei nur durch ein hölzernes Schott von dem Laderaum im Hinterschiffe getrennt. Die Einnahme der ersten 80 Tons, welche dem Schiffe als Ballast dienen sollten, seien bei regnerischem Wetter eingenommen, und habe er dieserhalb auch sofort Vorstellungen bei der Dockgesellschaft gemacht, doch seien ihm auch in dieser Beziehung die beruhigendsten Versicherungen gegeben, auch sei in den 14 Liegetagen keinerlei Gasgeruch verspürt worden. Er habe auch keine besonders schwefelhaltigen Stellen in den Kohlenstücken bemerkt, und seien die Kohlen nur von einer Höhe von 4 Fuß über Deck in die Räume hineingeschüttet, sodaß keine starke Zerbröckelung stattgefunden habe.

Der vorstehend dargelegte Sachverhalt läßt die Entstehungsursache der Explosion klar erkennen, da sowohl durch die Aussagen des Steuermanns Schnieders, des Steuermanns Weiß und des Matrosen van Zon feststeht, daß letztere beide mit offenem Lichte in den Unterraum des Schiffes gegangen sind, und dadurch eine directe Entzündung der Kohlengase erfolgt ist.

Die Vorbedingung für die Entwickelung und Ansammlung von Gasen war in sehr erheblichem Maße im Schiffe vorhanden. Einmal fehlt es zugegebenermaßen an jeder Ventilationsvorrichtung und dann waren die sämmtlichen Luken seit über 12 Stunden geschlossen. Der Ansicht des Schiffers Bollen und des Steuermanns Schnieders aber, daß die Ladung, weil die Luken nur aufgelegt seien, noch hinreichend habe ausdünsten können, kann nicht beigetreten werden, denn wenn auch durch das einfache Auflegen der Luken der Laderaum nicht luftdicht nach außen abgeschlossen war, so kann ein derartig geringes Abziehen von Gasen durch die nur aufgelegten Luken nicht einer eigentlichen Ventilation gleichkommen.

Das Seeamt hat durch die Verhandlung den Eindruck gewonnen, daß man an Bord des „Sachsen" den mit dem Kohlentransport verbundenen Gefahren gegenüber jedenfalls eine große Gleichgültigkeit an den Tag gelegt hat, und es ist geradezu unfaßlich, wie Steuermann Schnieders, der schon früher selbständig als Schiffer gefahren hat, seinem zweiten Steuermann und einem Leichtmatrosen noch den Befehl geben kann, mit Licht in den Unterraum zu gehen, um Segel aus demselben herauszuholen, ohne dafür Sorge zu tragen, daß jenes Licht nicht mit den ausströmenden Gasen in directe Berührung kommen könne. Von einem ersten Steuermann muß doch unter allen Umständen erwartet werden, daß er seinen Untergebenen nicht derartige verkehrte Anordnungen giebt, und von einem zweiten Steuermann, daß er soviel Nachdenken besitzt, daß er einem solchen Befehle gegenüber seine Bedenken äußert. In jedem Steuermannsunterricht wird schon darauf hingewiesen, daß die Gefahr einer Explosion bei Kohlenladungen kurz nach Einnahme derselben am meisten zu fürchten ist, weil die Kohlen durch Einschütten und Trimmen zerbröckeln und dadurch die Gase entweichen und alsbald in alle unter Deck liegenden Räumlichkeiten eindringen, die nicht luftdicht von dem Laderaum abgeschlossen sind. Das war aber hier mit der Segelkoje der Fall, wie den Steuerleuten hinreichend bekannt war. Von den competenten Schiffahrtsbehörden werden stets die ausreichendsten Warnungen in dieser Beziehung erlassen, und es macht einen eigenthümlichen Eindruck, daß sowohl Schiffer Bollen wie Steuermann Schnieders von diesen amtlichen Warnungen, die in allen Häfen Deutschlands sowie des Auslands, namentlich in England, für Steinkohlenladungen erlassen sind und insbesondere auch in den Unfallverhütungsvorschriften der Seeberufsgenossenschaft zum Ausdruck gekommen sind, nicht zu kennen, vorgaben.

Jedenfalls zeigt dies, wie gleichgültig Schiffer Bollen sich gegenüber diesen für die Schiffahrt in so hohem Maße in Betracht kommenden Fragen verhalten hat.

Daß an Bord des „Sachsen" bei dieser Gelegenheit keine Sicherheitslampen benutzt wurden, ist ein Verstoß gegen §. 58 Abs. 2 der Unfallverhütungsvorschriften der Seeberufsgenossenschaft von 1891, die zur Zeit des Unfalls des „Sachsen" noch in Geltung waren.

Das Fehlen jeglicher Ventilationseinrichtungen und das Außerachtlassen aller Vorsichtsmaßregeln gegenüber den Gefahren der eingenommenen Kohlenladung ist sowohl bei Schiffer Bollen, bei Steuermann Schnieders sowie bei Steuermann Weiß auf das Ernstlichste zu tadeln. Denn lediglich durch dies Verhalten jener Schiffsführer ist das Leben der Besatzung in ernstlicher Weise gefährdet worden, und hat das Schiff jene schwere Beschädigung erhalten.

Inhalt (Fortsetzung von Seite 2 des Umschlags).

Druck von Ackermann & Wulff Nachflg. Grosardt & Gowa.

FSC
www.fsc.org
MIX
Papier | Fördert gute Waldnutzung
FSC® C083411

Kolibri 360 GmbH
Ferdinand-Jühlke-Straße 7
99095 Erfurt, Deutschland
produktsicherheit@kolibri360.de